AF890976

HANS JOACHIM RIEKEN

Die Beziehungen zwischen der Notenbank und den Trägern der Girosysteme

Untersuchungen über das Spar-, Giro- und Kreditwesen

Schriften des Instituts für das Spar-, Giro- und Kreditwesen
an der Universität Hamburg

Herausgegeben von Prof. Dr. Dr. Fritz Voigt

Band 26

Die Beziehungen zwischen der Notenbank und den Trägern der Girosysteme

Eine Analyse unter dem Gesichtspunkt der Geldschöpfung

Von

Dr. Hans Joachim Rieken

DUNCKER & HUMBLOT / BERLIN

Gedruckt 1964 bei Albert Sayffaerth, Berlin 61
Printed in Germany

Inhaltsverzeichnis

Einleitung

A. Ziel der Arbeit

In dieser Arbeit interessieren im wesentlichen folgende Fragen:

1. Ersetzen die Kreditinstitute mit ihren Gironetzen die Notenbank im Zahlungsverkehr?
2. Besitzen die als Girosysteme fungierenden oder die in Girosystemen zusammengeschlossenen Kreditinstitute eine besondere Fähigkeit zur Geldschöpfung?
3. Ist die Notenbankpolitik gegenüber diesen Kreditinstituten nicht mehr wirksam?
4. Welche zusätzlichen Maßnahmen kann die Zentralbank unter Umständen gegenüber den Mitgliedern von Zahlungsnetzen ergreifen?

Als Voraussetzung für diese Untersuchung müssen die Aufgaben der Notenbank sowie der Aufbau und die Funktionen der Gironetze analysiert werden. Außerdem ist die rechtliche und wirtschaftliche Stellung der Notenbank zu den Girosystemmitgliedern darzustellen.

B. Abgrenzungsfragen

In dieser Analyse sollen die Bereiche untersucht werden, in denen zwischen der Notenbank auf der einen Seite und dem Unterbau bzw. den Zentralen der Girosysteme auf der anderen Seite Beziehungen vorkommen, die speziell durch den Zusammenschluß von Kreditinstituten zu Girosystemen oder durch die Tätigkeit anderer Institute als Zahlungsnetze hervorgerufen werden. Die Einwirkungen auf die Mitglieder des Unterbaus interessieren in dieser Arbeit, weil diese Institute auf Grund ihrer Zugehörigkeit zum System von Maßnahmen der Notenbank eventuell nicht so betroffen werden wie alleinstehende Banken. Die Beziehungen zwischen den Zentralen verschiedener Gironetze sollen nur dann behandelt werden, wenn sie im Gesamtzusammenhang als wichtig erscheinen.

Der Begriff „Kreditinstitut“ wird zweckmäßigerweise in dem Sinne verwendet, wie er vom „Gesetz über das Kreditwesen“ vom 10. Juli

1961[1] gefaßt wurde: „Kreditinstitute sind Unternehmen, die Bankgeschäfte betreiben, wenn der Umfang dieser Geschäfte einen in kaufmännischer Weise eingerichteten Geschäftsbetrieb erfordert.“

Die Deutsche Bundespost wird zwar aus verwaltungsrechtlichen Gründen[2] gemäß § 2 KWG generell nicht als aufsichtpflichtiges Kreditinstitut angesehen. Nur der Postscheck- und Postsparverkehr unterliegt einigen Regelungen des Gesetzes über das Kreditwesen vom 10. Juli 1961[3]. Der Postscheckdienst besitzt jedoch, wie die Teilbilanz des Postscheckvermögens zeigt, gewisse Ähnlichkeit mit einem Kreditinstitut[4]. Da der Postscheckverkehr außerdem in einem Zahlungsnetz abgewickelt wird, müssen wir die sich hieraus ergebenden Wirkungen ebenfalls untersuchen.

Die Beziehungen zwischen der Notenbank und den genannten Kreditinstituten sollen nach den Aufgaben, die z. B. der Deutschen Bundesbank erteilt wurden[5], in den Zahlungsverkehrsbereich und in den kreditpolitischen Beziehungsbereich unterteilt werden.

Hierbei handelt es sich um eine rein zweckmäßige Trennung. Wir sind uns bewußt, daß damit nur eine von mehreren Unterteilungen gewählt wird und daß sich in jedem Fall gelegentliche Überschneidungen nicht vermeiden lassen. Vielfach wird dem Kredit eine größere Bedeutung beigemessen, häufig wird sogar der Kredit als primär und die Einlage (das Giralgeld) als sekundär angesehen. Betriebswirtschaftlich ist der Zahlungsverkehr jedoch ebenso bedeutsam. Zwischen Zahlungs- und Kreditverkehr bestehen enge Zusammenhänge. Da die besondere Fähigkeit mancher Girosystemmitglieder zur Geldschöpfung auf bestimmten Zahlungsströmen beruht, wird der Zahlungsverkehr zunächst behandelt.

---

[1] BGBl. I, S. 881, § 1, Abs. 1.

[2] Vgl. Amtliche Begründung der Bundesregierung zum Entwurf des Gesetzes über das Kreditwesen, Bundestagsdrucksache 1114, 3. Wahlperiode.

[3] Vgl. § 2, Abs. 2.

[4] Vgl. Ringleb, Waldemar, Bargeldloser Zahlungsverkehr gehört zur Infrastruktur, in: Der Volkswirt, 17. Jg., Nr. 27 vom 5. Juli 1963, S. 1401.

[5] Gesetz über die Deutsche Bundesbank, BGBl. I v. 30. 7. 1957, S. 745, § 3 (Aufgabe): „Die Deutsche Bundesbank regelt mit Hilfe der währungspolitischen Befugnisse, die ihr nach diesem Gesetz zustehen, den Geldumlauf und die Kreditversorgung der Wirtschaft mit dem Ziel, die Währung zu sichern, und sorgt für die bankmäßige Abwicklung des Zahlungsverkehrs im Inland und mit dem Ausland.“

Hauptteil

A. Grundsätzliches über die gegenseitigen Beziehungen

I. Gemeinsamkeiten und Unterschiede in den Aufgaben

1. Die Aufgaben der Notenbank

Das westdeutsche Zentralbanksystem besteht aus der Deutschen Bundesbank und ihren Niederlassungen in den einzelnen Ländern, den Landeszentralbanken. Außerdem gibt es noch das Zahlungssystem, dem alle westdeutschen Kreditinstitute angeschlossen sind, als selbständige Institute, als Filialen und auch über ihre Girosysteme. Dieses Gesamtnetz wird vom System der Notenbank geführt. Es gehört nach der noch zu gebenden Definition zu den echten Girosystemen. Die Betrachtung dieses alle Kreditinstitute umfassenden Netzes ist jedoch ausgeschlossen, weil wir die Beziehungen zwischen der Notenbank und den von anderen Kreditinstituten repräsentierten Girosystemen, also von Bankgruppen innerhalb des gesamten westdeutschen Banksystems und nicht die eines Teils mit der Gesamtheit zu untersuchen haben. Das weiterreichende System ist also nicht als Gegensatz zu den dazugehörigen übrigen Gironetzen zu verstehen.

Die Deutsche Bundesbank selbst ist als Girosystem zu bezeichnen. Sie steht jedoch auf Grund ihrer Aufgaben im Gegensatz zu den übrigen Zahlungsnetzen. Das gilt auch für ausländische Notenbanken, die ein beachtliches Filialnetz unterhalten und damit also auch ein Gironetz darstellen. Dabei ergeben sich heute für die Notenbank als Zahlungsverkehrssystem im Inland keine Liquiditätsprobleme; denn sie kann mit eigenem von ihr geschaffenem Geld zahlen. Nur im Auslandszahlungsverkehr muß die Zentralbank Liquiditätsvorsorge treffen. Während die übrigen Girosysteme mit ihrer Tätigkeit geldschöpferische Vorteile verbinden können, wie noch zu zeigen sein wird, trotzdem aber in einer mehr oder weniger großen Abhängigkeit von der Notenbank bleiben, spielt das bei ihr keine Rolle, da sie ja die letzte Liquiditätsquelle und die Stelle der gesetzlichen Geldschöpfung ist. Die besondere Problematik liegt weiter darin, daß die Deutsche Bundesbank auf der einen Seite die Funktionen eines Girosystems ausübt und somit auf gleicher Ebene wie die übrigen Zahlungsnetze arbeitet, zum anderen soll sie aber auch die Währungs- und Preisstabilität schützen. Bei der Ausübung dieser Aufgabe steht die Notenbank den Girosystemen der anderen Kreditinstitute gegenüber. Interessenkonflikte mit den die Zahlungsnetze tragenden Kreditinstituten sind daher nicht ausgeschlossen.

Man darf nun nicht folgern, daß sich die Zielsetzungen und Funktionen der Notenbank als Währungsbank und als Girosystem gegenseitig aufheben oder entgegenstehen. Es läßt sich vielmehr feststellen, daß sich Zahlungsverkehr und Kreditpolitik heute gegenseitig ergänzen. Sie stehen in einem Mittel-Zweck-Verhältnis zueinander. Während vor der und um die Jahrhundertwende der Zahlungsverkehr und die übrigen Notenbankaufgaben gleichgeordnet waren und die damalige Reichsbank mit ihrem Überweisungsverkehr in Konkurrenz zu dem der übrigen Girosysteme stand, hat sich inzwischen das Schwergewicht auf die Kreditpolitik verlagert. Der entsprechende Paragraph des Gesetzes über die Deutsche Bundesbank[6] drückt das nur indirekt aus: „Die Deutsche Bundesbank regelt mit Hilfe der währungspolitischen Befugnisse, die ihr nach diesem Gesetz zustehen, den Geldumlauf und die Kreditversorgung der Wirtschaft mit dem Ziel, die Währung zu sichern, und sorgt für die bankmäßige Abwicklung des Zahlungsverkehrs im Inland und mit dem Ausland.“ Damit ist die Aufgabe der westdeutschen Notenbank in allgemeiner Form umrissen, ohne daß damit die für sie zugelassenen Mittel aufgezählt wären. Die gleichen Aufgaben hatte das BdL-Gesetz[7], wenn auch in einem anderen Wortlaut, dem vor der Deutschen Bundesbank bestehenden Zentralbanksystem, genauer eigentlich dem damaligen Zentralbankrat zugewiesen. Dieser Zentralbankrat ist als oberstes Organ der Bank deutscher Länder geschaffen worden[8]. Für ihn kam aber noch die Aufgabe hinzu, für die Einheitlichkeit der westdeutschen Geld- und Kreditpolitik zu sorgen[9]. Denn nach dem zweiten Weltkrieg war in Westdeutschland ein zweistufiges Zentralbanksystem geschaffen worden, das aus den Landeszentralbanken und der etwas später gegründeten Bank deutscher Länder bestand. Dabei bildeten die Landeszentralbanken in den jeweiligen Ländern die „Bank der Banken“, mit anderen Worten, sie dienten den Geschäftsbanken (einschließ-

---

[6] Gesetz über die Deutsche Bundesbank, BGBl. I vom 30. 7. 1957, S. 745, § 3.

[7] Vgl. amerik. Mil.-Reg.-Gesetz Nr. 60, brit. Mil.-Reg.-Verordnung Nr. 129 und französ. Mil.-Reg.-Verordnung Nr. 203 (1. März 1948).

[8] Vgl. Kalveram, W., Bankbetriebslehre, Sonderdruck aus: „Die Handelshochschule, Die Wirtschaftshochschule“, Wiesbaden o. J., Bd. II, S. 200; Kalveram, Wilhelm - Günther, Hans, Bankbetriebslehre, 3. Aufl., Wiesbaden 1961, S. 288.

[9] Vgl. Spindler, Joachim von, Becker, Willy und Starke, O.-Ernst, Die Deutsche Bundesbank, Grundzüge des Notenbankwesens und Kommentar zum Gesetz über die Deutsche Bundesbank, 2. Aufl., Stuttgart 1960, S. 12 f.; Schmidt, Willi, Artikel „Das westdeutsche Zentralbanksystem“, in: Die Bank, hrsg. von Karl Theisinger und Josef Löffelholz, Wiesbaden 1952, Bd. 1, S. 173 und 176 f.

lich der Sparkassen) als Refinanzierungsquelle und waren für sie Reservebank, während die BdL das Spitzeninstitut der Landeszentralbanken darstellte und ihr oberstes Organ für die notwendige Gleichheit der Kreditpolitik innerhalb Westdeutschlands durch zentrale Entscheidungen zu sorgen hatte[10]. Das damalige westdeutsche Notenbanksystem wirkte damit wie ein einstufiges. Die Landeszentralbanken orientierten sich nicht an ihren eigenen Liquiditätsverhältnissen, sondern befolgten die Anweisung der BdL[11]. Dieses Zentralbanksystem unterschied sich von der Reichsbank im zweistufigen Aufbau; denn die frühere Reichsbank war zentralistisch ausgerichtet[12]. Die Reichsbank hatte nach § 12 des Bankgesetzes vom 14. März 1875 (RGBl. S. 177) die Aufgabe, „den Geldumlauf im gesamten Reichsgebiet zu regeln, die Zahlungsausgleichungen zu erleichtern und für die Nutzbarmachung verfügbaren Kapitals zu sorgen". Neben der Funktion, das verfügbare Kapital nutzbar zu machen, finden wir schon damals die heute für die Deutsche Bundesbank geltenden Aufgaben.

Gleske[13] sieht es als grundsätzliche Aufgaben der Notenbankpolitik an, durch geldpolitische Maßnahmen über die Geldmenge folgende wirtschaftliche Größen, nämlich die Höhe der Preise, die Entwicklung der Zahlungsbilanz und das Ausmaß der Beschäftigung zu beeinflussen. Wenn auch kein Gesetz die Aufgaben eindeutig formulieren kann, so hält er die aufgezählten doch für allgemein zutreffend. Hinzu kommt noch die Tätigkeit als Bank des Staates. Für diese Arbeit interessiert das Wirken der Notenbanken auf den Gebieten des Zahlungsverkehrs und der Kreditpolitik. Hierzu gehören die Zahlungsmittelversorgung, die Vornahme des Zahlungsausgleichs, die Aufgabe, Bank des Staates zu sein, und die Regulierung der Geldmenge.

2. Begriff und Funktionen des Girosystems

Der Begriff „Giro" wird heute allgemein für den Überweisungs- und oftmals gleichzeitig für den Scheckverkehr gebraucht. Wir werden ihn auch im weiteren Sinn verwenden. Ursprünglich hat man den bargeld-

---

[10] Vgl. Spindler, Joachim von, Becker, Willi und Starke, O.-Ernst. Die Deutsche Bundesbank, a.a.O., S. 12 f., Schmidt, Willi, Artikel „Das westdeutsche Zentralbanksystem", a. a. O., S. 176.

[11] Vgl. Stucken, Rudolf, Besonderheiten der Geld- und Kreditpolitik in Westdeutschland und ihre konjunkturpolitische Bedeutung, Sonderschrift des Ifo-Instituts für Wirtschaftsforschung, Nr. 16, Berlin—München 1954, S. 16.

[12] Vgl. Spindler, Joachim von, Becker, Willi und Starke, O.-Ernst, Die Deutsche Bundesbank, a. a. O., S. 9 ff.; Schmidt, Willi, Artikel „Das westdeutsche Zentralbanksystem", a. a. O., S. 177.

[13] Vgl. Gleske, Leonhard, Artikel „Notenbankpolitik", in: Enzyklopädisches Lexikon für das Geld-, Bank- und Börsenwesen, 2. Aufl. vom Handwörterbuch des Bankwesens von M. Palyi und P. Quittner, Bd. II, Frankfurt/M. 1957, S. 1217 f.

losen Zahlungsverkehr als einen Kreislauf angesehen. Am anfänglichen Überweisungsverkehr der Hamburger Girobank von 1619 z. B. waren die unmittelbaren Kunden, ferner aber auch deren Kunden mittelbar beteiligt. Man stellte sich vor, daß die Forderungen durch das Ab- und Zuschreiben einen Kreislauf beschrieben. Es kann dabei aber noch nicht von einem Giroverkehrssystem, kurz Girosystem, gesprochen werden, dafür müssen noch weitere Bedingungen erfüllt sein. Abgesehen von den Großbanken, der Post und der Deutschen Bundesbank, für die andere Maßstäbe und Größenrelationen gelten, spricht man bei einer einzelnen Bank oder Sparkasse nicht von einem Girosystem, wohl aber vom Giroverkehr, der bei dem heutigen Entwicklungsstand des bargeldlosen Zahlungsverkehrs nicht nur auf ihren eigenen Kundenkreis beschränkt zu sein braucht. Vom Wort her ist unter Girosystem oder -netz eine besondere Organisation von bargeldlosen Zahlungsverkehrsverbindungen zu verstehen. Im selben Sinne wird auch der Begriff Zahlungsnetz verwandt[14].

Für die Verrechnung von vorgenommenen bargeldlosen Zahlungen gibt es verschiedene Möglichkeiten, je nach der Art des kontoführenden Instituts (der ... Institute), der räumlichen Entfernung des Zahlenden und des Begünstigten. Dabei führt der Weg der Überweisung von der Bank oder Sparkasse des Auftraggebers zu der Kontostelle des Begünstigten. Der Scheckbetrag wird auf dem umgekehrten Wege eingezogen. Es liegt hier zwar ein Unterschied in der Richtung vor, aber keine grundsätzliche Verschiedenartigkeit in den Wegen der Verrechnung. Für die Behandlung der Gironetze, die ja ursprünglich nur die Regelung des Zahlungsausgleichs bezweckten, können wir von dem Unterschied der hin- oder rückläufigen Einreichung absehen.

Da in Deutschland der Überweisungsverkehr überwiegt, soll die Behandlung der Verrechnungswege mehr unter diesem Gesichtspunkt erfolgen. Der gelegentliche Gebrauch des Begriffes Überweisungssystem anstelle von Gironetz hängt damit zusammen[15]. Im folgenden werden die praktisch möglichen Verrechnungsarten kurz dargestellt, um das Wesen des Girosystems herauszuarbeiten. Der unbare Zahlungsverkehr kann am einfachsten abgewickelt werden, wenn Auftraggeber und Empfänger bei demselben Institut Konten haben. Werden die beiden Konten nur bei der Zentrale oder nur bei einer Filiale unterhalten, genügt ein Übertrag, eine doppelte Buchung. Werden sie bei der Zentrale und bei einer Filiale oder bei zwei verschiedenen Filialen geführt, muß

---

[14] Vgl. Weidner, Alfred, Rationalisierung des Zahlungsverkehrs, in: Zeitnahe Sparkassenarbeit, Sonderdruck des Handelsblatts, 21. März 1961, S. 2.

[15] Vgl. Kalveram, W., Bankbetriebslehre, Bd. I, Sonderdruck aus „Die Handels-Hochschule", Wiesbaden o. J., S. 76; Kalveram, Wilhelm - Günther, Hans, Bankbetriebslehre, a. a. O., S. 91.

eine Buchung mehr vorgenommen werden, es sei denn, die Buchungen werden zentral und ohne Zwischenkonten ausgeführt. Wenn Zahlender und Begünstigter ihre Konten bei zwei verschiedenen Instituten unterhalten, ist die Verrechnung bei direkter Kontenverbindung der beiden Sparkassen bzw. Banken untereinander leicht durchzuführen, dabei werden entstandene Guthaben (Forderungen) nicht sofort wieder ausgeglichen[16]. Besteht keine gegenseitige Kontoführung, muß der Weg über eine oder mehrere fremde Zentralen gewählt werden. Es ergeben sich verschiedene Möglichkeiten, Kontoverbindungen zu schaffen, die sich durch einen zunehmenden Verflechtungsgrad auszeichnen. Die Zahlung über die Notenbank z. B. kann eine, zwei oder noch mehr Stufen durchlaufen, bis sie der Kontostelle des Zahlungsempfängers zugeleitet wird. Mehrere Stellen umfaßt auch der Weg von einer Filiale über deren Zentrale zur Korrespondenzbankzentrale und weiter zur Filiale. Eine höhere Stufe der Verflechtung liegt vor, wenn lokale bei regionalen oder regionale wiederum bei zentralen Kreditinstituten Guthaben unterhalten oder Kredite aufnehmen, um damit den bargeldlosen Zahlungsverkehr abwickeln zu können. Das wird auch ohne enge organisatorische Bindungen aus reinen Zweckmäßigkeitserwägungen der Fall sein. Nach Gleske[17] zeichnen sich die Girosysteme gegenüber dem Korrespondenzbankverhältnis durch einen noch höheren Grad der Verflechtung aus. In ihnen haben sich selbständige Banken oder Sparkassen zusammengeschlossen unter Gründung oder Einbeziehung von „systemeigenen" Zentralen, über die nicht nur der Zahlungsverkehr abgewickelt, sondern bei denen auch die Liquiditätsreserven der Mitglieder unterhalten werden. Die höchste Form des Zusammenschlusses von Kreditinstituten sieht Gleske[17] in den Filialgroßbanken. In der Terminologie der Girosysteme sind die Filialen als Mitgliedsstellen anzusehen, wobei alle Zweigniederlassungen „organisatorisch und juristisch" eine Einheit mit der Hauptstelle bilden.

In Westdeutschland kennt man fünf Typen von Girosystemen. Sowohl die Praxis als auch die Literatur[18] unterscheiden die Gironetze der

---

[16] Vgl. Gleske, Leonhard, Die Liquidität in der Kreditwirtschaft, Frankfurt/M. o. J., S. 35.

[17] Wir folgen hier zunächst einmal Gleskes Unterteilung. Vgl. Gleske, Leonhard, Die Liquidität in der Kreditwirtschaft, a. a. O., S. 35.

[18] Vgl. u. a. Delorme, Hermann, Artikel „Bargeldloser Zahlungsverkehr", in: Enzyklopädisches Lexikon für das Geld-, Bank- und Börsenwesen, 2. Aufl. vom Handwörterbuch des Bankwesens von M. Palyi und P. Quittner, Frankfurt/M. 1957, Bd. I, S. 206 ff.; Müller, Gerhard und Löffelholz, Josef, Banklexikon, Handwörterbuch für das Bank- und Sparkassenwesen, 4. Aufl., Wiesbaden 1961, Sp. 1229; Mellerowicz, Konrad, Artikel „Zahlungsverkehr" in: Die Handelshochschule, Die Wirtschaftshochschule, Wiesbaden 1952, Bd. 6, S. 10 (im folgenden zitiert: Zahlungsverkehr, a. a. O.); Kalveram, Wilhelm - Günther, Hans, Bankbetriebslehre, a. a. O., S. 91.

Sparkassen, der Genossenschaften, der Großbanken, der Postscheckämter und auch der Notenbank voneinander. Ohne daß wir auf die Eigenheiten der Girosysteme hier schon eingehen wollen, läßt sich feststellen, daß auch die einzelnen Großbanken als eine Art des Gironetzes ohne besondere Betonung der „höheren" Organisationsform angesehen werden müssen.

Bei einem Girosystem mit selbständigen Mitgliedern („Giroverband") sind die Zahlungen zwischen den „verschiedenen Mitgliedern eines solchen Giroverbandes" fest organisiert. „Hierdurch wird erreicht, daß trotz vollkommener rechtlicher Selbständigkeit der Mitglieder Zahlungen in der gleichen einfachen Weise verrechnet werden können, wie dies zwischen den verschiedenen Niederlassungen eines Instituts möglich ist." Dabei „sind die gegenseitigen Kontenverbindungen nicht mehr oder weniger zufällig gewählt"[19]. In seiner Bankbetriebslehre schreibt Kalveram über die Girosysteme: „In den verschiedenen Bankgruppen haben sich besondere Überweisungssysteme herausgebildet. Der Weg einer Überweisung innerhalb des gleichen Netzes führt dann über die Zentrale. Die Einzelüberweisungen werden bei dieser Weiterleitung zu Sammelüberweisungen zusammengefaßt. ... Mehrere der voneinander unabhängigen Girokreise sind recht vollkommen organisiert[20]." Kalveram[21] verweist hinsichtlich der Organisation der Gironetze, der Bestrebungen zur Vereinheitlichung des bargeldlosen Zahlungsverkehrs und damit zusammenhängender Fragen auf den Artikel „Zahlungsverkehr" in der „Handeshochschule"[22]. Dieser Beitrag behandelt die Fragen unter den verschiedenen Gesichtspunkten, jedoch auch ohne den Begriff „Gironetz" näher abzugrenzen. Das Gironetz wird als Zahlungsverkehrseinrichtung mit gewissen Auswirkungen im Geldschöpfungsbereich und mit bestimmten Gefahren für die Kreditpolitik der Notenbank angesehen[23]. Demgegenüber zeigt Seischab die Bedingungen für ein Entstehen auf. „Weiträumige und tiefgegliederte Systeme des bargeldlosen Zahlungsverkehrs (Gironetze) bilden sich nur bei intensiver Wirtschaft, Dichte, Konzentration und Integration des Bankenapparates, Schnelligkeit und Sicherheit der Verkehrsmittel, hoher wirtschaftlicher und intellektueller Bildung der Bevölkerung[24]." Auch

[19] Schoele, Otto, Artikel „Zahlungsverkehr" in: Handwörterbuch der Betriebswirtschaft, hrsg. von H. Nicklisch, 2. Aufl., Stuttgart 1939, 2. Bd., Sp. 2513.

[20] Kalveram, W., Bankbetriebslehre, Bd. I, a. a. O., S. 76; vgl. ferner Kalveram, Wilhelm - Günther, Hans, Bankbetriebslehre, a. a. O., S. 91.

[21] Kalveram, W., Bankbetriebslehre, Bd. I, a. a. O., S. 76.

[22] Vgl. Mellerowicz, Konrad, Zahlungsverkehr, a. a. O.

[23] Vgl. u. a. das Vorwort und die Seiten 9 f., 14 f., 35, 38, 54 ff. und 72 ff.

[24] Seischab, Hans, Artikel „Bargeldloser Zahlungsverkehr", in: Handwörterbuch der Sozialwissenschaften, zugl. Neuauflage des Handwörterbuch der Staatswissenschaften, Bd. 1, Stuttgart—Tübingen—Göttingen 1956, S. 631.

andere Autoren[25] beschäftigen sich im Zusammenhang mit dem Zahlungsverkehr mit den Girosystemen und geben ebenfalls keine Begriffsfassung, sondern setzen ihr Wesen als bekannt voraus. Sie begnügen sich mit einer Beschreibung der Tätigkeitsweise von Gironetzen und einer Untersuchung der sich ergebenden Auswirkungen. Eine kurze Definition wird in der „Unterrichtsmappe für das gesamte Kreditwesen" gegeben: „Gironetze stellen die Zusammenfassung einer Gruppe von Kreditinstituten zum Zweck des Überweisungsverkehrs dar"[26]. Die Beschränkung auf den Überweisungsverkehr erscheint uns jedoch unzulässig. Da die in der Literatur gegebenen Definitionen und die dortigen Hinweise auf vorhandene Girosysteme kleine Unterschiede, z. B. im Hinblick auf die Selbständigkeit oder Unselbständigkeit der Mitgliedsbanken und -sparkassen aufweisen, wird es nötig sein, einen umfassenden Begriff zu finden.

Erschwerend kommt noch hinzu, daß von Sewering und anderen[27] im Zusammenhang mit der Erörterung von Maßnahmen der Währungspolitik und der Neuordnung der Notenbank in Westdeutschland nach dem zweiten Weltkrieg auch die verbleibenden Einheiten wie Großbankenreste in den einzelnen Ländern und Bezirken als Girosysteme bezeichnet werden. Um diese Frage zu klären, geht man am besten wieder aus von den praktisch vorhandenen und als solche anerkannten Zahlungsnetzen der Großbanken, der Postscheckämter, der Genossenschaftsbanken, der Sparkassen sowie der Notenbank. Werden diese als Gironetze angesehen, erscheint es nicht zweckmäßig, ohne Berücksichtigung der Unterschiede in der Größenordnung, auch den kleineren damals in Westdeutschland auf Länder- oder Bezirksebene arbeitenden Einheiten die Bezeichnung Girosystem zuzuerkennen. Denn sonst müßte man alle übrigen sich etwa über ein Bundesland oder mehrere Länder erstreckenden Banken wie z. B. die Regionalbanken, eventuell einschließlich der ihnen verbundenen lokalen Banken, auch als Gironetze bezeichnen. Es soll nicht geleugnet werden, daß diese Institute gewisse Eigenschaften der Zahlungssysteme aufweisen können, doch unterscheiden sie sich gegenüber den schon seit langem als Gironetz angespro-

---

25 Vgl. Mellerowicz, Konrad, Der Zahlungsverkehr in Deutschland, Sonderdruck aus: „Die Bank", hrsg. von Karl Theisinger und Josef Löffelholz, Wiesbaden 1952, S. 38, 54, 67 ff., 71, 72; Delorme, Hermann, Artikel „Bargeldloser Zahlungsverkehr", in: Enzyklopädisches Lexikon ..., a. a. O., S. 206 ff.; Sewering, Karl, Der Zahlungsverkehr, Essen 1952, S. 25, 57 ff., 62 ff., 71 ff.

26 Unterrichtsmappe für das gesamte Kreditwesen, Bd. II (Das Fachwort in der Kreditwirtschaft), hrsg. v. Erich Achterberg, Zeitschrift für das gesamte Kreditwesen, Stichwort: Giro.

27 Vgl. Sewering, Karl, Der Zahlungsverkehr, a. a. O., S. 92 und 103; Delorme, Hermann, Artikel „Bargeldloser Zahlungsverkehr", in: Enzyklopädisches Lexikon ..., a. a. O., S. 211.

chenen Banken bzw. Zusammenschlüssen zunächst in der Ausdehnung, dann wahrscheinlich aber auch in den Auswirkungen ihrer Tätigkeit. Auf diese Punkte kann jedoch erst in späteren Abschnitten eingegangen werden. Es liegt aber nahe, die nach den damaligen kreditpolitischen Maßnahmen der Allierten verbleibenden, aus der heutigen Sicht ja nur vorübergehend getrennten Großbankennachfolger, die zunächst ohne die Deutsche Girozentrale weiterarbeitenden Girozentralen und die zunächst ohne die Deutsche Genossenschaftskasse tätigen ländlichen und gewerblichen Zentralkassen als Teil- oder auch Restgirosysteme zu bezeichnen. Der Begriff Teilgirosystem soll auch für Teile der heute wieder bestehenden Gironetze verwendet werden, z. B. für eine Girozentrale oder Genossenschaftszentrale mit den ihnen angeschlossenen Sparkassen bzw. Volksbanken oder Raiffeisenkassen. Die hier dargelegte Meinung finden wir bei Ehlen[28] bestätigt, der über die Privatbankiers, Staats-, Regional- und Lokalbanken, sowie Spezial-, Haus- und Branchebanken schreibt: Es sind „gemischte Banken mit regional oder kundenmäßig begrenztem Wirkungskreis, die sich neben ihrer Größe und Kapitalmacht auch dadurch von den Filialgroßbanken unterscheiden, daß sie nicht über eigene Gironetze verfügen, sondern auf Vermittlung fremder Giroorganisationen angewiesen sind."

Als Gironetze sind

1. die Notenbank,
2. die Zahlungsverkehrseinrichtung der Post (die Postscheckämter),
3. die einzelnen Filialgroßbanken und
4. verschiedene Gruppen von Kreditinstituten

dann zu bezeichnen, wenn sich die Bankniederlassungen, die Postscheckämter oder die selbständigen Mitglieder der einzelnen Gruppen ungefähr über das Gebiet eines Staates erstrecken, wenn der Zahlungsverkehr zwischen den beteiligten Kontostellen eines Bereichs auf Grund interner Regelungen oder externer Absprachen möglichst wirtschaftlich nach einheitlichen Grundsätzen abgewickelt wird und wenn für die technische Abwicklung nicht die Hilfe außenstehender Kreditinstitute in Anspruch genommen wird.

Abgesehen vom Postschecknetz finden wir eine Zwei- oder Dreiteilung der Zahlungsnetze in den Oberbau (Zentrale) — eventuell den Mittelbau (Teilzentrale) — und den Unterbau. Die Mehrzahl der Kontostellen eines Systems steht dann nicht miteinander in direkter Verbindung. Wenn der Zahlungsverkehr über Zentralen abgewickelt wird,

---

[28] Ehlen, Karl Josef, Die Filialgroßbanken, Heft 6 der Beiträge zur Erforschung der wirtschaftlichen Entwicklung, Hrsg. M. E. Kamp, Stuttgart 1960, S. 63.

unterhalten die angeschlossenen Institute oder Niederlassungen für diesen Zweck liquide Mittel bei ihrer Zentrale.

Die Dichte eines Girosystems läßt sich nicht allgemein bestimmen. Sie ist für die einzelnen Systeme unterschiedlich, je nachdem, ob es sich um die Großbanken oder um Genossenschaftsbanken und Sparkassen handelt, denn man kann für die Großbanken nicht die Engmaschigkeit des Sparkassen- oder Genossenschaftsnetzes erwarten. Die Dichte muß also typisch für die Systemmitglieder und ihre Stellung in der Wirtschaft sein. Negativ ausgedrückt dürfen keine großen, vollkommen leeren Räume zwischen wenigen Mitgliedern auftreten, obwohl innerhalb der einzelnen Systeme als Folge der allgemeinwirtschaftlichen Konzentration auf einige Ballungsgebiete verschiedene Dichtegrade auftreten können. Es wäre aber wenig sinnvoll, ein Girosystem so zu definieren, daß man eine genau bestimmte Anzahl von Mitgliedern verlangt, wenn auch eingeräumt werden muß, daß die Größe des Mitgliederkreises eine Rolle spielt.

Wenn ein Kreditinstitut über keine ausgedehnten Verbindungen zu Korrespondenzbanken verfügt und auch nicht den Gironetzen der Sparkassen, der Genossenschaften oder der Großbanken angehört, besteht für das Institut die Möglichkeit und bei der heutigen zunehmenden Verbreitung des bargeldlosen Zahlungsverkehrs auch die Notwendigkeit (abgesehen vom Zwang zur Einrichtung eines LZB-Kontos wegen der Mindestreservehaltung), mehrstufige Überweisungen bzw. Scheckinkassi über das Konto bei der Notenbank vorzunehmen. Das gleiche gilt auch für den Überweisungs- und Scheckverkehr zwischen den Girosystemen. Daneben gibt es für mehrstufige Überweisungen auch noch den Weg über Postscheckkonto, allerdings wird dieser nicht so gern gewählt.

Auf welcher oder welchen Zielsetzungen beruhen nun die Girosysteme? Sie dienen dem Streben nach kurzwegigem wirtschaftlichem Zahlungsverkehr. Die Vornahme des Überweisungs- und Scheckverkehrs mit möglichst geringem betrieblichem Aufwand soll den Großbanken zu besserer Rentabilität verhelfen sowie den Sparkassen, Genossenschaftsbanken und Postscheckämtern die Erfüllung ihrer typischen Ziele ermöglichen. Die Gironetze dienen also den allgemeinen Zwecken der Gründerinstitute und haben als Einrichtungen des bargeldlosen Zahlungsverkehrs keine spezielle Zielsetzung. Da die Girosysteme einen Teil der Gründerbanken und -sparkassen bilden, kann man die einzelnen Netze mit der Gesamtheit der betreffenden Institute identifizieren, wie es auch in der Praxis geschieht. So gesehen haben die Zahlungsnetze die Ziele der jeweiligen Institutsgruppen.

3. Die verschiedenartige Stellung der Notenbank und der Träger der übrigen Girosysteme im Kreditwesen

Für das heutige Geldwesen ist das „Herrschaftsverhältnis" der Zentralbank und das „Abhängigkeitsverhältnis" der betriebwirtschaftlich orientierten Kreditinstitute von der Zentralbank bemerkenswert[29]. Mindestens läßt sich von einem Herrschaftsanspruch der Notenbank sprechen. Diese Stellung zueinander hat sich zwangsläufig auf Grund der verschiedenartigen Aufgaben und Funktionen entwickelt. Würde die Notenbank gleichberechtigt mit den die Gironetze tragenden Kreditinstituten sein, d. h. wären die jeweiligen Aufgaben und Funktionen nicht getrennt, könnte die Zentralbankpolitik dadurch erschwert, wenn nicht unmöglich gemacht werden. Auch wenn sich die Notenbanken in allen Bankgeschäften betätigen würden, ohne daß Kreditinstitute das Notenemissionsrecht erhielten, hätte das für die Zentralbankpolitik eine ähnliche Wirkung. Heute haben für die Notenbank wegen ihrer volkswirtschaftlichen Ausrichtung die Geschäftsbeziehungen mit den Kreditinstituten, also auch mit den Trägern von Girosystemen, den Vorrang vor denen mit der Wirtschaft und mit Privaten; außerdem haben sie auch einen größeren Umfang. Dabei wird hier von Bankgeschäften zwischen der Notenbank und dem Staat, in Westdeutschland dem Bund und den Ländern, abgesehen werden, die ja z. B. in Westdeutschland laut Bundesbankgesetz[30] aus kreditpolitischen Gründen von der Bundesbank übernommen werden sollen (Ausnahmen für Landesbanken zulaßbar).

Es erscheint zweckmäßig, wie bereits angedeutet, zwischen Zahlungsverkehrs- und kreditpolitischem Beziehungsbereich zu trennen. Die Notenbank und die als Girosysteme fungierenden sowie die in Zahlungsnetzen zusammengeschlossenen Kreditinstitute konkurrierten im Zahlungs- und im Kreditverkehr mit Wirtschaftsunternehmen und Privaten zunächst miteinander. Damals ließ sich im Hinblick auf diesen Kundenkreis von einer Stellung etwa auf gleicher Stufe sprechen.

Dieses ursprüngliche Konkurrenzverhältnis zwischen der Notenbank und den Trägern der übrigen Girosysteme hat sich in den letzten Jahrzehnten immer mehr abgeschwächt. Es besteht heute formell nur noch ein Wettbewerb auf dem Gebiet des Zahlungsverkehrs, während er im Kreditverkehr vollkommen aufgehört hat. Die deutsche Bundesbank

---

[29] Floss, Eberhard, Theorie der Sparkassen-Liquidität, in: Beiträge zur Theorie des Sparens und der wirtschaftlichen Entwicklung, Bd. 1 der Untersuchungen über das Spar-, Giro- und Kreditwesen, hrsg. von Fritz Voigt, Berlin 1958, S. 155.

[30] BGBl. I vom 30. 7. 1957, S. 745.

darf zwar nach dem § 22 des Gesetzes über die Deutsche Bundesbank[31] in Verbindung mit § 19 Nr. 4—9 unverzinsliche Einlagen annehmen, dieses Geschäft ist jedoch zurückgegangen, weil auf Grund der Kontoführung keine Kreditaufnahme im Bedarfsfalle wie bei anderen Kreditinstituten möglich ist. Denn seit dem Erlaß des Gesetzes über die Deutsche Bundesbank[32] ist z. B. der westdeutschen Zentralbank im Inland nur noch die Kreditgewährung an Kreditinstitute, sowie an den Bund und seine Körperschaften erlaubt, aber nicht mehr an Wirtschaftsunternehmen und Private, wie vorher durch die Reichsbank und zur Zeit der Landeszentralbanken in der französischen Besatzungszone.

In der Kreditpolitik gegenüber Banken und Sparkassen sowie als Zahlungsausgleichsstelle und als letzte Liquiditätsquelle war auch schon die Reichsbank den übrigen Kreditinstituten und damit deren Girosystemen übergeordnet. Da aber die Zentralbank neben der Vornahme des Zahlungsverkehrs noch die erwähnten Kreditgeschäfte mit Wirtschaftsunternehmen und Privaten abschließen konnte, war das Herrschaftsverhältnis noch nicht so ausgeprägt, wie es heute jedenfalls erscheint.

Die führende Stellung der Deutschen Bundesbank im Zahlungsverkehr der Kreditinstitute und ihrer Gironetze untereinander ist nicht lückenlos. Zwar wird der bargeldlose Zahlungsverkehr zwischen den einzelnen Girosystemen und den meisten sonstigen Kreditinstituten nicht direkt abgewickelt, sondern in irgendeiner Form über die Landeszentralbanken, entweder über die Abrechnung oder auch direkt über Girokonten bei der Bundesbank. Die Ursachen hierfür, warum die Gironetzbanken an den großen Bankplätzen nicht unmittelbar miteinander in Kontoverbindung stehen, mögen z. B. Konkurrenzgründe oder noch wahrscheinlicher das Bestehen einer sehr gut arbeitenden Notenbankabrechnung sein. Aber sie sind nicht auf diese angewiesen. Es ist gut denkbar, daß die Gironetze den Zahlungsausgleich zwischen sich auch ohne die Notenbank erledigen können, so wie es in einigen Klein- und Mittelstädten ohne Bundesbankniederlassung geschieht. Vermuten ließe sich, daß der Zahlungsverkehr zwischen den Gironetzen von der Notenbank als eine Art Kundendienst vollzogen wird. Dann würde diese auch keine eigene Politik auf dem Sektor des Zahlungsverkehrs verfolgen. Wahrscheinlich kann man aber heute diesen Bereich nicht so isoliert und ohne wirtschaftspolitische Hintergründe betrachten. Soweit die Notenbank den Zahlungsverkehr insbesondere für Kreditinstitute betreibt, geschieht das aus Gründen, die mit der Kreditpolitik zusammenhängen, z. B. um den Zahlungsverkehr zwischen den einzelnen Syste-

[31] BGBl. I vom 30. 7. 1957, S. 745.

[32] Ebda, § 22 und § 19, Nr. 4—9.

men an sich zu ziehen, um die Liquiditätsvorteile des Zahlungsausgleichs im eigenen System, die wir später noch aufzeigen werden, zunichte zu machen, eventuell auch wegen des statistischen Überblicks über den Geldumlauf.

Von den Girosystembanken und -sparkassen, die den Zahlungsausgleich über die Bundesbank bewirken, wird noch ein weiterer Gesichtspunkt berücksichtigt. Wenn sie nämlich zur Mindestreservehaltung gezwungen sind, haben sie unter Umständen ein Interesse daran, die Pflichtreserven für Zahlungszwecke auszunutzen. Auf die Bedingungen hierfür, z. B. ungefährer Gleichschritt des Depositenzu- und -abflusses und die damit zusammenhängenden Fragen des Liquiditätscharakters der Mindestreserven, soll hier noch nicht weiter eingegangen werden. Wir können also feststellen, daß die Überordnung der Notenbank im Zahlungsverkehr nicht so deutlich wird wie gerade im kreditpolitischen Beziehungsbereich.

Die Stellung der Notenbank wird von der jeweiligen Rechtsform nicht berührt. Dafür ist es unwesentlich, ob es sich um eine öffentlich-rechtliche oder um eine privatrechtliche Notenbank handelt. Die Deutsche Bundesbank z. B. ist gemäß § 2 des Gesetzes über die Deutsche Bundesbank[33] eine „bundesunmittelbare juristische Person des öffentlichen Rechts". Die Reichsbank dagegen war ursprünglich „eine privatrechtliche Gesellschaft eigenen Rechtes"[34], also damals noch nicht öffentlich-rechtlich. Diese Rechtsform wurde auch noch nicht durch das Bankgesetz vom 30. August 1924[35] geändert. Zu einer juristischen Person des öffentlichen Rechts wurde sie erst mit der Neufassung des Gesetzes im Jahre 1939 (15. Juni)[36]. Die Grundkapitalanteile blieben in privaten Händen[34].

Die LZ-Banken und die BdL sind gleich als juristische Personen des öffentlichen Rechts errichtet worden. Allgemein ist jedoch zu sagen, daß die Rechtsform keine Rolle spielt, wenn der Notenbank wirtschaftspolitisch ein Herrschaftsverhältnis über die anderen Kreditinstitute eingeräumt wird. Für eine öffentlich-rechtliche wie für eine private Notenbank kann es wichtig sein, daß ihr die Aufgaben einer Notenbank, wie wir sie heute verstehen, als einzigem Institut zuerkannt werden und daß möglichst keine oder nur wenige andere Banken zur Notenausgabe berechtigt sind, diesen aber dann keine weiteren Zentralbankaufgaben übertragen werden. Der Gesetzgeber wird z. B. Maßnah-

---

[33] BGBl. I v. 30. 7. 1957, S. 745.

[34] Pröhl, Hans, Lexikon des Kreditwesens, Peine o. J., Ergänzungslieferung: Bundesbankgesetz, S. 26.

[35] RGBl. II, S. 235.

[36] RGBl. I, S. 1015.

men zur Konzentration des Zahlungsausgleichs auch zugunsten einer von ihm konzessionierten oder durch Gesetz geschaffenen privaten Notenbank ergreifen. Es ist also festzustellen, daß ohne Ansehen der Rechtsform wirtschaftlich eine Überordnung der Notenbank über die übrigen Kreditinstitute und damit auch deren Girosysteme bestehen kann und nach heutiger Auffassung auch bestehen muß. Der Umfang der kreditpolitischen Mittel ist nicht von der Rechtsnatur der jeweiligen Notenbank abhängig. Die volkswirtschaftlichen Wirkungen aus der Tätigkeit der Gironetze sind unter sonst gleichen Bedingen in Ländern mit privaten Notenbanken also nicht stärker als in Staaten mit öffentlich-rechtlichen Notenbanken. In beiden Fällen können die in Frage kommenden Maßnahmen, wie z. B. die Erlaubnis zur Änderung von Diskont-, Abgabe- oder Mindestreservesätzen sowie zu administrativen Eingriffen, im Gesetz über die Errichtung oder Bestimmung zur Zentralbank enthalten sein. Ebenso ist es jederzeit möglich, die Kreditinstitute durch neue Gesetze oder durch eine Änderung bzw. Ergänzung des Gründungsgesetzes zusätzlich zu einem bestimmten Verhalten (z. B. Mindestreservehaltung) zu verpflichten. Zur Ausführung eines bestehenden Rahmengesetzes genügt auch eine Durchführungsverordnung. Jeder Notenbanktyp wird darüber hinaus bemüht sein, wenn es als wirtschaftlich notwendig erkannt wurde, die Geschäftspolitik der Kreditinstitute durch vertragliche Vereinbarungen, von deren Einhaltung die Refinanzierung abhängig gemacht wird, in bestimmte Richtungen zu lenken. Wir können feststellen, daß sich, abgesehen von Verfahrensfragen bei der Errichtung, in der Art und dem Umfang der Maßnahmen nur solche Unterschiede zwischen öffentlich- und privat-rechtlichen Notenbanken ergeben können, wie sie auch zwischen öffentlich-rechtlichen Instituten möglich sind. Die Notenbank kann also auch eine private Rechtsform besitzen und sich ebensogut oder ebensowenig durchsetzen wie eine öffentlich-rechtliche Währungsbank.

Betrachtet man dagegen die einzelnen kreditpolitischen Maßnahmen der Zentralbank, so kommt man zu dem Ergebnis, daß sich die Einwirkungen rechtlich zum Teil auf einer anderen Ebene als wirtschaftlich vollziehen. Nur durch die Mindestreservepolitik wird ein unmittelbarer Zwang ausgeübt. Auf allen anderen Gebieten wickeln sich die Beziehungen zwischen der Notenbank und den Kreditinstituten, also auch den Trägern der Gironetze, rechtlich und wirtschaftlich auf verschiedenen Ebenen ab.

II. Der mehrschichtige Charakter der Beziehungen zwischen der Notenbank auf der einen und den Mitgliedsinstituten des Unterbaus und den Zentralen von Gironetzen auf der anderen Seite

Bisher haben wir in vielen Fällen bei der Erörterung grundsätzlicher Fragen von den Kreditinstituten allgemein und zugleich von den Trägern der Gironetze unter ihnen gesprochen. Das liegt darin begründet, daß es sich bei den Beziehungen zwischen der Notenbank und den als Girosysteme fungierenden sowie den in Gironetzen zusammengeschlossenen Kreditinstituten insgesamt um eine komplexe Materie handelt. Wir haben schon deutlich gemacht, daß die Girosysteme aus den „einfachen“ Mitgliedsinstituten oder -niederlassungen, den Teilzentralen und den Systemzentralen bestehen; dabei können die Mitglieder rechtlich und wirtschaftlich selbständig oder auch rechtlich wie wirtschaftlich unselbständig sein. Der Aufbau der Zahlungsnetze und die Art der Notenbankmittel, wie die Mindestreservepolitik, aber auch die Diskontpolitik, bewirken, daß die Beziehungen nicht nur zwischen den Systemzentralen stellvertretend für das ganze Gironetz oder Teilsystemzentralen für ihren Bereich einerseits und der Notenbank auf der anderen Seite auftreten. Es kommt daher zu direkten Beziehungen zwischen der Notenbank und einem Systemmitglied, aber auch zu indirekten über die jeweilige Zentrale. Außerdem existieren natürlich auch noch die Beziehungen zwischen der Notenbank und den Kreditbanken, die keinem der übrigen Girosysteme angehören. Wir haben hier hauptsächlich die durch die Funktion als oder den Zusammenschluß zum Girosystem oder Teilsystem bedingten besonderen Wirkungen zu untersuchen. Dabei sind in erster Linie die beiden Arten von Zentralen zu analysieren. Es ist jedoch nicht ausgeschlossen, daß die Mitglieder des Unterbaus auf Grund der Systemzugehörigkeit auch bei möglichen direkten Notenbankeingriffen anders reagieren als nicht angeschlossene Banken. Wir müssen deswegen auch die in ihnen zusammengeschlossenen Banken bzw. Sparkassen berücksichtigen.

B. Der Zahlungsverkehrsbereich

I. Die neben der Notenbank bestehenden Girosysteme

1. Vorbemerkungen

In diesem Abschnitt soll die Entwicklung und die heutige Tätigkeitsweise der westdeutschen Gironetze dargestellt werden. Außerdem werden wir auf einige typische ausländische Zahlungsnetze hinweisen.

Wir können zwischen der Errichtung des Gironetzes durch die beteiligten Banken und Sparkassen unter Gründung oder Bestimmung einer Bank als Zentrale, der Bildung eines Gironetzes, bei der alle Mitgliedsstellen erst geschaffen werden müssen, und der Einrichtung des Gironetzes innerhalb bestehender Kreditinstitute (Großbanken) durch organisatorische Regelungen unterscheiden. Im letzten Fall kann durch Fusionen mit anderen Banken ein großes, weitverzweigtes Institut entstanden sein, ohne daß eine bestimmte Organisation des internen bargeldlosen Zahlungsverkehrs besteht und damit ein Girosystem gegeben wäre. Dazu wird es erst, wenn bewußt der Überweisungs- und Scheckverkehr im Rahmen des bestimmten Kreditinstituts so eingerichtet wird, daß möglichst die Zahlungen im eigenen Netz ausgeführt werden sollen. Für die Entstehung dieser Zahlungsnetze war also „lediglich eine innerorganisatorische Anweisung erforderlich"[1]. Es besteht auch die Möglichkeit, daß in einem mittleren Institut Anweisungen für den internen Zahlungsverkehr aufgestellt wurden und daß es durch Fusion mit anderen die Größe eines Gironetzes gewinnt. Mit der Ausdehnung der organisatorischen Regelungen auf die hinzugekommenen Kontostellen oder mit ihrer allgemeingültigen Neufassung können wir das Girosystem im Zahlungsverkehr als eingerichtet betrachten. Dieser Fall ähnelt dem vorhergehenden, so daß wir hier keine Trennung in der weiteren Darstellung vorzunehmen brauchen.

Bevor wir uns mit der Entwicklung der Zahlungssysteme im einzelnen befassen, muß noch eine grundsätzliche Frage geklärt werden. Die im Deutschen Reich vor 1945 tätigen Zahlungsverkehrsorganisationen sind als Folge des Zusammenbruchs und der getrennten bankmäßigen

---

[1] Pröhl, Hans, Lexikon des Kreditwesens, a. a. O., Bd. I, S. 386.

Entwicklung der Ostzone und der Westzonen heute nur noch in der Bundesrepublik tätig. Dabei ist ihre räumliche Ausdehnung und zunächst auch die Zahl der Filialen bzw. Mitgliedsbanken sowie die Zahl der Kunden zurückgegangen. Lassen sich im Hinblick auf die Vorkriegssituation die verbliebenen Restnetze, die außerdem erst allmählich ihre Zentralen wiedererrichteten, als vollwertige Girosysteme ansprechen? Diese Frage muß bejaht werden. Die hier arbeitenden Gironetze erstrecken sich über das Gebiet eines ganzen, wenn auch vorläufigen Staates mit einer einheitlichen Regierung. Die in Mitteldeutschland gelegenen Teile sind nicht mehr tätig, so daß die im Westen vorhandenen größeren Teile als Nachfolgeorganisationen und zugleich vollwertige Girosysteme anzusehen sind.

2. Die Entwicklung der westdeutschen Gironetze

a) Die Errichtung von Girosystemen durch Kreditinstitute

In den hier zu behandelnden Fällen sind die Zahlungsnetze bewußt von den beteiligten Instituten gegründet worden, um sich die Vorteile auf dem Gebiet des bargeldlosen Zahlungsverkehrs zunutze machen zu können und um die eigene Funktionsfähigkeit (Konkurrenzgründe) zu erhalten. Gesehen hat man damals zunächst die zahlungsverkehrsmäßigen Vorteile der Überweisung und Verrechnung im eigenen System und die sich daraus ergebenden günstigen Möglichkeiten, Einlagen und damit Mittel für Kreditzwecke zu beschaffen, jedoch noch nicht die Konsequenzen für die Fähigkeit zur Geldschöpfung. Die Reichsbank erstrebte, sich durch Ausweitung und Förderung des bargeldlosen Zahlungsverkehrs, insbesondere durch Überweisung, vor vermehrter Inanspruchnahme durch Geschäftsbanken zu schützen. Wegen der starren Deckungsvorschriften bei der Notenausgabe war die Ausweitung des Bargeldumlaufs ohne große Goldzuflüsse sehr schwierig. Bei Betrachtung des bargeldlosen Zahlungsverkehrs standen deshalb seine rationelle Gestaltung und die Beschleunigung der Verfügungen im Vordergrund[2].

---

[2] Vgl. dazu u. a. Eynern, Gert von, Die Reichsbank, Probleme des deutschen Zentralnoteninstitutes in geschichtlicher Darstellung, Jena 1928, S. 26, 31, 50 und 66; Großmann, H., Grundzüge des Zahlungsverkehrs, Berlin—Wien 1931, S. 48; Riesser, Jacob, Die deutschen Großbanken und ihre Konzentration, 3. Aufl., Jena 1910, S. 122; Schulze-Gaevernitz, G. von, Die deutsche Kreditbank, Tübingen 1922, S. 47; Somary, Felix, Bankpolitik, 2. Aufl., Tübingen 1930, S. 117 f.; o. V. (ohne Verfasserangabe). Fünfzig Jahre Abrechnungsstellen der Reichsbank, bearbeitet in der Volkswirtschaftlichen und Statistischen Abteilung der Reichsbank, Berlin 1933, S. 10; Schoele, Otto, Grundsätzliches zur Frage des bargeldlosen Zahlungsverkehrs, in: Zahlungsverkehr und Bankbetrieb, 11. Jg. 1929, Nr. 1, S. 3 ff.

Die Errichtung des Sparkassengirosystems, das als „Bank-zu-Bank-Verbindung" nicht nur dem Geldausgleich und dem Liquiditätsrückhalt der Kreditinstitute allein, sondern vor allem auch dem Zahlungsverkehr der Kundschaft dienen sollte, war mit dem Erlaß des Scheckgesetzes[3] am 11. März 1908 möglich geworden. Auf Grund dieses Gesetzes erlangten die Sparkassen die passive Scheckfähigkeit. Nach dem 1. Januar 1909 eröffneten die Sparkassen, beginnend im Königreich Sachsen, nach und nach einen geregelten bargeldlosen Zahlungsverkehr[4]. Um zu verhindern, daß jede Girokasse und später jede Sparkasse bei jeder anderen ein Konto zur Verrechnung des regionalen und überregionalen Buchgeldverkehrs unterhalten mußte, war die Gründung von zentralen Verrechnungsstellen notwendig. Ferner wollte man zeitraubende und kostspielige Umleitungen über die Reichsbank bzw. das Postscheckamt für Zahlungen von Kunden einer Sparkasse an die einer anderen vermeiden[5]. Damit wurde der bereits vorhandene Sparkassenapparat, der bisher auf einer Ebene nebeneinander wirkte, in vertikaler Hinsicht vervollständigt[6]. Die Errichtung von Sparkassenzentralbanken als Geldausgleichsstellen war schon länger geplant, wurde aber erst 1909 mit der Bildung der Girozentrale in Sachsen verwirklicht. Sie erhielt einen umfangreicheren Aufgabenkreis als ursprünglich geplant. In den folgenden Jahren wurde der Spargiroverkehr auch in anderen deutschen Ländern und den preußischen Provinzen, zuerst noch unter der Bezeichnung „kommunaler Giroverkehr"[7], durch die Sparkassen aufgenommen. Zum Teil wurden Girozentralen von den Giroverbänden errichtet, zum Teil wurden deren Funktionen auch von den bereits vorhandenen oder später noch gegründeten Landesbanken übernommen.

Die Urfunktion der Girozentralen ist die Durchführung des Giroverkehrs gewesen. Hinzugekommen sind folgende Aufgaben: Die Vor-

---

[3] RGBl. S. 71.

[4] Vgl. zur Entwicklung des Spargirosystems: Eisfeld, Curt, Artikel „Sparkassen", in: Handwörterbuch der Sozialwissenschaften, zugleich Neuauflage des Handwörterbuch der Staatswissenschaften, Bd. 9, Stuttgart—Tübingen—Göttingen 1956, S. 665 ff.; Hoffmann, Josef, Die Stellung der Girozentralen im deutschen Bankwesen, in: Sparkasse, 45. Jg., 1925, Heft 1, S. 3 f.; ders., Deutsche Sparkasseneinheit, Berlin 1931; Henze, Werner, Grundzüge der Geschichte des Sparkassenwesens, Stuttgart o. J.; Jursch, H., Zehn Jahre deutsche kommunale Giroorganisition, Denkschrift, Berlin 1926; Kalveram, W., Bankbetriebslehre, a. a. O., Bd. II, S. 227; Pröhl, Hans, Lexikon des Kreditwesens, a. a. O., Bd. I, S. 385 f.; Schmiedeken, Paul, Die bankmäßige Betätigung der Sparkassen und Giroverbände, Frankfurt/M. 1928; Sondernummer d. Zeitschrift Sparkasse, Fünfzig Jahre Spargiro, Heft 1 vom 1. Januar 1959; Will, Helmuth, Die deutschen Sparkassen, Entwicklung—Organisation—Bedeutung, 2. Aufl., Stuttgart und Berlin 1942.

[5] Vgl. Will, Helmuth, Die deutschen Sparkassen, a. a. O., S. 100.

[6] Vgl. Fries, Karl, Die Girozentralen, Stuttgart 1959, S. 36.

[7] Vgl. Pröhl, Hans, Lexikon des Kreditwesens, a. a. O., Bd. I, S. 386.

nahme des Geldausgleichs, soweit das nach den Sparkassensatzungen zulässig war und ist, bzw. von der Aufsichtsbehörde genehmigt wurde[8], ferner weitere Dienstleistungen für die Sparkassen, gemeinsame Kreditgewährung, Liquiditätshaltung u. ä.[9].

1918 wurde vom Deutschen Zentralgiroverband die Deutsche Girozentrale als überregionale über den Girozentralen stehende Verrechnungsbank in Betrieb genommen, nachdem sich der Spargiroverkehr schon durchgesetzt hatte. Dazu und zur universellen Entwicklung der Sparkassen überhaupt haben zwei an sich nicht so bedeutende Tatsachen beigetragen, einmal die bewußte Konzentration auf den Überweisungsverkehr, zum anderen die im ersten Weltkrieg erfolgte Erklärung der Sparkassen zu Zeichnungsstellen für Kriegsanleihen[10]. Mit der Deutschen Girozentrale als Oberbau, den Girozentralen als Mittelbau und den Sparkassen als Unterbau ist in den nächsten Jahren ein umfangreiches, sehr engmaschiges Gironetz entstanden. Die Entwicklung des Sparkassensystems wurde mit dem Ende des zweiten Weltkriegs unterbrochen. Von dem Sparkassennetz im Deutschen Reich blieb nur der in den Westzonen gelegene Teil erhalten. In der Ostzone wurden die Girozentralen liquidiert, so daß wir heute in dem dortigen Teil des ehemaligen Deutschen Reiches nicht mehr von einem Sparkassennetz sprechen können. Nach dem zweiten Weltkrieg blieben zunächst nur die regionalen Girozentralen mit den ihnen angeschlossenen Sparkassen arbeitsfähig. Die Deutsche Girozentrale konnte erst 1954 ihre Tätigkeit im kurzfristigen Geschäft wiederaufnehmen. Gemäß der von uns gegebenen Begriffsfassung können wir die Girozentralen mit den ihnen angeschlossenen Sparkassen als Teilgironetze

---

8 Die Aufnahme kurzfristiger Kredite mit einer Laufzeit bis zu drei Monaten oder entsprechend kurzfristiger Kredite zur Deckung eines vorübergehenden Geldbedarfs ist jetzt genehmigungsfrei. Vgl. Begleiterlaß des Hessischen Ministers für Arbeit, Wirtschaft und Verkehr betreffend Mustersatzung A und B für kommunale Sparkassen, vom 5. Juni 1955, W I c B 5002 A 2 (2), Beilage zum „Staatsanzeiger für das Land Hessen" Nr. 26 vom 25. Juni 1955, S. 17 ff., § 12; Verordnung des Niedersächsischen Ministers der Finanzen über die Mustersatzung für die Sparkassen in Niedersachsen vom 15. Oktober 1962, Nieders. GVBl. 1962, S. 204, § 22; Mustersatzung für die öffentlich-rechtlichen Sparkassen des Saarlandes, vom 18. Okt. 1951, in der aufsichtsbehördlich genehmigten Fassung vom 1. Juli 1959 — AZ F1 Ko/We, Tgb. Nr. 227/59, § 23; Mustersatzung für Sparkassen mit einem Verwaltungsrat (MuSa A) und Mustersatzung für Sparkassen mit einem ehrenamtlich besetzten Vorstand (MuSa B), in: Amtsblatt für Schleswig-Holstein 1958, Nr. 26 vom 28. 6. 1958, § 12.

9 Vgl. Fries, Karl, Die Girozentralen, a. a. O., S. 37 f.

10 Vgl. Hoffmann, Josef, Artikel „Sparkassen und Girozentralen", in: Die Bank, hrsg. von Karl Theisinger und Josef Löffelholz, Wiesbaden 1952, Bd. 1, S. 212 f.; Kalveram, W., Bankbetriebslehre, Bd. II, a. a. O., S. 221; Kalveram, Wilhelm — Günther, Hans, Bankbetriebslehre, a. a. O., S. 319; Wrede, Victor, Die Geldschöpfung des Kreditwesens und ihre Kontrolle durch die Notenbank, in: Zahlungsverkehr und Bankbetrieb, 18. Jg., 1936, Nr. 1, S. 8.

ansehen, dabei kommt diesen erhebliche Bedeutung zu. Die Girozentralen erleichtern den Zahlungsverkehr zwischen den direkt angeschlossenen Sparkassen, aber auch zwischen diesen und den übrigen Girostellen des Netzes durch Verrechnung mit oder über die anderen Girozentralen. Die Salden werden nur gelegentlich, d. h. im Abstand von einigen Tagen, über die Deutsche Girozentrale ausgeglichen. Von den übrigen Aufgaben der Girozentralen ist in unserer Arbeit in erster Linie noch die Vornahme des Geldausgleichs zwischen den angeschlossenen Instituten von Interesse, in geringem Maße auch die Verwaltung der zu unterhaltenden flüssigen Sparkassenmittel. Vor 1945 waren die drei Stufen des Sparkassensystems durch eine Liquiditätshaltung miteinander verbunden. Es handelte sich dabei um eine „vertikale Guthabenhaltung" einer Stufe des Systems bei der nächsthöheren (Unterbau beim Mittelbau, dieser beim Oberbau und der wieder bei der Notenbank)[11]. Bei dieser Liquiditätsregelung sprechen wir vom sog. „Liquiditätszug"[12].

Nach § 9 der Notverordnung waren die Girozentralen gehalten, die Liquiditätsreserven der Sparkassen bei ihnen getrennt auszuweisen, ferner war die Gewährung von Darlehen mit Mitteln aus Liquiditäts-

---

[11] Vgl. Floss, Eberhard, Theorie der Sparkassen-Liquidität, a. a. O., S. 196; ders., Auswirkungen der Mindestreservepflicht unter besonderer Berücksichtigung der Sparkassen, Bd. 4 der Untersuchungen über das Spar-, Giro- und Kreditwesen, hrsg. von Fritz Voigt, Berlin 1956, S. 34.

[12] Die Unterhaltung von Nostro-Guthaben bei den Girozentralen und die Unterhaltung sonstiger flüssiger Werte wurde mit der Dritten Verordnung des Reichspräsidenten zur Sicherung von Wirtschaft und Finanzen und zur Bekämpfung politischer Ausschreitungen vom 6. 10. 1931 (RGBl. I S. 537) bestimmt. Folgendes wurde für die Liquiditätsvorsorge von Sparkassen und Girozentralen festgelegt (5. Teil, Kap. I, Artikel 1, § 5 Abs. 2): In flüssigen Werten waren 30 v. H. der Spareinlagen und 50 v. H. der sonstigen Einlagen anzulegen, davon 10 v. H. der Spareinlagen und 20 v. H. der sonstigen Einlagen als Liquiditätsreserven auf Nostro-Konto bei den zuständigen Girozentralen. Nach § 9 Abs. 2 sollten die Girozentralen einen Teil in sonstigen flüssigen Werten, vor allem in Wechseln anlegen, die als Privatdiskonten gehandelt wurden. Den anderen Teil aber haben die Girozentralen bei der Deutschen Girozentrale anzulegen, und zwar mindestens 50 v. H. der Sparkassen-Liquiditätsreserven. Das sind also mindestens 5 v. H. der zugrunde liegenden Spareinlagen, bzw. 10 v. H. der zugrunde liegenden sonstigen Einlagen bei den Einzelsparkassen. Auf die Guthaben der Girozentralen bei der Deutschen Girozentrale konnten bis zur Hälfte Einlagen der Girozentralen bei der zuständigen Reichsbankstelle, bei den Abrechnungsbanken oder beim Postscheckamt angerechnet werden. Die Deutsche Girozentrale war verpflichtet, mindestens 50 v. H. der Guthaben von Girozentralen (das sind 2,5 v. H. der zugrunde liegenden Spareinlagen und 5 v. H. der sonstigen Einlagen) bei der Reichsbank zu belegen, den Rest in völlig flüssigen Werten. Vgl. ferner Golz, Dietrich, Das Liquiditätsproblem bei den Girozentralen, Bd. 3 der Untersuchungen über das Spar-, Giro- und Kreditwesen, hrsg. von Fritz Voigt, Berlin 1956, S. 39; Falter, Manuel, Artikel „Girozentralen", in: Handwörterbuch der Betriebswirtschaft, 3. Aufl., hrsg. von Hans Seischab und Karl Schwantag, Stuttgart 1958, Bd. II, Sp. 2386 f.

zugguthaben streng verboten[13]. Die Deutsche Girozentrale hatte ebenso den getrennten Bilanzausweis der Liquiditätsreserven von den sonstigen Verbindlichkeiten und der Anlage der Liquiditätsreserven vorzunehmen. Die Girozentralen solllten die Guthaben der Sparkassen unter täglicher Fälligkeit führen. Sie durften nicht mit anderen Guthaben (z. B. Zahlungsverkehrsguthaben) der Sparkassen vermischt werden[13]. Es mußte damals also unterschieden werden zwischen Nostro-Guthaben zur Liquiditätsvorsorge auf Grund der gesetzlichen Vorschriften und den Nostro-Guthaben zur Abwicklung des Zahlungsverkehrs[14], die sich nach den durchschnittlichen Abweichungen der Belastungen von den Gutschriften richtet.

Heute besteht die Verpflichtung zur Unterhaltung von Liquiditätsreserven gemäß der Notverordnung nur noch de iure, die Nostro-Guthaben in laufender Rechnung sind daher als Reserven für den Zahlungsverkehr anzusehen[15]. Dies ist eine Folge des Erlasses von Mindestreservebestimmungen in Westdeutschland durch das Emissionsgesetz[16]. Die Bedeutung des Liquiditätszuges im Girosystem der Sparkassen wie auch die Erledigung von Zahlungsaufträgen im eigenen Netz ist damit zwangsläufig geringer geworden, die Geschlossenheit des Systems hat darunter gelitten[17]. Die Frage der Doppelbelastung der Sparkassen mit Liquiditätszug- und Mindestreserven hat ziemliche Unsicherheit verbreitet.

Deswegen hat der Sonderausschuß Bankenaufsicht in seiner Sitzung vom 14./15. 8. 1953 den Beschluß gefaßt, „die Liquiditätsvorschriften der Sparkassen vorerst auszusetzen“[17]. Außerdem ist 1957 in § 16 Abs. 5 des Gesetzes über die Deutsche Bundesbank[18] bestimmt worden: „Die nach diesem Gesetz zu unterhaltenden Mindestreserven sind auf die nach anderen Gesetzen zu unterhaltenden Liquiditätsreserven anzurechnen“. Damit sind nicht nur die Liquiditätszugreserven des Sparkassennetzes, sondern auch die Bestimmungen über die Unterhaltung von flüssigen Mitteln nach dem alten KWG[19] und dem neuen Bundes-KWG gemeint[20].

---

[13] Vgl. Golz, Dietrich, Das Liquiditätsproblem bei den Girozentralen, a. a. O., S. 39.

[14] Vgl. Floss, Eberhard, Theorie der Sparkassen-Liquidität, a. a. O., S. 196.

[15] Vgl. Floss, Eberhard, Theorie der Sparkassen-Liquidität, a. a. O. S. 196.

[16] Zweites Gesetz zur Geldreform vom 20. 6. 1948: Amerikanisches Gesetz Nr. 62, britisches Gesetz Nr. 62 und französische Verordnung Nr. 159, § 6.

[17] Vgl. Falter, Manuel, Artikel „Girozentralen“, in: Handwörterbuch der Betriebswirtschaft, 3. Aufl., hrsg. von Hans Seischab und Karl Schwantag, Bd. II, Stuttgart 1958, Sp. 2387.

[18] BGBl. I vom 30. 7. 1957, S. 745.

[19] RGBl. I, S. 1203, Gesetz vom 5. Dez. 1934.

[20] Die vom Bundesaufsichtsamt für das Kreditwesen gemäß § 10 und § 11 des Gesetzes über das Kreditwesen vom 10. Juli 1961 (BGBl. I, S. 881) aufge-

Neben der Einführung der Mindestreservehaltung hat vorübergehend ein weiterer Eingriff des Gesetzgebers zugunsten der Notenbank den Zusammenhalt im System und den Bestand des gesamten Systems überhaupt gestört. „Denn auf Grund eines Beschlusses des Zentralbankrates der BdL, der zur Ausführung des Art. III Ziff. 12 a des BdL-Gesetzes gefaßt worden ist, können die bargeldlosen Überweisungen, soweit sie über die Ländergrenzen hinausgehen, nicht mehr im eigenen Gironetz der einzelnen Kreditinstitutsgruppen bewirkt werden, sondern sie müssen über die zuständige Landeszentralbank geleitet werden[21]." Diese Regelung ist am 3. 10. 1949 eingeführt worden und betraf den Überweisungsverkehr, „der aus Aufträgen Dritter herrührt..."[22] Der Zentralbankrat hatte jedoch gemäß Ziff. 12 b des BdL-Gesetzes Ausnahmen zugelassen. Danach brauchten die Sparkassen im Überweisungsverkehr über die Ländergrenzen hinaus nicht unmittelbar mit den Landeszentralbanken zu verkehren und ihre Abschreibungen nicht direkt über ihr LZB-Konto zu verrechnen, sondern sie durften die Überweisungsgegenwerte mittelbar von den Girozentralen anschaffen lassen[23]. Nach Sewering[24] war damit jedoch eine Verzögerung im Überweisungsverkehr verbunden. Die Überweisungsträger konnten wie vorher direkt vom Kreditinstitut des Auftraggebers an das des Empfängers geschickt werden, wobei allerdings über die Landeszentralbanken verrechnet werden mußte[24]. Während der Gültigkeit des Art. III Ziff. 12 a + b war das Sparkassensystem — aus heutiger Sicht — in mehrere Teilsysteme aufgespalten.

Aufgehoben wurde die Vorschrift des BdL-Gesetzes mit dem Erlaß des Gesetzes über die Deutsche Bundesbank im Jahre 1957[25]. Dort ist in § 43 Abs. 1 bestimmt: „Folgende Vorschriften werden aufgehoben: 1. das Gesetz über die Errichtung der Bank deutscher Länder mit Ausnahme seiner Ziffer 15 c, ...[25]."

---

stellten Grundsätze über das Eigenkapital und die Liquidität der Kreditinstitute (Bekanntmachung Nr. 1/62 vom 8. 3. 1962, veröffentlicht im Bundesanzeiger Nr. 53 vom 16. 3. 1962) bestimmen jedoch nur, daß die langfristigen Anlagen langfristig finanziert sein müssen und daß die kurzfristigen Kredite, die börsengängigen Dividendenwerte sowie die „Sonstigen Aktiva" die Summe der angegebenen Finanzierungsmittel nicht übersteigen soll. Eine Relation „liquide Mittel" zu „kurzfristigen Verbindlichkeiten" wurde jedoch nicht aufgestellt.

[21] Pröhl, Hans, Lexikon des Kreditwesens, a. a. O., Bd. I, S. 387; ferner Mellerowicz, Konrad, Zahlungsverkehr, a. a. O., S. 72 und 75; BdL-Gesetz = Verordnung Nr. 129 der brit. Militärreg., Gesetz Nr. 60 der amerik. Mil.-Reg. und Verordnung Nr. 203 der franz. Mil.-Reg.

[22] Ziff. 12 BdL-Gesetz.

[23] Vgl. Mellerowicz, Konrad, Zahlungsverkehr, a. a. O., S. 67 f.

[24] Vgl. Sewering, Karl, Der Zahlungsverkehr, a. a. O., S. 64.

[25] BGBl. I vom 30. 7. 1957, S. 745.

Heute ist das Sparkassensystem von dieser Seite her also nicht mehr in seiner Tätigkeit und Wirksamkeit beeinträchtigt. Das Verbot des direkten Verrechnungsverkehrs zwischen oder innerhalb von Kreditinstituten über die Landesgrenzen hinaus soll uns im Hinblick auf die Wirksamkeit gegen die Geldschöpfung der Girosysteme noch in späteren Abschnitten beschäftigen, es ist hier wegen des vorübergehenden Eingriffs in den Bestand der Girosysteme bereits erwähnt worden.

Auch das sog. Genossenschaftssystem als Zahlungsnetz zugunsten der Kundschaft ist bewußt von mehreren Kreditinstituten mit gleichartigen Zielsetzungen errichtet worden. Die Entwicklung der Genossenschaftsorganisation unterscheidet sich in mehreren Punkten von der des Sparkassensystems. Bedeutsam ist zunächst die Zweiteilung in den gewerblichen und in den landwirtschaftlichen Genossenschaftssektor und die damit verbundene parallele Entwicklung der jeweiligen Zentralkassen im Mittelbau. Hinzu kam aber noch im Gegensatz zum Sparkassenwesen mit seiner einheitlichen Verbandsbildung die anfangs rivalisierende Tätigkeit von je zwei Genossenschaftsverbänden, die alle versuchten, „sich eigene Kreditorganisationen zu schaffen“[26]. 1920 wurde die Zweiteilung auf dem gewerblichen, 1932 auf dem landwirtschaftlichen Sektor beendet[27]. Der „zweifache Dualismus“ wirkte sich zunächst nicht förderlich im Sinne einer einheitlichen Zentralkassenbildung aus.

Der erste Anlaß zur Gründung von zentralen Banken war das Bestreben, für die Einzelgenossenschaften eine übergeordnete Geldausgleichsstelle zu schaffen[28]. Als erste Zentralstelle wurde 1864 die Deutsche Genossenschaftsbank von Soergel, Parisius und Co. gegründet[29]. Diese genossenschaftliche Zentralbank sollte dem Geldausgleich und der Krediteinräumung im gewerblichen Bereich dienen[30]. Auf Anregung von Schulze-Delitzsch wurde von diesem Zentralinstitut 1869 der erste Giroverband Deutschlands zum Einzug von Schecks und Wechseln geschaffen. Das war aber mehr eine lockere Einrichtung der Genossenschaften, um die Abrechnung der Forderungen zu erleichtern.

Zur Verbesserung ihrer Rentabilität betrieb die Deutsche Genossenschaftsbank von Soergel, Parisius und Co. auch andere Bankgeschäfte. Auf Grund dieser außergenossenschaftlichen Geschäfte geriet die Bank, die bis dahin ihre Genossenschaftsaufgaben voll erfüllt hatte, in eine Krise. 1904 übernahm die Dresdner Bank das Institut, gründete

---

26 Lang, Johann, Artikel „Die Kreditgenossenschaften“, in: Die Bank, hrsg. von Karl Theisinger und Josef Löffelholz, Wiesbaden 1952, 1. Bd., S. 242.

27 Ebda, S. 237 und 240.

28 Ebda, S. 241.

29 Vgl. Pröhl, Hans, Lexikon des Kreditwesens, a. a. O., Bd. I, S. 671 a.

30 Vgl. Kalveram, W., Bankbetriebslehre, a. a. O., Bd. II, S. 218.

in Berlin und Frankfurt/M. Genossenschaftsabteilungen und führte die Funktionen des ehemaligen Zentralinstituts bis zur Übernahme ihrer beiden Abteilungen durch die Deutsche Zentralgenossenschaftskasse im Jahre 1939 fort[31]. Die Dresdner Bank war damit zum Spitzeninstitut eines anderen Systems geworden. Auf diese Verbindung der Dresdner Bank, einer Großbank mit eigenem Zahlungsnetz, mit dem Genossenschaftswesen müssen wir später noch zurückkommen, z. B. im Zusammenhang mit der Erörterung der Kundenstruktur und ihrer Wirkung auf die Geldschöpfung. Auf dem landwirtschaftlichen Sektor gab es in der Zeit von 1876 bis 1928 eine Reihe von Zentralkassen. Von diesen Zentralkassen gingen viele die Verbindung mit der Preußischen Centralgenossenschaftskasse ein, andere wurden von ihr übernommen[32]. Die Preußische Centralgenossenschaftskasse wurde 1895 von der preußischen Regierung mit dem Bestreben errichtet, den Ausbau des Genossenschaftswesens zu beeinflussen. Da ein Teil der gewerblichen Genossenschaften gegen eine Staatshilfe eingestellt war, nahmen nicht alle Genossenschaftsbanken die Dienste der Preußenkasse in Anspruch. Seit der Einigung und dem Zusammenschluß der beiden gewerblichen Verbände im Jahre 1920 war es jeder Genossenschaft überlassen, welchem System (Preußische Centralgenossenschaftskasse oder Genossenschaftsabteilungen der Dresdner Bank) sie sich anschließen wollte. Die Preußische Centralgenossenschaftskasse betreute also landwirtschaftliche und gewerbliche Genossenschaften. Sie wurde 1932 Reichsinstitut mit erheblicher Kapitalbeteiligung des Reiches und erhielt den Namen „Deutsche Zentralgenossenschaftskasse". Nach dem Kriege wurde als gemeinsames genossenschaftliches Spitzeninstitut die „Deutsche Genossenschaftskasse" in Frankfurt/M. gegründet[33].

Bereits im Jahre 1907 hat die Preußenkasse einen Einziehungs- und Scheckeinlösungsverkehr geschaffen, der gemäß der Veränderung der Verhältnisse umgestaltet und ausgebaut wurde. Aber erst 1927 rief die Preußische Zentralgenossenschaftskasse den „Deutschen Genossenschaftsring" ins Leben. Dieser hatte das Ziel, „den gesamten genossenschaftlichen Überweisungsverkehr zu erfassen und damit die umlaufenden Gelder der eigenen Bewegung zu erhalten"[34]. Damit war ein der

[31] Vgl. Kalveram, W., Bankbetriebslehre, a. a. O., Bd. II, S. 218; Pröhl, Hans, Lexikon des Kreditwesens, a. a. O., Bd. II. II, S. 968 f.

[32] Vgl. Lang, Johann, Artikel „Die Kreditgenossenschaften", in: Die Bank, a. a. O., 1. Bd., S. 242.

[33] 1949 für den Agrarkredit, 1950 auch für den gewerblichen Kredit, vgl. Pröhl, Hans, Lexikon des Kreditwesens, a. a. O., Bd. I, S. 671 b f.; Kalveram, W., Bankbetriebslehre, a. a. O., Bd. II, S. 218 f.

[34] Deumer, Robert, Das deutsche Kreditgenossenschaftswesen, Ref. I/5 Untersuchungsausschuß für das Bankwesen 1933, Sonderdruck, S. 65.

Kundschaft unmittelbar zugedachtes Überweisungssystem errichtet worden. Vorerst war neben dem Deutschen Genossenschaftsring auch noch als weitere Zahlungsverkehrsorganisation die Dresdner Bank tätig, die ebenfalls 1927 ihren genossenschaftlichen Giroverband, ähnlich dem Deutschen Genossenschaftsring, begründete[35]. Während die Dresdner Bank direkt mit den Genossenschaften verkehrte, geschah das von der Preußenkasse und später von der Deutschlandkasse nur indirekt über die Zentralkassen. Am 8. Februar 1939 wurden die beiden Genossenschaftsabteilungen der Dresdner Bank aufgelöst und vereinbarungsgemäß die Geschäfte auf die Deutsche Zentralgenossenschaftskasse und die Zentralkassen übertragen und damit auch der genossenschaftliche Giroverband der Dresdner Bank auf den Deutschen Genossenschaftsring[36]. Heute besteht das genossenschaftliche Girosystem aus der Deutschen Genossenschaftskasse als Oberbau, den regionalen gewerblichen Zentralkassen und den regionalen landwirtschaftlichen Zentralkassen als Mittelbau, sowie den Volksbanken bzw. Spar- und Darlehenskassen als Unterbau. Während der Zeit nach dem Kriege, als noch keine gemeinsame Spitze des ländlichen und gewerblichen Genossenschaftswesens wieder bestand, haben sich die Zentralkassen gegenseitig Konten eingerichtet und ihre Zahlungen verrechnet. Das war möglich bis zu dem Verbot, die Überweisungen im eigenen Netz vorzunehmen. Für die Genossenschaften wurde damals auch die Ausnahme zugelassen, daß sie die Überweisungsgegenwerte über ihre Zentralkassen anschaffen durften. So waren im Genossenschaftsbereich wie auch bei den Sparkassen aus heutiger Sicht nur Teilgirosysteme auf Länderebene tätig, deren Größe sich nach der Ausdehnung des Landes, aber auch der Dichte des Netzes richtete.

b) Die Errichtung des Postschecksystems

Die Gironetze der Sparkassen und der Genossenschaften wurden von bestehenden Kreditinstituten errichtet, damit diese ihre neuen oder vorhandenen Aufgaben besser erfüllen konnten und weil sie den Wert des Zahlungsausgleichs im eigenen System erkannt hatten.

Das Postschecksystem war in Deutschland jedoch eine vollkommen neue Einrichtung. Die Post stellte kein Kreditinstitut wie eine Genossenschaft oder eine Sparkasse dar. Es gab schon das Vorbild des Postscheckverkehrs in Österreich-Ungarn, der seit 1883 bestand und zufriedenstellend arbeitete. Der Zahlungsverkehr der Postscheckämter wurde mit Wirkung vom 1. Januar 1909 eröffnet. Es erfolgten mehrere gesetzliche Regelungen. Die Grundlage war der § 2 des Gesetzes „be-

---

[35] Vgl. Pröhl, Hans, Lexikon des Kreditwesens, a. a. O., Bd. II, S. 968 f.

[36] Ebda, S. 969 und 671 a.

treffend die Feststellung eines zweiten Nachtrags zum Reichshaushalts-Etat für das Rechnungsjahr 1908" vom 18.5.1908[37]. Am 6. Nov. 1908 wurde dann die Postscheckordnung zur Ergänzung erlassen[38]. Aber erst 1914 wurde das Postscheckgesetz[39] veröffentlicht, dessen Neufassung aus dem Jahre 1921 (RGBl. S. 247), abgesehen von einigen Veränderungen, heute noch in Kraft ist.

Gegenüber den weitverzweigten und sehr dichten Netzen der Sparkassen bzw. der Genossenschaften weist das Postschecknetz einen großen Unterschied auf. Die zur Durchführung des Postscheckverkehrs gebildeten Postscheckämter sind nur Verwaltungsabteilungen der Reichspost bzw. Bundespost[40]. Es ist ein zentralistisch geführtes System mit relativ wenigen Ämtern, die die Kontoführung erledigen.

Gegenüber dem bei einer Stelle zentralisierten österreichischen Postzahlungsverkehr erscheint der deutsche wiederum dezentral. Insgesamt gesehen könnte man von einem gemäßigt zentralisierten System sprechen. In der Bundesrepublik bestehen zwölf Postscheckämter, hinzu kommt noch das Amt in Berlin West. Für einen schnellen Zahlungsverkehr innerhalb eines Ortes oder eng umgrenzten Bezirks ohne eigenes Postscheckamt wirkt sich die Zentralisierung ungünstig aus[41]. Von dem Verbot der BdL, die Überweisungen über die Landesgrenzen im eigenen System vorzunehmen und auszugleichen, ist das Postschecksystem nicht betroffen worden. So schreibt Pröhl, daß lediglich der sich über die Post abwickelnde Zahlungsverkehr der unmittelbaren Kontrolle der Bank deutscher Länder entzogen ist, während diese sonst auf den bei ihr unterhaltenen Konten der einzelnen Landeszentralbanken den gesamten bankmäßigen Zahlungsausgleich zwischen den deutschen Ländern vornimmt, „um über die Geldbewegungen zwischen den einzelnen Ländern einen Überblick gewinnen zu können"[42]. Sewering bestätigt das und gibt dazu eine Erklärung. Die Neuordnung des bargeldlosen Zahlungsverkehrs in den Jahren 1949 und 1950, die dem Zentralbanksystem die beherrschende Stellung im Buchgeldverkehr sichern sollten, betraf mit Ausnahme des Postscheckverkehrs alle Girosysteme. „Die Sonderstellung der Postscheckämter erklärt sich dadurch, daß sie sich auf die reine Vermittlung der Zahlungen beschränken und keinen Kredit gewähren, also an der Kreditschöpfung nicht beteiligt sind[43]." Inwieweit diese Erklärungen und Argumente

---

[37] RGBl. S. 197.

[38] RGBl. S. 587.

[39] RGBl. S. 85.

[40] Vgl. Pröhl, Hans, Lexikon des Kreditwesens, a. a. O., Bd. III, S. 2331.

[41] Vgl. Mellerowicz, Konrad, Zahlungsverkehr, a. a. O., S. 63.

[42] Pröhl, Hans, Lexikon des Kreditwesens, a. a. O., Bd. I, S. 316.

zutreffen, d. h., ob das Postschecksystem an der Geldschöpfung direkt, indirekt oder überhaupt nicht beteiligt ist, muß in einem späteren Abschnitt untersucht werden.

c) Die Herausbildung von Girosystemen innerhalb der Kreditinstitute

Bei diesen Großbankennetzen handelt es sich, abgesehen von wenigen Ausnahmen — den Korrespondenzbanken —, um die Girosysteme mit rechtlich nicht selbständigen Mitgliedsinstituten. Das ganze Gironetz bildet rechtlich und wirtschaftlich eine Einheit. Ursachen für die Entstehung der zugrunde liegenden Großbanken, in denen dann die Zahlungsnetze eingerichtet wurden, sind nicht in erster Linie Bestrebungen, den Zahlungsverkehr möglichst kurzwegig und wirtschaftlich durchzuführen, nachdem man die wirtschaftliche Bedeutung der Erledigung von Zahlungsaufträgen im eigenen Netz erkannt hatte[44]. Sie hat vielmehr verschiedene andere Gründe, wie z. B. allgemeine Inlandsexpansion zugleich mit der Gründung und Ausdehnung von Industrien und Eisenbahnen sowie Schwierigkeiten der Banken in der Provinz, deren Geschäft eine geringere Risikostreuung aufwies[45]. Ferner zwang die unbeabsichtigte Förderung der Großbanken durch die Börsen- und Stempelgesetzgebung und das Verbot des Terminhandels die Effektenspekulation, sofern sie weiterbestehen wollte, auf den Kassamarkt. Da hier viel größere Geldbeträge nötig waren, wurden einflußreiche Kreditgeber, wie die Großbanken, zu den Geldgebern der Effektenspekulation[46].

---

[43] Sewering, Karl, Der Zahlungsverkehr, a. a. O., S. 63.

In diesem Sinne äußert sich auch Mellerowicz: „Der Postscheckverkehr ist eine reine Zahlungsverkehrseinrichtung und ist dem Zweck, lediglich Zahlungen zu vermitteln, von Anfang an treu geblieben. Die Guthaben auf den Postscheckkonten stellen echte Spitzenbeträge aus dem Zahlungsverkehr dar, sie schlagen sich entsprechend ihrer Aufgabe schnell um. Verfügbare, nicht für den Zahlungsverkehr benötigte Guthaben werden laufend in Notenbankguthaben umgewandelt und im Einvernehmen mit der Notenbank angelegt. Sie bilden für diese ein wertvolles Mittel zur Steuerung des Geldmarktes. Die Post übt keinerlei Einfluß dahingehend aus, Beträge im eigenen Netz festzuhalten. Vom Postscheckverkehr kann also keine Störung der Währungs- und Kreditpolitik der Notenbank ausgehen, da er kein selbständiger Faktor im deutschen Kreditsystem ist." Mellerowicz, Konrad, Zahlungsverkehr, a. a. O., S. 76.

[44] Vgl. Pröhl, Hans, Lexikon des Kreditwesens, a. a. O., Bd. II, S. 968.

[45] Vgl. Ehlen, Karl Josef, Die Filialgroßbanken, a. a. O., S. 4 f.; Eisfeld, Curt, Artikel „Bankpolitik", in Handwörterbuch der Betriebswirtschaft, 3. Aufl., hrsg. von Hans Seischab und Karl Schwantag, Bd. I, Stuttgart 1956, Sp. 483.

[46] Vgl. Schulze-Gaevernitz, G. von, Die deutsche Kreditbank, Tübingen 1922, S. 141; Riesser, Jacob, Die deutschen Großbanken und ihre Konzentration, a. a. O., S. 464 ff.

Die damaligen Vorläufer der heutigen Großbanken hatten schon zahlreiche Bankgesellschaften und Privatbankiers aufgenommen sowie eigene Niederlassungen gegründet, bevor sie den Zahlungsverkehr intensiver förderten und betrieben. Unter den Bankgeschäften gewann erst gegen Ende des vorigen Jahrhunderts das Depositengeschäft an Umfang, während vorher der „Giro- und Kontokorrentverkehr“ noch fast unbekannt war[47] und das Publikum Bankeinlagen nur als Liquiditäts- oder Sparreserven unterhielt.

Die Gründung der drei heute noch bestehenden Großbanken[48] Deutsche Bank, Dresdner Bank und Commerzbank erfolgte erst relativ spät: Deutsche Bank 1870 in Berlin, Dresdner Bank 1872 in Dresden und Commerz- und Disconto-Bank 1870 in Hamburg. Die Dresdner Bank und die Commerzbank verlegten erst später ihren Sitz ebenfalls nach Berlin. Vorher war schon eine Reihe von Bankgesellschaften errichtet worden, die aber später meistens mit den heute noch bestehenden Großbanken fusionierten bzw. von ihnen aufgenommen wurden.

Kurz vor der Jahrhundertwende widmeten sich die Berliner Banken dem Aufbau des Filial- und Depositenkassennetzes, um Verbindung mit weiteren Wirtschaftskreisen, unter anderem auch mit Industriewerken in der Provinz und in den übrigen Ländern zu bekommen[49]. Man benötigte Mittel zur Industriefinanzierung und konnte die Ablösungsemissionen für die Industriekredite gleichzeitig über die Depositenkassen und Filialen wieder absetzen. Vielfach bekam das Berliner Geschäft einen solchen Umfang, daß die Berliner Filialen bereits vor der Verlegung des Hauptsitzes dorthin wirtschaftlich „der Kopf des Unternehmens“ wurden[50].

Wir finden zwei sich äußerlich entgegenlaufende Tendenzen, nämlich das Streben der Berliner Banken in die Provinzen und übrigen Länder und den Zug der Provinzbanken nach Berlin[51]. Gemeinsam war ihnen die Ausweitung des Filialnetzes, wir können aber noch nicht von einer Konzentration sprechen, höchstens von einer Expansion. Ein

---

[47] Vgl. Obst, Georg - Hintner, Otto, Geld-, Bank- und Börsenwesen, 35. Aufl., Stuttgart 1963, S. 261.

[48] Zur Entwicklung der Filialgroßbanken vgl. auch Grunewald, Adolph E., Die Wiedergeburt der deutschen Filialgroßbanken, in: Zeitschrift für Betriebswirtschaft, 31. Jg. 1961, S. 193 ff.

[49] Vgl. Ehlen, Karl Josef, Die Filialgroßbanken, a. a. O., S. 3 f.

[50] Vgl. Achterberg, Erich, Berliner Banken im Wandel der Zeit, in: Eine Schrift zum 75jährigen Bestehen des Bankhauses Hardy & Co GmbH Frankfurt-Berlin, Darmstadt 1956, S. 32.

[51] Vgl. Achterberg, Erich, Berliner Banken ..., a. a. O., S. 32; Eisfeld, Curt, Artikel „Kreditbanken, private“, in: Handwörterbuch der Betriebswirtschaft, 3. Aufl., hrsg. von Hans Seischab und Karl Schwantag, Bd. II, Stuttgart 1958, Sp. 3524 f.

Weg hierzu war auch der Abschluß von Interessengemeinschaftsverträgen, um mit anderen Gebieten in Verbindung zu kommen. Diese führten dann häufig zu Fusionen[52]. Obst-Hintner geben als besonders konzentrationsintensive Perioden die 70er Jahre (Gründungskrise), die Jahre 1897/98, 1902/03 sowie die Jahre nach 1905 an. Höhepunkte waren dann noch einmal die Inflationszeit und die Weltwirtschaftskrise mit der damit verbundenen deutschen Bankenkrise[53]. Der Konzentrationsprozeß betraf nicht allein die späteren Großbanken, sondern auch die Regionalbanken. Nebeneinander haben die Regionalbanken und die 1913 in Berlin vertretenen sieben Filialgroßbanken immer mehr in Schwierigkeiten geratene, meistens kapitalschwächere Bankgesellschaften und Privatbankiers aufgenommen. Manche Regionalinstitute wurden dann später von den Filialgroßbanken übernommen. Während bis zur Inflationszeit meistens die Aufnahme kleinerer Institute durch größere oder zunächst eine Kapitalbeteiligung der größeren an den kleineren Banken stattfand[54], vereinigten sich ab 1920 aus Rationalitätsgründen auch ungefähr gleichgroße Banken[55]. Als Folge der Bankenkrise 1931 kam es noch zu weiteren Zusammenschlüssen unter staatlicher Initiative. So wurde durch die Notverordnung vom 11. März 1932 der Barmer Bankverein mit der Commerzbank verschmolzen, ferner übernahm die Dresdner Bank die Darmstädter und Nationalbank.

Mit diesen Fusionen hatte die Konzentrationsbewegung weitgehend ihren Abschluß erreicht, das Ergebnis waren drei Großbanken mit einem sich über ganz Deutschland erstreckenden Filialnetz. Diese Systeme unterschieden sich von den Netzen der Sparkassen und Genossenschaften in der Dichte, der Größe der Niederlassungen und der Zusammensetzung der Kundschaft.

In den dreißiger Jahren übernahmen die drei Großbanken noch einige aus politischen Gründen geschlossene Privatbankfirmen. Während damals die Expansions- und Konzentrationsperiode zunächst zu Ende ging[56], setzte mit dem Ende des zweiten Weltkrieges vorübergehend eine umgekehrte Entwicklung ein, und zwar mußten die drei Großbanken zwangsweise eine Dezentralisation durchführen.

Die Banken wurden in Berlin und in der Sowjetzone auf Befehl der russischen Besatzungsmacht geschlossen, und dieser Befehl wurde für

---

[52] Vgl. Achterberg, Erich, Berliner Banken ..., a. a. O., S. 34.

[53] Obst, Georg - Hintner, Otto, Geld-, Bank- und Börsenwesen, 35. Aufl., a. a. O., S. 263 f.

[54] Vgl. Achterberg, Erich, Berliner Banken ..., a. a. O., S. 34.

[55] Vgl. Pröhl, Hans, Lexikon des Kreditwesens, a. a. O., Bd. I, S. 615; Achterberg, Erich, Berliner Banken ..., a. a. O., S. 34; Obst, Georg - Hintner, Otto Geld-, Bank- und Börsenwesen, 34. Aufl., Stuttgart 1955, S. 174 ff.

[56] Vgl. Ehlen, Karl Josef, Die Filialgroßbanken, a. a. O., S. 10.

Berlin von den sowjetischen, amerikanischen und britischen Kommandanten am 11. Juli 1945 bestätigt[57]. So konnten u. a. die drei Großbanken ihre Tätigkeit dort nicht mehr fortsetzen. Später wurde ihr Vermögen in Ost-Berlin verstaatlicht. In den Westzonen betrieben die Filialen der Großbanken ihre Geschäfte, so gut es ging, weiter, jedenfalls bis zu ihrer Dekonzentration auf Grund alliierter Gesetzgebung. In der amerikanischen Zone wurde bereits im Frühjahr 1946 von der Militärregierung angeordnet, daß die Niederlassungen der drei Filialgroßbanken zu verselbständigen seien. Mit dem Gesetz Nr. 57 wurde am 6. 5. 1947 diese Anordnung wiederholt. Gleichartige Gesetze erließen auch die französische und britische Militärregierung, die am 1. 10. 1947 bzw. am 1. 4. 1948 (Anordnung Nr. 133) wirksam wurden. Auch im Art. 3 der britischen Verordnung wurde bestimmt, daß die Zweigstellen der Großbanken in den einzelnen Ländern mit einer Zentrale eine Einheit für sich bilden sollten. Diese länderweise entstandenen Banken hatten einen neuen Namen zu wählen, der nicht auf die alte Großbankfirma schließen ließ. Für viele Geschäfte wirkte es sich zunächst nachteilig aus, daß die Nachfolgeinstitute unbekannte Namen erhielten. Die neugebildeten Banken durften außerhalb des Landes ihrer Hauptstelle keine Zweigniederlassung unterhalten oder andere Banken kontrollieren. Die so gebildeten Großbanken-Nachfolgeinstitute erhielten einen staatlichen Treuhänder jeweils für das Vermögen des Instituts in den einzelnen Ländern. Insgesamt wurden 30 verschieden große Nachfolgegesellschaften errichtet, die außerdem in verschieden großen Ländern mit unterschiedlichem Wirtschaftspotential (soweit man damals davon sprechen konnte) wenig existenzfähig waren[58]. Juristisch blieben die 30 Nachfolgebanken Filialen der Mutterinstitute, deren Rechtspersönlichkeit erhalten geblieben war. Die umbenannten ehemaligen Niederlassungen hatten daher auch keine Aktionäre und Gesellschaftsorgane[59]. Die Großbanken hatten aufgehört, Gironetze zu sein. Zu der willkürlichen, nur nach den damaligen Ländergrenzen, aber ohne Rücksicht auf die darüber hinausgewachsenen Wirtschaftsbeziehungen vorgenommenen Teilung kam 1949 noch das Verbot für die Banken wie auch für die Sparkassen, den Überweisungsverkehr aus Aufträgen Dritter im eigenen Netz zu verrechnen. Die Aufhebung der Dezentralisation, die aus rechtlichen und wirtschaftlichen Gründen (Rentabilität, Kreditfähigkeit gegenüber dem Ausland, Größenvergleich mit anderen inländischen Wirtschaftseinheiten, Unfähigkeit zur Kreditgewährung an die Industrie) nur vorübergehend sein konnte, erfolgte mit dem Gesetz

---

[57] Vgl. Achterberg, Erich, Berliner Banken . . ., a. a. O., S. 93.

[58] Vgl. Pröhl, Hans, Lexikon des Kreditwesens, a. a. O., Bd. I, S. 615 f., 670 f., 761 f. und 708.

[59] Vgl. Sewering, Karl, Der Zahlungsverkehr, a. a. O., S. 42 f.

über den Niederlassungsbereich von Kreditinstituten vom 29. 3. 1952[60]. Dieses Gesetz teilte Westdeutschland in drei Bankbezirke ein. Damit konnten die 30 Nachfolgeinstitute zu 9 besser funktionsfähigen zusammengefaßt werden. Da die Alliierten bei der Verleihung der Souveränität die Bedingung gestellt hatten, daß das Großbankengesetz von 1952 die nächsten Jahre unverändert bliebe[61], war eine weitergehende Zusammenfassung nicht möglich. Man sah das auch vielfach als endgültige Lösung an[62].

Die damit entstandenen Institute setzten sich aus jeweils einer Zentrale mit zahlreichen Zweigstellen und Filialen zusammen. Die Organe der alten Großbanken hatte die Bewertung und die Aufteilung vorzunehmen. Die alten Firmen bestanden danach nur weiter im Hinblick auf das Vermögen und die Schulden im Ausland, in der Ostzone und in den Gebieten unter fremder Verwaltung (Saarland und Oder-Neiße-Gebiet)[63], sie übten aber keinerlei Geschäftstätigkeit aus. Nachdem die Ausgründung der jeweiligen Nachfolgeinstitute in den drei Bankräumen abgeschlossen war, bestand kein ganzes funktionsfähiges Girosystem der Filialgroßbanken. Jede Großbank war eigentlich, und zwar der in den Westzonen gelegene, aber verhältnismäßig große Rest, in drei Regionalbanken aufgeteilt worden. Formal gesehen, muß über die erste Zeit nach der Ausgründung gesagt werden, daß es in diesem Fall wegen des Fehlens eines ganzen Girosystems der Filialgroßbanken auch keine Teilgirosysteme von ihnen geben konnte. Da sich jedoch auf Grund des Gesetzes über den Niederlassungsbereich von Kreditinstituten das Überweisungsmonopol der Landeszentralbanken allmählich auflöste[64], entstand für jeden Nachfolgebereich wieder ein Gironetz, ohne daß sich die drei Nachfolgeinstitute schon wieder zusammenschlossen. Im Vergleich zu der wirtschaftlichen Konzentration in der Industrie und deren Kredit- und Kapitalbedarf sowie im Vergleich zu den ausländi-

---

[60] BGBl. I vom 31. 5. 1952 S. 217. Nach § 1 des genannten Gesetzes ist es Kreditinstituten in der Rechtsform der Aktiengesellschaft oder Kommanditgesellschaft auf Aktien, wenn sie in der Hauptsache das Depositen- und das kurzfristige Kreditgeschäft betreiben, nur erlaubt, sich in einem der drei Bankbezirke des Bundesgebietes niederzulassen. Die Ausgründung der neuen Nachfolgebanken aus den alten Großbanken und damit in damaliger Sicht die endgültige Bereinigung dieses Komplexes mußte von den Hauptversammlungen der Dresdner Bank, der Deutschen Bank und der Commerzbank bis zum 30. September 1952 beschlossen sein.

[61] Vgl. Ehlen, Karl Josef, Die Filialgroßbanken, a. a. O., S. 11 f.

[62] Vgl. z. B. Sewering, Karl, Der Zahlungsverkehr, a. a. O., S. 43. Sewering schreibt: „Durch das ‚Gesetz über den Niederlassungsbereich von Kreditinstituten‘ vom 28. März 1952, Großbankengesetz genannt, ist die Gesetzgebung über die Neuordnung der Großbanken nunmehr abgeschlossen.“

[63] Vgl. Sewering, Karl, Der Zahlungsverkehr, a. a. O., S. 43.

[64] Vgl. Obst, Georg - Hintner, Otto, Geld-, Bank- und Börsenwesen, 34. Aufl., a. a. O., S. 476.

schen Größenverhältnissen und im Hinblick auf die Kreditwürdigkeit der neuen Nachfolger gegenüber dem Ausland konnte die Dreiteilung nicht befriedigen. Die Bestrebungen zur Wiedervereinigung zeigten sich im Abschluß von Gewinnpoolungsverträgen zwischen den Nachfolgeinstituten. Praktisch war das von der Bankseite her der Auftakt zum Zusammenschluß. Möglich wurde die Vereinigung durch das Gesetz zur Aufhebung der Beschränkung des Niederlassungsbereichs von Kreditinstituten vom 24. 12. 1956[65]. Die Deutsche und die Dresdner Bank haben bereits 1957 von dem Recht zur Fusion Gebrauch gemacht, während die Commerzbankgruppe sich erst Ende 1958 wieder zusammenschloß. Die bisherigen Zentralen blieben weiterhin Verwaltungszentren, wenn auch nur eine von ihnen juristischer Sitz der Gesellschaft werden konnte. Man wählte diese Form, um die Verwaltungen in Kundschaftsnähe zu belassen und so die Vorteile des Regionalitätsprinzips mit denen eines großen Systems zu verbinden. Diese Hauptverwaltungen stellen für den im System verbleibenden Überweisungs- und Scheckverkehr die Verrechnungszentralen dar. Man muß sie wiederum als Teilgirosysteme ansprechen, wobei sie allerdings alle übrigen erwähnten Fälle an Größe und Ausdehnung übertreffen. Da es keine übergeordnete Verrechnungszentrale mehr bei den Großbanken gibt, bestehen die typischen girosystemmäßigen Auswirkungen nur bei den Teilzentralen. Die Großbanken können aber trotzdem als Zahlungsnetze angesprochen werden, weil die Zahlungen von einer Zweigstelle eines Teilbereichs zu der Niederlassung eines anderen Teilbereichs in der eigenen Organisation, aber nicht über Postscheck- oder LZB-Konto gehen.

Seit einigen Jahren entwickelt sich ein weiteres Großbanknetz, nämlich die Bank für Gemeinwirtschaft. Es handelt sich dabei um ein Kreditinstitut, dessen Kapital von den Gewerkschaften und den Konsumgenossenschaften aufgebracht wurde[66]. Das Ursprungsinstitut der heutigen Bank für Gemeinwirtschaft AG war die 1930 gemeinsam von den Gewerkschaften und Konsumgenossenschaften gegründete „Bank der Arbeiter, Angestellten und Beamten AG“ in Berlin. Dieser Gründung folgten noch weitere. Auf Grund der politischen Entwicklung wurden diese Banken 1933 auf die Deutsche Arbeitsfront übertragen. Aus ihnen wurde dann die „Bank der Deutschen Arbeit AG“, die bis zum Kriegsende bestand. Nach dem Krieg verlangten die Gewerkschaften und Konsumgenossenschaften, wieder in ihre alten Rechte eingesetzt zu werden. Ihre Pläne, ein einziges zentrales Institut im Bundesgebiet zu errichten, widersprachen aber den alliierten Dezentralisations-

[65] BGBl. I, S. 1073.

[66] Vgl. hierzu Löffelholz, Josef, Artikel „Gewerkschaftsbanken“, in: Handwörterbuch der Betriebswirtschaft, hrsg. von Hans Seischab und Karl Schwantag, Bd. II, Stuttgart 1958, Sp. 2306 ff.

bestimmungen. Deswegen wurden 1949 und 1950 sechs regionale Banken in Düsseldorf, Hamburg, Frankfurt[67], München, Hannover[68] und Stuttgart[69] sowie 1953 noch ein Institut in Berlin[68] errichtet. Im Jahre 1958 haben sich die sechs Gemeinwirtschaftsbanken des Bundesgebiets zur Bank für Gemeinwirtschaft AG zusammengeschlossen.

Ursprünglich dienten die einzelnen Banken nur den Gewerkschaften und Konsumgenossenschaften als Hausbanken. Inzwischen hat sich der Charakter dieser Bank wie auch schon vorher der Einzelinstitute sehr gewandelt. Sie erstrebten sowohl eine Erweiterung des Aktiv- und des Passivgeschäftes als auch eine Ausdehnung auf andere Kundschaftskreise. Aus diesem Grunde wurden neue Zweigstellen eingerichtet und Kundschaft aus ganz anderen Bevölkerungsschichten geworben. So konnten die einzelnen Institute vor der Fusion und dann die Bank für Gemeinwirtschaft AG ihr Geschäft beträchtlich ausweiten. Sie hat sich inzwischen zu einer universellen Großbank entwickelt, die zwar nicht den Umfang der übrigen drei Großbanken besitzt, aber sich doch über eine Regionalbank heraushebt.

3. Vergleich des Aufbaus

Die Mitglieder des Sparkassen- und des Genossenschaftssystems sind rechtlich und wirtschaftlich selbständig. Beide Netze sind dreistufig[70] aufgebaut. Bemerkenswert ist aber, daß es im Sparkassenbereich auf der mittleren und unteren Ebene in einem Bezirk meist nur eine Organisation gibt, während im Genossenschaftswesen der Unterbau und der Mittelbau parallel zueinander die Einzelgenossenschaften und die Zentralkassen des gewerblichen und des landwirtschaftlichen Sektors aufweisen. Der Kundenkreis der beiden Bereiche hat andere Schwergewichte, wenn sich auch gewisse Überschneidungen ergeben. Es muß jedoch betont werden, daß sich die Dreistufigkeit nicht immer auswirkt und im täglichen Verrechnungsverkehr nicht von Bedeutung ist. So findet z. B. nur der gelegentliche Spitzenausgleich über die Deutsche Girozentrale statt, wobei diese dann ebenfalls den Vorteil hat, daß sie den Ausgleich durch einfache Umbuchung bewirken kann. Ebenso wird über die Deutsche Genossenschaftskasse nur in unregelmäßigen Zeitabschnitten verrechnet, nämlich wenn die Salden zwischen den Zentralkassen zu hoch werden und keine Ausgleichsaussicht besteht[71]. Wichtig für die Tätigkeit der Girosysteme ist auf der anderen Seite jedoch die Möglich-

---

[67] Name: Bank für Gemeinwirtschaft AG.

[68] Name: Bank für Wirtschaft und Arbeit AG.

[69] Name: Bank für Arbeit und Wirtschaft AG.

[70] Einschließlich der Zweigstellen müßte man eigentlich von einer Vierstufigkeit sprechen. Es soll jedoch an der üblichen, aus rechtlichen Gesichtspunkten vorgenommenen Einteilung festgehalten werden.

[71] Vgl. Sewering, Karl, Der Zahlungsverkehr, a. a. O., S. 96.

keit, sich beim Spitzeninstitut ebenso wie bei der Teilzentrale vorübergehend zu verschulden.

Bei den Großbankensystemen finden wir dagegen rechtliche und wirtschaftliche Unselbständigkeit der Mitgliedsinstitute, das System bildet eine Einheit, wirtschaftlich ergibt sich allerdings eine gewisse parallele Aufteilung. Dabei ist es unerheblich, daß den Niederlassungsleitern gewisse Entscheidungsbefugnisse eingeräumt werden. Bei den Großbanken gibt es nicht die strenge Dreistufigkeit wie bei den Sparkassen und Genossenschaften. Die drei Zentralen der älteren Großbanken haben über sich keine Einrichtung wie vergleichsweise die Deutsche Girozentrale. Sie sind also der Oberbau. Diesen Zentralen sind im Verrechnungsverkehr zum Teil Filialen mit nachgeordneten Zweigstellen, Filialen ohne weitere Zweigstellen und einfache Zweigstellen (wie z. B. in Hamburg) angeschlossen. In den Fällen, wo mit den Zentralen in Hamburg, Düsseldorf und Frankfurt Filialen ohne nachgeordnete Zweigstellen in Verbindung stehen, fehlt der Unterbau, dort, wo die Zweigstellen den Zentralen direkt zugeordnet sind, der Mittelbau. Man könnte aber auch so argumentieren, daß in den bestimmten Fällen die Zentrale die Funktionen von Mittel- und Oberbau in sich vereinigt. Da die Wirkungen eines Zahlungssystems bei den Zentralen und den Teilzentralen auftreten, spielt das gelegentliche Fehlen des Mittel- oder Unterbaus keine Rolle. Entscheidend ist überhaupt ein Zentraleverhältnis, das bei den Großbanken ja vorliegt.

Die Sparkassen und die Genossenschaften zeigen mit ihrer Einteilung in drei selbständige Stufen und der Betonung der Dezentralisation eine größere organisatorische Geschlossenheit im Hinblick auf den äußeren Aufbau. Jedoch entsprechen die Beziehungen zwischen Girozentrale und Sparkasse wiederum nicht denen zwischen Zentrale und Filiale einer Großbank. Bei den privaten Filialgroßbanken herrscht die Zentralisation vor. Die Zweigniederlassungen wurden von der Hauptbank aus errichtet bzw. übernommen und unterliegen ganz deren Einfluß. Die Prinzipien der Geschäftsleitung bestimmen die Zentralen. Ebenso werden die aufkommenden Einlagen an die Zentralen weitergeleitet und ihre Anlage weitgehend von der Zentrale aus bestimmt, soweit nicht irgendwelche Kompetenzen auf die Filial-/Zweigstellenleiter delegiert wurden. Das ist sowohl bei den Sparkassen als auch bei den Genossenschaften nicht der Fall. Jede Stufe bestimmt ihre Geschäftspolitik im Rahmen der gesetzlichen und satzungsmäßigen Vorschriften selbst und entscheidet über die Kreditgewährungen nach eigenem Ermessen, soweit man sich nicht zu gemeinsamem Vorgehen entschließt oder die untere Stufe nicht Aufgaben der nächst höheren überträgt. Die Sparkassen und die Genossenschaften sind betrieblich vollkommen unabhängig. Eine Unterordnung unter die Girozentralen oder die Zentralkassen geschieht nicht in jedem Falle, sondern nur da, wo es aus arbeitsvereinfachenden oder betriebspolitischen Gründen notwendig und gewollt ist und wo es zur Entlastung und zur Ergänzung bei der Erfüllung der Aufgaben führt. So betonen auch die Sparkassen immer wieder, daß sie darauf achten, die Mittel am Ort des Aufkommens anzulegen. Nur soweit das nicht möglich ist oder die Liquiditätssicherung den Vorrang hat, werden die Gelder an die Girozentralen weitergelenkt. Grundsätzlich läßt sich feststellen, daß im Aufbau der Filialgroßbanken die Tendenz von oben nach unten geht, während sie im Sparkassen- und Genossenschaftssystem von unten nach oben geht, wie wir es bereits bei der Errichtung der Systeme beschrieben haben[72].

Bisher haben wir die Systeme der Genossenschaften, der Sparkassen und der Filialgroßbanken einander gegenübergestellt. Es fehlt noch das Postschecksystem. Dieses Zahlungsnetz unterscheidet sich von den übrigen Organisationen vor allem in seiner Dichte und seinem Aufbau. Außerdem ist noch hervorzuheben, daß das Postschecksystem keine besondere Anstalt, sondern ein Teil des Sondervermögens „Deutsche Bundespost“ ist. Im Bundesgebiet sind 12 Postscheckämter vorhanden, ihnen sind einige Außenzahlstellen in größeren Städten für die Abhebung von Geldbeträgen angeschlossen. Die Überweisungen werden direkt von Postscheckamt zu Postscheckamt geleitet. Im westdeutschen Postschecksystem findet aber zwischen den beteiligten Postscheckämtern und sogar über die Generalpostkasse keinerlei direkte Verrechnung der Fernüberweisungen statt. Es werden lediglich Kontrollen vorgenommen[73]. Die Funktion der Postscheckämter als Gironetz wird noch unterstrichen durch die Tätigkeit einzelner oder mehrerer Postscheckämter als alleiniger oder gemeinsamer[74] Zentrale für fremde Kreditinstitute. In der Mehrzahl werden die Zahlungen für Postscheckkunden bestimmt sein, da die übrigen Kreditinstitute das Postschecknetz wegen des Umschreibens auf Postvordrucke nicht schätzten.

Das Postschecksystem nimmt unter den Gironetzen eine Sonderstellung ein, weil es keine kurz- und mittelfristigen Kredite an private Nichtbankenkunden, für die es Konten führt, gewährt. Neben den Liquiditäts- und Mindestreserven finden wir Geldmarktpapiere, festverzinsliche Wertpapiere, Wechsel, Guthaben bei Kreditinstituten in der Teilbilanz des Postscheckvermögens[75]. Die Anlage erfolgt außerdem

---

[72] Vgl. Dick, Adalbert, Die Verflechtung zwischen Sparkassen und Girozentralen, Bd. 8 der Untersuchungen über das Spar-, Giro- und Kreditwesen, hrsg. von Fritz Voigt, Berlin 1959, S. 13 f.

[73] Vgl. Sewering, Karl, Der Zahlungsverkehr, a. a. O., S. 97 f.

[74] nämlich bei Übertragungen an Begünstigte in anderen Orten.

[75] Vgl. Ringleb, Waldemar, Bargeldloser Zahlungsverkehr gehört zur Infrastruktur, a. a. O., S. 1401.

in Übereinstimmung mit der Notenbank[76], so daß im allgemeinen die währungspolitischen Gefahren aus dem Postschecksystem und Zahlungsverkehr gering geachtet werden.

4. Kurze Hinweise auf ausländische Gironetze

Wenn wir untersuchen, ob es im Ausland Zahlungsverkehrseinrichtungen gibt, die mit den deutschen Girosystemen im Aufbau zu vergleichen sind, soll zunächst von der möglichen Bedeutung für die Geldschöpfung abgesehen werden.

Girosystem wird im Ausland zum Teil als ein deutscher Begriff angesehen und auf das deutsche Notenbanknetz und das deutsche Postschecknetz bezogen[77]. Man versteht darunter aber auch die in vielen Ländern des europäischen Kontinents und in Japan bestehende Postscheckorganisation[78]. In der englischen und amerikanischen Literatur wird häufig auch der Ausdruck „branch banking" und „branch banking system" benutzt, wenn die Probleme der Filialgroßbanken erörtert werden[79]. Ein „branch banking system", also ein Filialbanksystem, ge-

---

[76] Obst, Georg - Hintner, Otto, Geld-, Bank- und Börsenwesen, 35. Aufl., a. a. O., S. 240 ff.; Mellerowicz, Konrad, Zahlungsverkehr, a. a. O., S. 76.

[77] So hieß es in Glenn G. Munn's Encyclopedia of Banking and Finance, by F. L. Garcia (5. Aufl., Cambridge/Mass. 1949, S. 265) unter Giro System: „The German equivalent of the check system in the United States. Giro accounts were clearing accounts, and the Reichsbank, with its clearing or giro system, made available to banks, non-banking concerns and individuals the facilities of this nation — wide system through close to 500 branches and many sub-branches." Diese Definition verdeutlicht, daß es sich um einen deutschen Begriff handelt, sie beschäftigt sich jedoch nur mit dem System der Notenbank (Reichsbank) und deren Clearing-Funktion und läßt die übrigen Gironetze außer acht. Das check system der USA entspricht dem clearing system. Uns aber interessieren die anderen Zahlungssysteme. In der 6. Ed. von Glenn G. Munn's Encyclopedia of Banking and Finance, by F. L. Garcia (Boston/Mass. 1962, S. 305, Stichwort „Giro System") findet sich nach einer Erklärung der „giro" accounts, einer deutschen Entwicklung, folgende Beschreibung: „In the days of the Reichsbank, banks as well as the public at large maintained such giro or clearing accounts with the Reichsbank, which maintained some 500 branches throughout the country and in addition cleared with the „Reichspost" giro system of the postal service. In West Germany's modern banking system, the giro service is facilitated through Central Giro institutions."

[78] „In many countries on the Continent of Europe and in Japan a mechanism for the transfer of payments provided by means of a „giro" system, which is in almost all cases operated by the post office." Committee on the Working of the Monetary System, Report, London 1959, S. 331, Nr. 960.

[79] Vgl. u. a. Chandler, Lester V., The Economics of Money and Banking, Rev. Ed., New York 1953, S. 400 ff.; Haines, Walter W., Money, Prices, and Policy, New York, Toronto, London 1961, S. 224 f.; Hanson, J. L., Monetary Theory and Practice, London 1956, S. 274; Kent, Raymond P., Money and Banking, Rev. Ed., New York, Toronto 1955, S. 160 f.; Prather, Charles L., Money and Banking, Homewood/Illinois, 6. Ed. 1957, S. 182 ff.; Sayers, R. S., Modern Banking, 4. Ed., Oxford 1958, S. 21 ff.

hört zu den von uns zu betrachtenden Girosystemen. Wir wollen nur die Zahlungsnetze in den „westlichen" Ländern mit einer freieren Wirtschaftsordnung (auch wenn dort unter Umständen einige Banken verstaatlicht worden sind) darstellen. In den Ostblockstaaten sind die Kreditinstitute in den Plan einbezogen[80]. Denn die Planung ist total, auch die Geld- und Einkommensströme werden erfaßt, da sich eine sozialistische Produktionsweise nicht im einfachen „Lauf der Dinge" entwickeln kann[81]. In den sozialistisch-kommunistischen Wirtschaften dienen die Kreditinstitute der Planerfüllung und -kontrolle. Die Aufbringung und Verwendung der Geldmittel wird nach der Festlegung der Güterproduktion geplant[82]. Bestehende Zahlungsverkehrsorganisationen unterscheiden sich deswegen in ihrer Bedeutung von den westlichen Gironetzen. Es kommt daher auch nicht zu Spannungen zwischen den Girosystemen und der Notenbank, so daß wir die Ostblockstaaten ausklammern können.

Die Verhältnisse in Österreich sind mit denen in Westdeutschland vergleichbar[83]. Es gibt ein Gironetz der Sparkassen mit einer Girozentrale an der Spitze, ferner das gewerbliche und das landwirtschaftliche Genossenschaftssystem. Die Zentrale der Volksbanken ist die Österreichische Zentralgenossenschaftskasse, die landwirtschaftlichen Kreditgenossenschaften haben über sich neun Raiffeisenzentralkassen, deren Spitze die genossenschaftliche Zentralbank bildet. Für die Abwicklung des Postscheckverkehrs sorgt das Amt in Wien, jedoch können wir eine einzige Kontostelle nicht als Gironetz bezeichnen. Ausser den Systemen der Sparkassen und der Genossenschaftsbanken sind noch die drei Großbankennetze, nämlich die Österreichische Creditanstalt, die Länderbank und das Hypotheken- und Creditinstitut, zu erwähnen. Diese wurden am 26. 7. 1946 verstaatlicht, ohne daß damit etwas an ihrer Funktion als Zahlungssysteme geändert wurde.

---

[80] Die Geldschöpfung ist eine abhängige Variable des Volkswirtschaftsplans. Im dortigen Kreislauf „erhalten notwendig Geld, Steuer, Kredit und Sparen einen teilweise anderen Inhalt als im Kreislauf der Marktwirtschaft." Voigt, Fritz, Artikel „Sowjetunion, (III, 3) Geld und Finanzen", in: Handwörterbuch der Sozialwissenschaften, zugleich Neuauflage des Handwörterbuch der Staatswissenschaften, Bd. 9, Stuttgart-Tübingen-Göttingen 1956, S. 346 f.

[81] Vgl. Voigt, Fritz, Artikel „UdSSR", in: Evangelisches Soziallexikon, hrsg. von Friedrich Karrenberg, Stuttgart 1954, Sp. 1051.

[82] Vgl. Hohlfeld, Hans H., Artikel „Banksysteme, ausländische", in: Handwörterbuch der Betriebswirtschaft, 3. Aufl., hrsg. von Hans Seischab und Karl Schwantag, Bd. I, Stuttgart 1956, Sp. 512.

[83] Vgl. Kerschagl, Richard, Artikel „Banksysteme, nationale, (II) Österreich", in: Handwörterbuch der Sozialwissenschaften, zugleich Neuauflage des Handwörterbuch der Staatswissenschaften, Bd. 1, Stuttgart-Tübingen-Göttingen 1956, S. 593 ff.

Während in Österreich mehrere Arten von Gironetzen nebeneinander bestehen, lassen sich in den angelsächsischen Ländern nur mehrere Netze einer Art feststellen. Es handelt sich dabei um die Banken, die wir in Deutschland als Filialgroßbanken bezeichnen.

So sind auch in England als Folge einer umfassenden Konzentrationsbewegung bereits am Anfang dieses Jahrhunderts einige Institute vorherrschend gewesen[84]. Sie sind keine Universalbanken, sondern beschränken sich auf das Depositen- und das kurzfristige Kreditgeschäft. Aus den 11 wichtigen Depositenbanken ragen die 5 großen (Big Five) hervor[85]. Auf die 11 Institute — die Londoner Clearingbanken — entfallen etwa 10 000 Niederlassungen. Diese hohe Zahl der Filialen und Zweigstellen „erklärt sich vor allem daraus, daß die englischen Großbanken auch die Funktionen unserer Sparkassen und Kreditgenossenschaften größtenteils mit ausüben und Träger fast des gesamten bargeldlosen Zahlungsverkehrs in England sind[86]. Der Buchgeldverkehr hat einen höheren Anteil am Zahlungsverkehr als in Deutschland, er wird fast ausschließlich auf Scheckbasis abgewickelt. Die Verrechnung zwischen den Systemen geschieht über die privaten Clearing-Häuser, die in allen größeren Städten bestehen und von denen das Londoner am bedeutendsten ist. Die Abrechnungsstellen sind unabhängig von der Zentralbank. Sie gehört aber neben den privaten Banken zu den Teilnehmern des Clearing. Über ihr Konto bei der Bank von England begleichen die 11 Clearingbanken ihre Abrechnungssalden[87]. Die große Konzentration des englischen Bankwesens und die bestehenden Abrechnungsstellen erleichtern den Scheckverkehr.

Die Situation in Schottland und Nordirland unterscheidet sich kaum von den englischen Verhältnissen. Die dortigen Banken weisen ein umfangreiches Filialnetz auf, sie stehen zum Teil den Londoner Banken nahe.

---

[84] Vgl. hierzu und zum folgenden: Auburn, H. W., Das internationale Bankwesen, Frankfurt/M. 1960 (Engl. Orig.-Ausg. „Comparative Banking", London), S. 15 ff.; Hohlfeld, Hans H., Artikel „Banksysteme, ausländische", in: Handwörterbuch der Betriebswirtschaft, a. a. O., Sp. 503 ff.; Hawtrey, Ralph George, Artikel „Banksysteme, nationale, (IV) Großbritannien", in: Handwörterbuch der Sozialwissenschaften, zugleich Neuauflage des Handwörterbuch der Staatswissenschaften, Bd. 1, Stuttgart-Tübingen-Göttingen 1956, S. 604 ff.; Lanz, Karl, Banken der Welt, Frankfurt/M. 1963, S. 177 ff.

[85] Big Five: Midland Bank, Ltd., Barclays Bank, Ltd., Lloyds Bank, Ltd., National Provincial Bank, Ltd., Westminster Bank, Ltd.; diese und die District Bank, Ltd. sowie die Martins Bank, Ltd. werden als Big Seven bezeichnet. Vgl. Löffelholz, Josef, Artikel „Das Bankwesen im Ausland", in: Die Bank, hrsg. von Karl Theisinger und Josef Löffelholz, Wiesbaden 1952, Bd. 1, S. 324 f.

[86] Ebda, S. 324.

[87] Vgl. Obst, Georg - Hintner, Otto, Geld-, Bank- und Börsenwesen 35. Aufl., a. a. O., S. 67, 158 und 522.

Das Banksystem der Vereinigten Staaten von Amerika[88] unterscheidet sich von dem englischen Bankwesen. Zwar herrscht in den USA auch der Scheckzahlungsverkehr vor. Bemerkenswert ist aber die grundsätzlich einzelstaatliche Ausrichtung der Bankgesetzgebung, die die Entwicklung großer Filialbanken mit einem Niederlassungsnetz über die ganzen Vereinigten Staaten unmöglich machte[89]. Die Banken haben höchstens einen Staat als Niederlassungsbereich, häufiger nur einen kleineren Bezirk, in einigen Staaten (z. B. in Illinois) sind Zweigniederlassungen überhaupt verboten[90]. Während die Gesetze des Staates Kalifornien die Errichtung von Filialen innerhalb des ganzen Staates gestatten und die „Bank of America“ zur größten Bank der USA werden konnte, waren die Banken in New York auf den direkten Stadtbereich und das Ausland beschränkt. Erst seit dem vergangenen Jahr (1960) ist der Niederlassungsbereich durch ein neues Gesetz auf die unmittelbaren Vororte erweitert worden, wobei jede neue Filiale jedoch genehmigungspflichtig ist. Trotzdem ist die „Chase Manhattan Bank“ in New York die zweitgrößte Bank des Landes, sie unterhielt Ende 1960 105 Filialen in der Stadt New York und 40 im Ausland, während die „First National City Bank“ mit 164 Niederlassungen, davon 76 im Ausland, an dritter Stelle steht[91]. Für uns taucht deswegen die Frage auf, ob die National Banks und die States Banks mit einem Filialsystem in einem ganzen Staat als Zahlungsnetz anzusehen sind. Diese Frage muß wegen der Ausrichtung auf höchstens einzelne Staaten verneint werden.

Auch die sechs französischen Großbanken, von denen vier ab 1. Jan. 1946 verstaatlicht wurden, sind als Girosysteme anzusprechen. Sie besitzen ein ausgedehntes Zweigstellennetz, das nach dem letzten Krieg noch mehr ausgeweitet worden ist, sowohl auf dem Wege der Expansion als auch der Bankenkonzentration. Erwähnenswert ist ferner das System der Volksbanken mit der Zentralkasse in Paris[92].

---

[88] Vgl. hierzu und zum folgenden: Furth, J. Herbert, Artikel „Banksysteme, nationale, (VI) Vereinigte Staaten von Amerika“, in: Handwörterbuch der Sozialwissenschaften, zugleich Neuauflage des Handwörterbuch der Staatswissenschaften, Bd. 1, Stuttgart-Tübingen-Göttingen 1956, S. 625.

[89] Vgl. Hohlfeld, Hans H., Artikel „Banksysteme, ausländische“, a. a. O., Sp. 511.

[90] Vgl. Auburn, H. W., Das internationale Bankwesen, a. a. O., S. 15; Sayers, R. S., Modern Banking, a. a. O., S. 256 f.

[91] Vgl. H(arden), J(osef), Bilanzbesprechungen „Chase Manhattan Bank wuchs schneller“ und „First National City Bank“, in: Der Volkswirt, 15. Jg., 1961, Nr. 10, S. 410 ff.

[92] Vgl. Mitzakis, M., Die Banken in Frankreich, in: Auburn, H. W., Das internationale Bankwesen, a. a. O., S. 62 ff., Ferronnière, Jacques, Artikel „Banksysteme, nationale, (V) Frankreich“, in: Handwörterbuch der Sozialwissenschaften, zugleich Neuauflage des Handwörterbuch der Staatswissenschaften, Bd. 1, Stuttgart-Tübingen-Göttingen 1956, S. 612 ff.

Die vier niederländischen Großbanken[93] können wir ebenfalls als Zahlungssysteme bezeichnen. Ihre große Bedeutung wird auf das umfangreiche Filialnetz zurückgeführt[94]. Der Konzentrationsprozeß begann erst kurz vor dem ersten Weltkrieg, er hat sich dann aber weiter fortgesetzt, ebenso wie die Expansion der Kreditbanken[95].

Aus den angeführten Beispielen ist zu ersehen, daß es im Ausland auch die Erscheinungsform des Girosystems gibt, ohne daß es uns möglich ist, ihre Geldschöpfungsfähigkeit einzeln zu analysieren.

II. Die Arbeitsweise eines Girosystems

1. Vorbemerkungen

Wenn wir die Funktionsweise der Girosysteme im Bereich des Zahlungsverkehrs untersuchen, ist es wichtig, sich noch einmal vor Augen zu führen, daß die Girosysteme zunächst ausschließlich aus Zahlungsverkehrsgründen errichtet wurden (sowohl die besonders gegründeten als auch die innerhalb von Kreditinstituten entstandenen) und daß die Gironetze vielfach auch heute noch in der Praxis allein als Organisationen des bargeldlosen Zahlungsverkehrs gesehen werden. Man erkennt gewisse Liquiditätswirkungen, die aber mehr auf den Zahlungsverkehr bezogen werden, ohne jedoch einen Schritt weiterzugehen und nach der daraus folgenden Bedeutung für die Geldschöpfung zu fragen. Liquidität wird verstanden als Fähigkeit der Banken, fällige Zahlungsverpflichtungen zu erfüllen, und nicht als Fähigkeit zur Gewährung neuer Kredite[96]. Mit der Kreditzusage gehen die Banken jedoch wiederum Zahlungsverpflichtungen ein. Es wird damit deutlich, daß es sich um einen einheitlichen Fragenkomplex handelt[97].

---

[93] Rotterdamsche Bank, Amsterdamsche Bank, Twentsche Bank und Nederlandsche Handels Mj.

[94] Vgl. Karsten, C. F., Die Banken in den Niederlanden, in: Auburn, H. W., Das internationale Bankwesen, a. a. O., S. 86 f.

[95] Zur Entwicklung der Großbanken vgl, u. a.: Eisfeld, Curt, Das niederländische Bankwesen, 1. Teil, Haag 1916, S. 53 ff. und derselbe, Das Geld- und Kreditwesen des Auslandes, Die Niederlande, in: Die Deutsche Bankwirtschaft, Bd. II, Berlin 1935—38, S. 607.

[96] Schneider kennt zwei Liquiditätsbegriffe. Vgl. Schneider, Erich, Einführung in die Wirtschaftstheorie, III. Teil, Geld, Kredit, Volkseinkommen und Beschäftigung, 7. Aufl., Tübingen 1962, S. 18; Floss, Eberhard, Theorie der Sparkassen-Liquidität, a. a. O., S. 154.

[97] Wilsdorf betont diesen Zusammenhang besonders und lehnt die Trennung in verschiedene Liquiditätsformen ab. Es handelt sich lediglich um unterschiedliche Blickrichtungen. Vgl. Wilsdorf, Manfred, Bestimmungsgründe und volkswirtschaftliche Auswirkungen des Verhaltens der Sparkassen im langfristigen Wohnungsbaukreditgeschäft, Bd. 13 der Untersuchungen über das Spar-, Giro- und Kreditwesen, hrsg. von Fritz Voigt, Berlin 1960, S. 16 f. Anm. 3.

Wir wollen weiter klären, ob die einzelnen verschiedenartig aufgebauten Gironetze auch unterschiedlich arbeiten, oder ob sich über eine allgemeine Definition hinaus auch eine gemeinsame Funktionsweise feststellen läßt, so daß wir in Zukunft im Hinblick auf die Zahlungsverkehrsbeziehungen vereinfachend vom Girosystem bzw. von den Mitgliedern oder Trägern des Gironetzes sprechen können.

Die Merkmale des kreditpolitischen Bereiches werden zunächst nicht beachtet. Sie bestimmen die besondere Fähigkeit zur Geldschöpfung und die Ausnutzung des Geldschöpfungsspielraums. Da die tatsächliche Geldschöpfung möglicherweise die Preisstabilität, die Vollbeschäftigung und die Wechselkurse beeinflußt, wird die Notenbank davon in größerem Maße berührt.

2. Die Konsequenzen der Girosystembildung für die Abwicklung des bargeldlosen Zahlungsverkehrs

Die Fragestellung für diesen Abschnitt muß lauten: Wie wird der Überweisungsauftrag eines Kunden in den verschiedenen Systemen erledigt, insbesondere verrechnet, und auf welchem Wege wird ein Scheckgegenwert eingezogen? Außerdem müssen wir uns fragen, wie die Verrechnung vorgenommen wurde, als die Sparkassen oder Banken — auch als Filialen — noch keinem System gleichartiger Kreditinstitute angehörten, sondern mit anderen gleich- und fremdartigen Instituten dem Notenbank- oder dem Postschecksystem angegliedert waren, aber auch wie heute die Kreditbanken verrechnen, die nicht einem „gleichartigen" System angeschlossen sind. In diesem Zusammenhang sind bisherige Unterschiede in der Formulargestaltung nicht wichtig. Sie interessierten nur im Hinblick auf die Umlaufsgeschwindigkeit der überwiesenen Gelder.

Wenn Auftraggeber und Begünstigter bei demselben Institut Konten haben und die Zahlungen durch einfache Umbuchung bewirkt werden können (direkte Hausüberweisungen) oder wenn gelegentliche, nicht systemmäßige Korrespondenzbankverhältnisse vorliegen, lassen sich die Übertragungen noch nicht als eigentliche Verrechnungen im System bezeichnen; denn zu ihrer Durchführung sind keine Zahlungsnetze notwendig. Von Zahlungen im Girosystem kann man erst sprechen, wenn für ihre Erledigung und Verbuchung mindestens eine Zentrale im Girosystem, d. h. also die Systemspitze oder die Teilzentrale, notwendig ist bzw. eingeschaltet wird und die Beträge im Netz verbleiben. Denn erst in diesem Fall ergeben sich nach allgemeiner Auffassung bestimmte Auswirkungen dadurch, daß z. B. die Teilzentrale (z. B. eine Girozentrale) einen Teil der Scheckzahlungen und Überweisungen zwischen den angeschlossenen Mitgliedern, nämlich den für ihren Bezirk bestimmten Teil, durch einfache Umbuchung von Konto zu Konto erledigen kann, ohne dafür zunächst liquide Mittel zu benötigen.

Zahlungsverkehrsreserven werden von der Teilzentrale immer dann benötigt, wenn die Zahlungen für andere Teilzentralen und deren Mitglieder, für den Oberbau oder für netzfremde Kreditinstitute bestimmt sind. Nur die Aufträge, die von den Kunden der Mitgliedsbanken auf der unteren Stufe, der Teilzentralen (Mittelbau) und des Oberbaus erteilt werden und die Kontoinhaber des Unter-, Mittel- und Oberbaus begünstigen, lassen sich als Verrechnungen im eigenen System ansprechen. Abschreibungen an oder Scheckeinreichungen auf netzfremde Kreditinstitute werden über die Abrechnung oder die gegenseitige Kontoverbindung verrechnet, eventuell noch über eine am gleichen Ort befindliche Zentrale, so z. B. von Großbankenzweigstellen an andere Banken.

Wenn die Überweisungen oder die Scheckeinreichungen an Kreditinstitute in andere Orte gehen, dann besteht die Möglichkeit, die Überweisungsaufträge und Einzugsschecks im eigenen System weiterzuleiten oder aber sogleich in andere Netze zu geben[98]. So schreibt Dick[99] über die Verrechnungsweise im Sparkassenwesen: „Grundsätzlich werden von den Sparkassen alle nicht auf sie selbst gezogenen Schecks im Scheckeinzugsverfahren der Spargiroorganisation erledigt, mit Ausnahme von Schecks auf Institute, bei denen sich im Scheckeinzugsverkehr Schwierigkeiten ergeben haben und Schecks auf Institute am Platz oder in der Umgebung der beauftragten Sparkasse. Diese werden nach den örtlichen Gepflogenheiten verrechnet. Überweisungsaufträge werden im eigenen Netz weitergeleitet, wenn sie auf ein netzeigenes Konto lauten oder unter bestimmten Bedingungen, wenn sie auf ein Postscheck-, Genossenschafts- oder Bankkonto lauten. Werden Überweisungsaufträge oder Schecks, die an eine netzfremde Kontostelle adressiert sind, im eigenen Netz weitergegeben, so laufen sie bis zu der Girozentrale oder Sparkasse, die sich am Ort oder in der Umgebung der netzfremden Kontostelle befindet und werden von dieser mit der netzfremden Kontostelle verrechnet“[100]: So verfahren in der Regel, eventuell mit gewissen Abwandlungen, auch die anderen Kreditinstitute und Kreditinstitutsgruppen.

---

[98] Dick, Adalbert, Die Verflechtung zwischen Sparkassen und Girozentralen, a. a. O., S. 29.

[99] Ebda, S. 29 f., Anm. 19.

[100] Vgl. auch Grundsätze für den Scheckeinzugsverkehr der Deutschen Sparkassen- und Giroorganisation, Ausg. März 1956, hrsg. vom Deutschen Sparkassen- und Giroverband e. V., S. 5 ff. und Grundsätze für den Spargiroverkehr der Deutschen Sparkassen- und Giroorganisation, Ausg. Januar 1956, hrsg. vom Deutschen Sparkassen- und Giroverband e. V., S. 12 ff.

Was kann die Banken oder Sparkassen dazu veranlassen, die Überweisungen vorerst im System weiterzuleiten, wenn die Zahlungen die eigene Organisation sowieso verlassen und damit entweder beim Unter- oder Mittelbau Zentralbankguthaben erfordern? Im Sparkassenwesen kann es z. B. durch die ausgeprägte Verbundenheit zwischen Sparkassen und Girozentralen begründet sein. In allen Fällen kann den Ausschlag auch das Vorhanden- oder Nichtvorhandensein von Liquiditätsreserven geben, die sonst erst umgebucht werden müßten. Entscheidend ist vielfach auch ein Grund, den wir in der Ausgestaltung der Überweisungsvordrucke finden. Die Einheitsüberweisungsformulare enthalten die sogenannte Fakultativklausel[101]. Diese war immer wieder umstritten, vor allen Dingen dann, wenn Zessionen bestanden und die Rechnungsbeträge nach Ausnutzung der Fakultativklausel nicht bei dem Zessionar eingingen, ist jedoch in das vor kurzem geschaffene Formular erneut aufgenommen worden. Trotz der Angabe von Kontonummer und Bankverbindung des Begünstigten kann die beauftragte Stelle den Betrag auch einem anderen Konto des Empfängers gutschreiben, es sei denn, die Klausel wurde gestrichen.

Um mögliche Liquiditätswirkungen zu untersuchen, wollen wir zunächst ein Gironetz isoliert betrachten und annehmen, daß die Überweisungen an fremde Kreditinstitute in anderen Orten auf Grund einer systeminternen Anweisung oder auf Grund langjähriger Übung von den Mitgliedsbanken im Unterbau und den Zentralen zunächst im eigenen System weitergegeben werden. Hat der Empfänger auch bei dem systemzugehörigen Kreditinstitut Konto, so kann es den Betrag meist auch dem bei ihm geführten Konto gutschreiben. Dann benötigt das System als Ganzes keine fremden liquiden Mittel. Es erscheint also für die Zahlungsverkehrsnetze zweckmäßig, die Überweisungsaufträge bis zum Zielort — sofern man nicht von einer anderen Kontoverbindung des Begünstigten zum System weiß — im Netz zu belassen, weil man sich dann eventuell der Fakultativklausel bedienen kann. Die Möglichkeit, einen Teil der bargeldlosen Zahlungen ohne Inanspruchnahme von Liquiditätsreserven bei fremden Stellen durch die Systemzentralen bzw. Teilzentralen zu erledigen, wird hier also noch um die Fälle erweitert, in denen es vorher noch nicht auf dem Überweisungsformular ersichtlich ist. Unter Umständen entstehen auch Wertstellungsgewinne, und zwar für die Stellen, die die Zahlungen durch Gutschriften auf den bei ihnen geführten Konten (Lorokonten) durchführen können, nicht aber für die Institute, deren Nostrokonten belastet werden. In diesen Fällen richtet sich die Zeitdifferenz zwischen Belastung des Nostrokontos und der vorhergehenden Abbuchung vom Auftraggeberkonto nach

[101] Vgl. dazu Mellerowicz, Konrad, Zahlungsverkehr, a. a. O., S. 36; Sewering, Karl, Der Zahlungsverkehr, a. a. O., S. 101.

der Postlaufzeit. Längere Fristen wirken sich im Endeffekt ungünstig aus, weil das System für die Kunden zu langsam arbeitet. Wertstellungsgewinne gibt es also nur, wenn eine Gutschrift mit eigenem „Giralgeld“ erfolgen kann. Sie bedeuten keine unmittelbaren Einsparungen an Notenbankguthaben und keine direkten Verzögerungen in seinem Abfluß. Diese Wirkungen werden nur erreicht, wenn die Zahlung letztlich im System verbleibt, weil das letzte eingeschaltete Institut ebenfalls für den betreffenden Kunden ein Konto führt, bzw. wenn die Beträge erst von dem Mitgliedsinstitut am Orte des Empfängers an andere Banken übertragen werden.

Man muß jedoch annehmen, daß die angedeuteten Möglichkeiten normalerweise für alle Girosysteme bestehen und sich dadurch wieder aufheben, daß von allen Netzen weniger Übertragungen oder die Überweisungen verzögert in die übrigen Systeme vorgenommen werden. Den geringeren oder hinausgeschobenen Abflüssen von liquiden Mitteln stehen auf der anderen Seite auch geringere oder verschobene Eingänge gegenüber.

Für die weitere Betrachtung erscheint es zweckmäßig, zwischen folgenden zwei Fällen zu trennen: die Übertragung der Überweisungen im System bis zum Zielort wird zunächst von einem einzigen System aufgenommen, während die übrigen Zahlungsnetze erst später nachfolgen; beim zweiten Beispiel beginnen alle Systeme gleichzeitig damit, den Zahlungsverkehr weitgehend in der eigenen Organisation weiterzuleiten. In jedem Fall benötigt ein Institut z. B. des Unterbaus auch dann Liquiditätsreserven, wenn es die Zahlungen nicht mehr über die Landeszentralbanken, sondern über den Mittel- und eventuell Oberbau leitet. Die Zahlungsverkehrsreserven können z. B. durch eine Übertragung der frei werdenden Notenbankguthaben gebildet werden.

Für die Teilzentrale oder Systemzentrale entsteht im ersten Fall eine Überschußreserve, wenn die Anwendung der Fakultativklausel möglich ist oder für den Zeitraum, bis das letzte Systemmitglied in der Überweisungskette den Betrag in ein anderes Netz übertragen muß. Die Überschußreserve bleibt nur bestehen, bis die anderen Zahlungsverkehrsnetze ebenso verfahren wie das erste Netz. Dann verzögert sich der erwartete Zufluß an Zentralbankguthaben, so daß die Überschußreserve verschwindet. Außerdem wird wahrscheinlich das gesamte Kreditvolumen in der Volkswirtschaft nur geringfügig schwanken, da die Kredite der Teilzentralen bzw. Zentralen auf Grund der Überschußreserven die geringeren Ausleihungen der übrigen Netze, bei denen erwartete Zuflüsse an Zentralbankguthaben ausgeblieben sind, kompensieren. Kleine Schwankungen werden sich allerdings wegen der abweichenden Geldschöpfungsmultiplikatoren und Ausnutzungsgrade ergeben. Im zweiten Fall bleibt der Zufluß an Notenbankguthaben für alle

Systeme gleichermaßen aus oder er verzögert sich entsprechend lange, so daß hier praktisch nur Verschiebungen innerhalb der Systeme eintreten, weil jetzt andere Stellen als bisher Bedarf an flüssigen Mitteln haben.

Der hinausgeschobene oder der aufgehobene Abfluß von Zentralbankguthaben bedeutet im Endeffekt normalerweise also keine höhere Überschußreserve. Nur für den Fall, daß die Bedingung — alle Girosysteme seien gleichermaßen zur Anwendung der Fakultativklausel oder zur Weiterleitung der Aufträge im System bis zum Zielort in der Lage — nicht zutrifft, ergeben sich für manche Netze gewisse Vorteile. Da uns keine Zahlen vorliegen, können wir unsere Aussage nicht quantifizieren. Schecks können ebenfalls bis zum Zielort im Gironetz gehalten werden, aber sie müssen letztlich zum bezogenen Kreditinstitut gelangen, und es ist nicht statthaft und durchführbar, die Angabe des Bezogenen zu ändern.

3. Auswirkungen der Bildung von Gironetzen für ihre Liquiditätshaltung

a) Die Veränderung der einzelnen liquiden Mittel bei den verschiedenen bargeldlosen Zahlungswegen

Die Verrechnung von Überweisungen und Schecks im Netz sowie mit anderen Systemen und Einzelbanken betrifft direkt nur die flüssigen Mittel, die bereits in irgendeiner Form für den bargeldlosen Zahlungsverkehr unterhalten werden. Somit scheiden z. B. die Kassenbestände aus der Betrachtung aus. Es handelt sich hier also um die Veränderungen der Zentralbank- oder Postscheckguthaben sowie der Nostroguthaben und -verpflichtungen.

Wie werden die flüssigen Mittel des Auftraggeberinstituts von ausgehenden Überweisungen beeinflußt? Ein Kreditinstitut im Unterbau unterhält im allgemeinen Liquiditätsreserven zur Abwicklung des bargeldlosen Zahlungsverkehrs bei seiner zuständigen Zentrale, bei der Notenbank in der Form der unter gewissen Bedingungen für den Zahlungsverkehr verwendbaren Mindestreserven und der Überschußreserven und ferner in vielen Fällen beim Postscheckamt, eventuell auch noch bei Korrespondenzbanken. Für die Erledigung von Überweisungsaufträgen werden in jedem Fall von ihm liquide Mittel benötigt. Läßt die erste Girostelle die bargeldlose Zahlung über ihre Systemzentrale verrechnen, braucht sie dafür ebenso Nostroguthaben, wie sie in anderen Fällen Zentralbankguthaben unterhalten muß. Für die Mitgliedsbank im Unterbau bedeutet es zunächst keinen Vorteil, wenn sie die Zahlungen auf andere Plätze im System weitergibt oder nicht. Entsprechendes gilt für die Einlösungen von Schecks auf diese Mitgliedsinstitute.

Die Girozentralen, landwirtschaftlichen und gewerblichen Zentralkassen sowie die Kopffilialen der Großbanken erledigen jedoch die für ihren Bereich bestimmten giralen Zahlungen durch einfache Umbuchung vom Konto der Auftraggeberstelle auf das Konto des Begünstigten oder das Konto der Sparkasse bzw. Bank, die mit dem Empfänger in Geschäftsbeziehungen steht. Das gilt auch dann, wenn die Zahlung von einem Konto bei der Teilsystemzentrale aus vorgenommen wird und für ihren Bezirk bestimmt ist. Bei Buchgeldzahlungen, die über einen Teilzentralen-Bezirk hinausgehen und das System nicht verlassen, und den Saldenverrechnungen z. B. zwischen den einzelnen Girozentralen besteht die Möglichkeit der einfachen Umbuchung für die Zentrale eines Systems. Fehlt diese, so tritt die Notenbank an deren Stelle. Die von den Teilzentralen und Systemzentralen nicht benötigten flüssigen Mittel auf Zentralbank- und Postscheckkonto sowie auf den eigentlichen Nostrokonten können also anderweitig angelegt werden. Dabei handelt es sich aber immer nur um einen Teil der Reserven für den bargeldlosen Zahlungsverkehr. Denn ein Teil der Überweisungen wird immer die Systeme verlassen, bzw. ein Teil der Scheckeinreichungen von systemfremden Institutsgruppen zur Einlösung vorgelegt werden.

In welcher Höhe müssen nun die einzelnen Girosystemstufen Liquiditätsreserven unterhalten? Wir wollen versuchen, das in Anlehnung an Floss[102] darzustellen, der diese Frage für „die innerorganisatorische Reservehaltung" des Sparkassensystems bereits untersucht hat. Voraussetzung ist dabei, daß keine Kreditaufnahme bei den Verrechnungsinstituten vorgesehen ist. Der Unterbau eines Systems wird bei den regionalen Zentralen liquide Mittel in einem Umfang halten, der genügt zur Befriedigung von baren Auszahlungsspitzen und unbaren Zahlungsansprüchen, die über den eigenen Geschäftskreis hinausgehen und nicht durch hereinkommende Zahlungen kompensiert werden. Da die meisten westdeutschen Kreditinstitute direkt bei der Zentralbank Mindestreserven unterhalten müssen, läßt sich über diese Zentralbankkonten auch der Zahlungsverkehr abwickeln. Sofern sich hier nicht Ein- und Ausgänge, auf die Berechnungsperiode für Mindestreserven gesehen, kompensieren, sind bei dem Überwiegen der Ausgänge zusätzliche Reserven nötig. Für Banken und Sparkassen, die einem Girosystem angehören, ist es aber wahrscheinlicher, daß sie den Hauptteil des bargeldlosen Zahlungsverkehrs, auch wenn die Ausgänge überwiegen, über

---

[102] Vgl. Floss, Eberhard, Theorie der Sparkassen-Liquidität, a. a. O., S. 164 ff.

ihre Zentralen leiten. Mit zunehmender Hausüberweisungsquote, d. h. mit größerem Einzugsgebiet eines Kreditinstituts und damit wahrscheinlich größeren internen Ausgleichsmöglichkeiten, kann die Liquiditätsreserve der Zentralen für Zahlungszwecke abnehmen. Auch die Zentralen der Teilsysteme, wie die Girozentralen, Zentralkassen usw., müssen so viel Liquiditätsreserven halten, daß sie die aus dem eigenen Geschäftskreis hinausgehenden bargeldlosen Zahlungen, soweit sie sich nicht mit den Eingängen ausgleichen, erledigen können. Die Zahlungsverkehrsreserven werden bei den Zentralen der Systeme, bei der Zentralbank und beim Postschecksystem unterhalten. Die sich kompensierenden Zahlungen lassen sich auch über das Zentralbankkonto innerhalb der Mindestreserven abwickeln.

Da der Mittelbau der Systeme wegen der angeschlossenen Kreditinstitute einen größeren Einzugsbereich und damit vielfach erhöhte Kompensationsmöglichkeiten aufweist, brauchen die Girozentralen usw. aus reinen Zahlungsverkehrsgründen nicht liquide Mittel in der gleichen absoluten Höhe zu unterhalten wie die ihnen angeschlossenen Mitgliedsinstitute, sondern nur einen gewissen, von der Erfahrung abhängigen Prozentsatz davon. Die Zentrale eines Systems braucht für Giralgeldzahlungen im System keine Liquiditätsvorsorge zu treffen, sondern nur noch für Zahlungen in fremde Systeme einschließlich der Zentralbank. Für die Höhe der hierfür benötigten flüssigen Mittel gilt entsprechend das bereits vorher Gesagte.

Für die einzelnen Systeme und für die Teilsysteme ist es bedeutsam, welcher Prozentsatz der bargeldlosen Zahlungen ohne Bedarf an flüssigen Mitteln auf Grund der Funktion als Zentrale oder Teilzentrale eines Zahlungsnetzes zusätzlich verrechnet werden kann[103].

Wir könnten diesen Prozentsatz in Anlehnung an die bei Einzelinstituten übliche Bezeichnung „Hausüberweisungsquote[104]“ hier als „System-“ oder als „Teilsystem-Überweisungsquote“ bezeichnen. Eine derartige Trennung erscheint für die Berechnung des Geldschöpfungsmultiplikators unzweckmäßig und zu kompliziert. Da die „System-“ bzw. „Teilsystem-Überweisungsquote“ nicht voll mit dem besonderen systembedingten Geldschöpfungskoeffizienten übereinstimmt, wollen wir generell den Ausdruck „Hausüberweisungsquote“ verwenden. Damit werden auch die Zahlungen erfaßt, die die Kunden der angeschlossenen Mitgliedsstellen mindestens bei der Gutschrift oder der Belastung berühren. Bei der Darstellung des kreditpolitischen Beziehungsbereiches

---

[103] Im allgemeinen wird angenommen, daß die (Teil-)Zentralen eine vermehrte Ausgleichsmöglichkeit besitzen. Wir müssen uns noch eingehend damit beschäftigen, welche Bedingungen dafür notwendig sind.

[104] Genauer wäre „Hauszahlungsquote“.

müssen wir auf dieses Problem zurückkommen und unsere Untersuchungen fortführen und erweitern.

Wir haben uns nun noch zu fragen, welche Liquiditätswirkungen für die Postscheckämter sich bei den Zahlungen im System ergeben. Im westdeutschen Postschecksystem findet zwischen den beteiligten Postscheckämtern und sogar über die Generalpostkasse keinerlei direkte Verrechnung der Fernüberweisungen statt. Es werden lediglich Kontrollen vorgenommen[105].

Die einzelnen Postscheckämter brauchen für Zahlungen an andere Postscheckämter keine flüssigen Mittel bereitzuhalten, sie haben demgegenüber auch keine Eingänge zu verzeichnen. Der Vorteil, den jede Zentrale durch die Umbuchung von Überweisungen und Schecks von Konto zu Konto hat, tritt jetzt schon beim Postscheckamt selbst auf. Die „ersparten" liquiden Mittel[106] aus der gleichzeitigen Übernahme von Zentralefunktionen sind jetzt für andere Anlagen frei. Die Postscheckämter leiten nun täglich die von ihnen nicht benötigten Summen an die Landeszentralbanken weiter, darin sind zum Teil auch die eingezahlten Überschüsse der Postämter mit enthalten. Verrechnet wird zwischen Postscheckamt und zugehöriger Oberpostkasse, die wiederum mit der Generalpostkasse in Frankfurt am Main abrechnet[107].

Die nicht benötigten liquiden Mittel, auch die beim Fernübertragungsverkehr eingesparten, können jetzt von ihr angelegt werden. Die Vornahme der Fernzahlungen ohne Übertragung von Notenbank- oder sonstigen Nostroguthaben an die gutschreibende Kontostelle, aber bei gleichzeitiger Übertragung der dabei erübrigten Beträge an die Generalpostkasse[108] kommt der Verrechnung durch eine Zentrale, nämlich der Umbuchung ohne Bedarf an Zentralbankguthaben, gleich. Als Besonderheit kommt noch hinzu, daß die von den einzelnen Postscheckämtern zu betreuenden Bezirke den Einzugsbereichen der Girozentralen ungefähr entsprechen und sie daher eine höhere Hausüberweisungsquote aufweisen werden als Einzelinstitute.

Wir haben bereits darauf hingewiesen, daß gelegentlich die Sonderstellung der Postscheckämter, die dem Postschecksystem fehlende Fähigkeit zur Geldschöpfung und die damit verbundene Ungefährlichkeit

---

[105] Vgl. Sewering, Karl, Der Zahlungsverkehr, a. a. O., S. 97 f.

[106] „Erspart" werden nicht Liquiditätsreserven in Höhe der Fernüberweisungen. Hiervon sind nämlich die flüssigen Mittel abzuziehen, die für die bei jedem Postscheckamt gutzuschreibenden Überweisungen benötigt werden.

[107] Vgl. Sewering, Karl, Der Zahlungsverkehr, a. a. O., S. 97.

[108] Praktisch kann das Bild dadurch verwischt werden, daß gleichzeitig ein Liquiditätsbedarf auftritt, wofür Teile der „ersparten" Summen benötigt werden. Das wird jedoch auch der Fall sein, wenn die Zentrale allein verrechnet.

für die Notenbankpolitik hervorgehoben wird. Die Fragestellung soll weiterverfolgt werden, nachdem wir uns grundsätzlich mit der Fähigkeit zur Geldschöpfung als Folge der Errichtung von Girosystemen beschäftigt haben.

Wir können also feststellen, daß in den Sparkassen-, Genossenschafts- und Großbankensystemen die Liquiditätsvorteile bei der Verrechnung von bargeldlosen Verfügungen im System zunächst bei den Teilzentralen und Zentralen auftreten. Im Postschecksystem ergeben sich diese Liquiditätsvorteile schon bei den Postscheckämtern, und zwar wegen der Übernahme von Zentralefunktionen und auf Grund ihrer Tätigkeit als echte Zentralen für fremde Kreditinstitute, ohne daß die einzelnen Ämter die Vorteile selbst ausnutzen. In welcher Richtung die überschüssigen liquiden Mittel in den Systemen und Teilsystemen wirken und ob sie für die Notenbankpolitik bedeutsam werden, hängt von der Art der Verwendung durch die zentralen Institute ab, bei denen die flüssigen Mittel nicht mehr als Reserven benötigt werden.

b) Der Einfluß der Errichtung von Gironetzen auf die Zahlungsfähigkeit der Mitgliedsinstitute

Wenn der bargeldlose Zahlungsverkehr teilweise oder ganz über die Girosystemzentralen abgewickelt wird, so bedingt das die Unterhaltung von Nostroguthaben bei den zuständigen Zentralen. Ausgenommen sind nur die Fälle, in denen sich die giralen Aus- und Eingänge in der Abrechnungsperiode ausgleichen, ohne daß dabei Einflüsse vom Bargeldverkehr ausgehen. Die Nostroguthaben z. B. des Unterbaus entstehen, wenn wir zunächst von den Kreditgewährungen der Zentralen absehen, in der Regel durch den Eingang von Zentralbankguthaben oder durch Einzahlungen von Noten und Münzen. Die Zahlungsverkehrsguthaben der Mitgliedsinstitute können aber noch durch die Krediteinräumung der betreffenden Zentrale erhöht oder aufgefüllt werden. Die sich ausgleichenden Zahlungen erfordern keine flüssigen Mittel, ebenso nicht die Hauszahlungen der jeweiligen Mitgliedsbank. Für die sich nicht ausgleichenden Verfügungen benötigt das Mitgliedsinstitut, wenn wir unterstellen, daß nur der Zahlungsweg über die zuständige Zentrale gewählt wird, in voller Höhe Nostroguthaben, während die Zentrale nur für die Übertragungen nach außerhalb Zentralbank- oder ihrerseits Nostroguthaben unterhalten muß. Verbleiben also die sich nicht ausgleichenden Zahlungen zum Teil im jeweiligen Zentralebereich, kann das Spitzeninstitut den freiwerdenden Gegenwert (in Zentralbankguthaben) der bei ihr gehaltenen Nostroguthaben anderweitig und damit auch für Kreditgewährungen an Mitgliedsbanken verwenden.

Wenn dann die Zahlungsverkehrsguthaben der Mitgliedsinstitute bei ihrer Zentrale nicht mehr voll durch Zentralbankguthaben und Kassenreserven gedeckt sind, entsteht die Frage nach dem Liquiditätswert der Nostroguthaben. Dieses Problem hat schon zu Spannungen zwischen der Notenbank (BdL) und den Girosystemen geführt; es ist eng verknüpft mit der Frage des Doppelcharakters der Mindestreserven. Beide Komplexe sind ausgiebig erörtert worden, so daß wir darauf verweisen und unsere Darstellung kurz fassen können[109].

Im allgemeinen tendierte die Deutsche Bundesbank dahin, den Liquiditätswert der Mindestreserven höher anzusehen als den der Nostroguthaben. Dagegen lehnten die Träger der Gironetze, insbesondere das Sparkassensystem wegen der Liquiditätszugreserven und der engen organisatorischen Bindungen, den Liquiditätscharakter der Mindestreserven weitgehend ab. Allerdings werden die Nostroguthaben nicht von den Grundsätzen über das Eigenkapital und die Liquidität des Bundesaufsichtsamts für das Kreditwesen[110] erfaßt. Daraus läßt sich folgern, daß die Nostroguthaben als flüssige Geldanlage, nicht aber als Kredite gewertet werden[111].

Die Pflichtreserven können nur für die sich im Berechnungszeitraum ausgleichenden Zahlungen verwendet werden. Wenn an manchen Tagen mehr Ausgänge (Auszahlungen) zu verzeichnen sind, müssen an anderen Tagen gleichermaßen mehr Beträge eingehen, und zwar über das normale Maß hinaus. Da das jedoch nicht vorauszusehen ist, werden die sich nicht ausgleichenden Verfügungen doch teilweise eine Liquiditätshaltung erfordern, denn nicht immer ist ein vollständiger Rückgriff auf den Geldmarkt oder die Notenbank möglich.

Wie ist demgegenüber der Liquiditätswert der Nostroguthaben zu beurteilen? Bei dieser Untersuchung müssen wir eine Kreditgewährung der Zentralen erwägen. Ein Liquiditätsproblem tritt nicht auf, wenn die einzelnen Zentralen im System die Gegenwerte der bei ihnen eingelegten Nostroguthaben in flüssigen Werten wie Kasse, Postscheck-

---

109 Vgl. Schmedes, Hella, Zur Frage des Doppelcharakters der Mindestreserven, in: Sparkasse, 6. Jg., Heft 5 v. 1. März 1952, S. 71 ff. und Heft 6 v. 15. März 1952, S. 85 ff.; Huhle, Fritz, Mindestreserve als Mittel der Währungspolitik, in: Sparkasse, 6. Jg., Heft 24 v. 15. Dez. 1952, S. 371 f.; Gleske, Leonhard, Mißverstandene Mindestreserven, in: Zeitschrift für das gesamte Kreditwesen, 7. Jg., Heft 4 v. 15. Febr. 1954, S. 118 ff.; Floss, Eberhard, Nochmals: Mißverstandene Mindestreserven, in: Zeitschrift für das gesamte Kreditwesen, 7. Jg., Heft 9 v. 1. Mai 1954, S. 293; derselbe, Theorie der Sparkassen-Liquidität, a. a. O., S. 171 ff.; Dick, Adalbert, Die Verflechtung zwischen Sparkassen und Girozentralen, a. a. O., S. 45 ff.

110 Bekanntmachung Nr. 1/62 vom 8. 3. 1962, veröffentlicht im Bundesanzeiger Nr. 53 vom 16. 3. 1962.

111 Vgl. Runge, Hans, Sicherheit der Bankeinlagen hat Vorrang, in: Die Welt, Nr. 76 vom 30. 3. 1963, S. 12.

und Notenbankguthaben unterhalten. Die Frage einer ausreichenden Liquidität wird erst wichtig, wenn nur ein Bruchteil in flüssigen Werten gehalten, das Übrige aber für Kreditgewährungen verwendet wird. Wenn wir von Refinanzierungen außerhalb des Systems absehen und nur eine Krediteinräumung an eigene Nichtbankenkunden und die angeschlossenen Mitgliedsinstitute unterstellen, kann insgesamt nicht mehr Kredit gegeben werden, als es die bereits vorhandenen Überschußreserven und der jeweils gültige Geldschöpfungsmultiplikator auf Grund der sich im Systembereich nicht ausgleichenden Zahlungen ausschließlich der jeweiligen Hausübertragungen erlauben. Die Gefahr einer Illiquidität tritt dann auf, wenn sich die Quote der sich nicht kompensierenden Zahlungen plötzlich in großem Maße verändert, z. B. auf Grund von Wirtschaftskrisen und Vertrauenseinbrüchen, ohne daß die gewährten Kredite nach einer Kündigung zurückfließen, weil sie sich nicht so schnell liquidieren lassen. Normalerweise wird der Wert der Quote zwar schwanken, aber wegen der Universalität der Kreditinstitute und der Vielzahl der angeschlossenen Mitgliedsinstitute wahrscheinlich nicht auf Null sinken. Wenn unvorhergesehen doch Veränderungen auftreten, bleibt einzelnen Teilsystemen der Rückgriff auf den Geldmarkt oder die Notenbank offen. Wir können bei der Beurteilung der Nostroguthaben also Eisfeld folgen und den Liquiditätscharakter dieser Reserven für einzelne Institute bejahen, während die Nostroguthaben bei allgemeinen Krisen wie z. B. 1931 versagen[112]. Dann reichen die Mindestreserven aber auch nicht aus, um die Auszahlungswünsche zu befriedigen.

III. Die laufenden Zahlungsverkehrsbeziehungen

1. Vorbemerkungen

Da der Zahlungsverkehr in den betrachteten Ländern nicht allein von einer Generaldepositenbank, sondern von einer Vielzahl von Kreditinstituten abgewickelt wird, müssen zwischen den Zahlungsverkehr betreibenden Stellen Verbindungen hergestellt werden, um die über den Geschäftskreis einer Bank oder eines Girosystems hinausgehenden Überweisungen und Scheckinkassi zu verrechnen. Besonders notwendig erscheint das in Westdeutschland mit seiner Vielzahl an kleinen, mittleren und großen Universalinstituten. Je größer die Zahl der am Buchgeldverkehr beteiligten Banken und Sparkassen, desto weniger ist es aus Gründen der Wirtschaftlichkeit möglich, daß alle Sparkassen, Banken sowie Bankfilialen miteinander in Kontoverbindung stehen.

---

112 Vgl. Eisfeld, Curt, Artikel „Kreditbanken, private“, in: Handwörterbuch der Betriebswirtschaft, a. a. O., Sp. 3539.

Selbst wenn bei dem Vorhandensein von Girosystemen die Teilnetzzentralen miteinander und mit den nicht einem arteigenen System angeschlossenen Banken Zahlungsverkehrsbeziehungen pflegen würden, wäre das Verfahren aus heutiger Sicht immer noch als unrationell anzusprechen.

So erscheint die Entstehung und Entwicklung von Abrechnungsstellen und in Westdeutschland (und vorher im Deutschen Reich) die Entwicklung der Notenbank auch auf dem Gebiet des Giralgeldverkehrs zu einer Bank der Banken als zwangsläufig. Dabei ist es aus Verrechnungsgründen zweckmäßig, wenn die Notenbank an der Abrechnung bzw. dem Clearing beteiligt ist oder diese sogar unter ihrer Verantwortung, wie z. B. in Westdeutschland, stattfindet. Theoretisch wäre auch noch eine weitere Möglichkeit für den Verrechnungsverkehr der Banken und der Gironetze untereinander denkbar, nämlich über Kontoverbindungen mit dem Postschecksystem, soweit ein solches vorhanden ist. Das scheiterte in Deutschland aber weitgehend an der Notwendigkeit, alle Aufträge auf Formulare des Postscheckdienstes umzuschreiben. Es ist müßig zu überlegen, ob die Post in der Funktion als allgemeine Abrechnungsstelle nicht darauf verzichtet hätte, da die Entwicklung anders verlaufen ist. Als Hinderungsgrund kommt auch noch die relativ große Zentralisation des Postschecksystems im Vergleich zum verzweigten Notenbanksystem hinzu. In Westdeutschland haben wegen der Mindestreservepflicht alle Sparkassen, Geschäftsbanken und deren Filialen (aber nicht deren Zweigstellen) sowie der größere Teil der Kreditgenossenschaften ein Konto bei einer Niederlassung der Deutschen Bundesbank. Über diese Kontoverbindung wickeln sie, wie wir bereits erwähnt haben, einen Teil des ausgehenden Buchgeldverkehrs ab. Ebenso gehen über das Landeszentralbankkonto bargeldlose Zahlungen ein.

Jedoch können wir diese Verbindungen nicht als systembedingte Beziehungen bezeichnen, da es sich um Kontakte mit den einzelnen Mitgliedsinstituten im Unter-, Mittel- und Oberbau, aber auch mit Banken ohne Anschluß an ein arteigenes Netz handelt. Es läßt sich höchstens in der Mehrzahl der Fälle von Beziehungen zwischen der Notenbank und den verschiedenen Mitgliedsinstituten von Girosystemen sprechen. Beziehungen zwischen der Notenbank und den Trägern der übrigen Girosystemen auf dem Gebiet des giralen Zahlungsverkehrs liegen, abgesehen vom Postschecknetz, erst dann vor, wenn die Teil- oder die Systemzentralen in den von Mitgliedsbanken auf der unteren Stufe und die Systemzentralen in den vom Mittelbau ausgehenden, für andere Kreditinstitute bestimmten Überweisungsverkehr und den sie betreffenden Scheckinkassoverkehr eingeschaltet werden, jedenfalls soweit die Verfügungen über die Notenbank oder unter Beteiligung der Zentralbank über Abrechnungsstellen gehen. Entsprechendes gilt für die Verfügungen über die Zahlungseingänge. Hier liegt der schon angedeutete Fall vor, daß parallel nebeneinander Zahlungsverkehrsbeziehungen zwischen der Notenbank und den Zentralen bzw. Teilzentralen stellvertretend für deren Einzugsbereich, also einschließlich der Mitgliedsbanken im Unterbau, bestehen, aber auch solche zwischen der Notenbank und sämtlichen einem System zugehörigen Kreditinstituten.

Eine Zentralbank, die schon vor der Errichtung von Gironetzen als zentrale Abrechnungsstelle mit oder ohne besondere Institutionen tätig ist, wie z. B. im Deutschen Reich, und damit zur rationelleren Durchführung des Zahlungsausgleichs zwischen Einzelinstituten beiträgt, büßt einen mehr oder weniger großen Teil ihrer Funktion als „zentrale Abrechnungsinstitution" ein, sobald sich Kreditinstitute gleicher Art zusammenschließen und eigene Zentralen schaffen oder sobald innerhalb von Kreditinstituten auf Grund von internen Anweisungen Gironetze entstehen. Der Einfluß der Zentralbank wird in diesen Fällen zwar schwächer, kann aber niemals verlorengehen. Denn der interinstitutionelle Zahlungsausgleich muß weiter vorgenommen werden. Selbst wenn die Zentralen der Gironetze mit allen Mitteln versuchen sollten, ihn in eigener Regie vorzunehmen, würden doch wahrscheinlich Salden entstehen, die in „Zentralbankgeld" ausgeglichen werden müßten, weil das „Geld" bestimmter Systeme eben nicht allgemein umlaufsfähig ist. Hinzu kommt in unserem Mischgeldsystem noch der Einfluß über den „Bargeldbedarf der Banken", der jedoch mit kleinerem Bargeldanteil am Geldvolumen und weniger starken Schwankungen abnehmen würde[113].

Wir haben bereits gesehen, daß im Zahlungsverkehrsbereich formal noch Gleichordnung und Konkurrenz im Hinblick auf die Abwicklung des Scheck- und Überweisungsverkehrs für Wirtschaftsunternehmen und Private besteht. Dieses Verhältnis der Gleichordnung ist jedoch abgeschwächt und wird von einer Überordnung abgelöst, wenn wir die Tätigkeit der Notenbank als Zahlungsausgleichsstelle zwischen den einzelnen Systemen und Teilsystemen betrachten. Solange die Zentralbank nämlich den Ausgleich bewirken soll oder muß, weil sich keine andere gleichermaßen rationelle Verrechnungsmöglichkeit ergibt, kann sie auch Bestimmungen über das Wie erlassen. Es ist jedoch nicht ausgeschlossen, daß sich die Kreditinstitute aus diesem Grunde eine andere Kompensationsstelle schaffen könnten, wenn dem nicht irgendwelche rechtlichen Vorschriften entgegenstehen, wie z. B. bis 1957 das Verbot, über Ländergrenzen hinausgehende Zahlungen im eigenen System vorzunehmen.

---

113 Vgl. Gleske, Leonhard, Die Liquidität in der Kreditwirtschaft, a. a. O., S. 33 f., S. 43 f.

2. Der heutige systembedingte Verrechnungsverkehr zwischen der Notenbank und den Mitgliedsstellen von Gironetzen

a) *Auf Grund einer Initiative von Girosystemmitgliedern*

Diese besonderen Beziehungen zwischen der Notenbank und den Trägern der übrigen Girosysteme bestehen dann laufend, wenn der Zahlungsverkehr der Institutsgruppen untereinander und zwischen ihnen und den Banken, die keinem arteigenen Netz angehören, über die Notenbank abgewickelt wird, weil das Buchgeld der Banken, Sparkassen usw. nur beschränkt verwendungsfähig ist und deshalb diese Aufgabe nicht erfüllen kann. Das bedeutet, daß in Westdeutschland die Verrechnung direkt über die Konten bei der Notenbank oder über eine Abrechnungsstelle der Landeszentralbanken geht, wobei sich die Beziehungen in diesem Fall etwas anders gestalten. Die Notenbank verbucht hier nach der Abrechnung nur noch eine Summe, und zwar in Gestalt einer Forderung oder Verpflichtung, nachdem die Abrechnungsteilnehmer die Aufstellungen über die ausgetauschten Forderungs- und Verpflichtungspapiere (Schecks, Überweisungen, Wechsel) addiert und saldiert haben[114]. Im Prinzip spielt diese Unterscheidung für Westdeutschland jedoch keine große Rolle. Es kann aber wie in England der Fall eintreten, daß sich hierauf die Kontakte zwischen der Notenbank und den Girosystemen beschränken. Dort stehen eine große Anzahl von Clearingstellen und wenige Notenbankniederlassungen einander gegenüber und der Zahlungsverkehr ist auf wenige Institute und auf den Scheckverkehr konzentriert. Von Beziehungen zwischen der Zentralbank als Clearing-Teilnehmerin sowie Saldenausgleichsstelle und Gironetzen wird nur dann zu sprechen sein, wenn Bankniederlassungen für andere angeschlossene Filialen oder Zweigstellen an der Abrechnung teilnehmen. Es ist anzunehmen, daß der Zahlungsverkehr zwischen den Kreditinstituten des kurzfristigen Geschäfts wegen ihrer geringeren Anzahl niedriger ist als in Deutschland mit einer größeren Zahl an Universalinstituten. Wir wollen die laufenden Geschäftsbeziehungen danach unterteilen, von welcher Seite die Initiative dazu ausgeht. Damit die Verbindung zustande kommt, bedarf es auf jeden Fall der Mitwirkung des anderen Teils. Doch man kann unterstellen, daß z. B. die Deutsche Bundesbank ein Interesse daran hat, den von den Zentralen und den Teilzentralen ausgehenden bzw. den für Zahlungsnetzmitglieder bestimmten bargeldlosen Zahlungsverkehr über sich zu leiten, um so über den Zentralbankgeldbedarf ihr kreditpolitisches Herrschafts-

---

114 Zur Technik der Abrechnung vgl. Pröhl, Hans, Lexikon des Kreditwesens, a. a. O., Bd. 1, S. 17; Sewering, Karl, Der Zahlungsverkehr, a. a. O., S. 105 ff., Mellerowicz, Konrad: Zahlungsverkehr, a. a. O., S. 59 ff.

verhältnis aufrechtzuerhalten. Das wird auch deutlich durch das zur Zeit der Bank deutscher Länder ausgesprochene Verbot, Überweisungen über die Ländergrenzen hinaus im eigenen System zu bewirken.

Es wurde bereits herausgestellt, daß abgesehen vom Postschecknetz nur dann von systembedingten Zahlungsverkehrsbeziehungen gesprochen werden kann, wenn die Überweisungsaufträge von Kunden des Unterbaus, die für andere Zahlungsverkehrsorganisationen oder Einzelbanken bestimmt sind, über die regionalen Zentralen oder auch über die Systemzentralen geleitet oder zumindest verrechnet werden. Das gleiche gilt für Buchgeldzahlungen von Kunden des Mittelbaus, die über den Oberbau, d. h. die Zentralen eines Systems, mit der Notenbank verrechnet werden. Die Zentralen und in gewissem Maße auch die Teilzentralen, wie Landesbanken, Landesgenossenschaftsbanken, Zentralkassen und Kopffilialen repräsentieren also die Girosysteme. Wenn von Kunden des Mittel- oder Oberbaus ausgehende Zahlungen direkt zur Notenbank gelangen, ohne eine weitere Stelle im System zu berühren, kann man diesen Vorgang auch nicht als systembedingte Zahlungsverkehrsbeziehungen ansprechen, sondern nur als solche mit einer Girosystemstelle.

Wenn diese Überweisungen vom Mittelbau oder Oberbau zuerst zu einer anderen Stelle im System gehen, z. B. zu einer anderen Teilzentrale oder zu einem Mitgliedsinstitut auf der unteren Stufe, um dort das Netz zu verlassen und mit der Notenbank verrechnet zu werden, dann liegen „typische“ Zahlungsverkehrsbeziehungen vor. Da die Systeme vielfach die Abschreibungen für andere Orte, eventuell erst bei einer gewissen Höhe des Betrages, bis zum Bestimmungsort innerhalb der eigenen Organisation weiterleiten, kommt es auch vor, daß eine Girostelle im Unterbau stellvertretend für das ganze System mit der Notenbank abrechnet, allerdings dann nicht, wenn sich am Ort des Empfängers keine Zentralbankniederlassung befindet und dort nach den örtlichen Gegebenheiten verrechnet wird. Die Zahlungen von den Raiffeisenkassen oder an die Raiffeisenkassen ohne LZB-Konto, die über die Landesgenossenschaftsbanken verrechnet werden[115], fallen daher unter unseren Beziehungsbegriff.

Da das System der Postscheckämter nicht so aufgebaut ist wie die übrigen Systeme, können wir die Aufteilung in Zahlungsverkehrsbeziehungen der Notenbank mit einzelnen Kreditinstituten, die einem arteigenen System angehören und Aufträge aus oder für ihren Kundenkreis verrechnen, und mit Girosystemstellen, meistens Zentralen, die Aufträge für andere Systemmitglieder verrechnen, in diesem Fall nicht durchführen. Alle Zahlungen zugunsten oder zu Lasten des Postscheck-

---

[115] Ausnahmen bilden die direkten Verrechnungen an manchen Orten.

kontos bei der Notenbank gehören wegen der dargestellten Sonderstellung zu den Zahlungsverkehrsbeziehungen zwischen diesen beiden Systemen.

Wenn wir z. B. das deutsche Sparkassensystem betrachten, so können die zu verrechnenden Überweisungen für Mitgliedsstellen der Großbankensysteme, des Genossenschafts-, des Postschecksystems und schließlich auch für das Notenbanknetz bestimmt sein, ferner für einzelne Kreditbanken, die höchstens dem Notenbank- und eventuell dem Postschecksystem angehören. Wenn die von den Landeszentralbanken vorgenommenen Übertragungen bei Girosystemstellen eingehen, die sie noch weiterleiten müssen, dann könnte aus einem Kundenauftrag eine zweimalige Beziehung entstehen. Das wird aber nur in wenigen Fällen zutreffen, weil die meisten Gutschriften den Kontostellen der Begünstigten direkt zugehen. Ein Beispiel dafür sind jedoch die landwirtschaftlichen Genossenschaften ohne Notenbankkonto, ferner die Zweigstellen von Kreditinstituten, die kein eigenes Landeszentralbankkonto unterhalten, sofern man die Zweigstellen als eine gesonderte Systemstufe betrachtet. Aber die Notenbank hat kein sonderliches Interesse an einer Stärkung der Systeme, und wenn sie die eingehenden Beträge dem Institut des Begünstigten direkt auf dessen Konto bei ihr gutbringt, kann sie unter Umständen damit rechnen, daß auch wieder auf dem Wege der Abschreibungen darüber verfügt wird. Doch die Notenbank muß fürchten, daß Kreditinstitute mit starkem Systemzusammenhalt das Guthaben wieder zugunsten ihrer Zentrale abdisponieren, soweit es nicht zur Mindestreservehaltung benötigt wird.

Für den Scheckverkehr gilt das bisher Gesagte entsprechend, der Hauptunterschied beim Scheck besteht nur darin, daß er vom Gläubiger zum Schuldner läuft und nicht vom Schuldner zum Gläubiger wie die Überweisung. Wenn also innerhalb eines Girosystems beim Einzug zwischen die Kontostelle des Einreichers und die Zentralbank oder die einreichende Notenbank und das bezogene Kreditinstitut eine weitere Stelle eingeschaltet und damit eine Verrechnung auch über die systemeigenen Zentralen oder Teilzentralen notwendig wird, liegen systembedingte Zahlungsverkehrsbeziehungen vor. Wenn ein eingereichter Scheck im System bis zum Ort des bezogenen Instituts weitergeleitet wird, so besteht hier nicht die Möglichkeit, wie bei der Überweisung auf Grund der Fakultativklausel zu verfahren, da das System mit dem Einzugsscheck kein Zentralbankgeld verliert, sondern bekommt. Es muß auch noch erwähnt werden, daß die westdeutsche Notenbank mit ihrem vereinfachten Scheckeinzugsverfahren, das ursprünglich zur Verbesserung der Scheckmoral geschaffen wurde[116], einen erheblichen Anreiz

---

[116] Vgl. Sewering, Karl, Der Zahlungsverkehr, a. a. O., S. 65 ff.; Mellerowicz, Konrad, Zahlungsverkehr, a. a. O., S. 41 ff.

für die Kreditinstitute in den Girosystemen darstellt, ihre Einzugsschecks, soweit nicht Banken, Bankfilialen oder Sparkassen des eigenen Systems bezogen sind, ohne weitere Verrechnung über Systemzentralen sogleich der Notenbank zum Einzug zu übergeben. Das trifft allerdings für die Spar- und Darlehnskassen ohne Notenbankkonto nicht zu. Es ist anzunehmen, daß es im Überweisungsverkehr häufiger als im Scheckverkehr zu typischen Beziehungen zwischen der Notenbank und den Teilzentralen oder Zentralen kommt.

Wir müssen uns jetzt noch einen weiteren Sachverhalt verdeutlichen. Die Notenbank ist an den Zahlungsverkehrsbeziehungen mit den Kreditinstituten und unter diesen auch mit den stellvertretend für andere Mitgliedsinstitute handelnden Systembanken interessiert. Sie dienen ihr als Grundlage für die kreditpolitischen Beziehungen. Dabei haben die Kontakte im Zahlungsverkehrsbereich zwischen der Notenbank und den Zentralen bzw. Teilzentralen für sich betrachtet noch keine Bedeutung für die Preisstabilität und damit für die Kreditpolitik. Ob die bargeldlosen Verfügungen direkt oder über zentrale Systemstellen mit der Notenbank verrechnet werden, ergibt im Prinzip keinen großen Unterschied, in jedem Fall entsteht ein Bedarf an Zentralbankgeld, der nur eventuell durch eingehende Zahlungen kompensiert wird. Die Beziehungen auf diesem Gebiet lassen noch kein Urteil über die Möglichkeiten der Girosystemmitglieder zur erhöhten Geldschöpfung zu. Das gilt sowohl für die Art als auch die Intensität des bargeldlosen Zahlungsverkehrs über die Notenbank. Diese Frage läßt sich erst entscheiden, wenn man eine Reihe weiterer Bedingungen, wie z. B. die Hausüberweisungsquote, die Kompensation der ausgehenden Zahlungen durch eingehende sowie die Bedeutung der Girosysteme außerhalb der Notenbank im Kreditsystem eines Staates in die Untersuchung einbezieht. Auch der Sachverhalt der Refinanzierung könnte unter gewissen Einschränkungen mit zum Bereich der Zahlungsverkehrsbeziehungen gerechnet werden. Refinanzierungsverbindungen entstehen dann, wenn ein Institut eines Netzes liquide Mittel für die angeschlossenen Mitgliedsbanken und -sparkassen mitbesorgt. Soweit die Teilzentralen für den Unterbau und die Systemzentralen für den Mittel- und Unterbau den bargeldlosen Zahlungsverkehr verrechnen und wenn sie sich wegen eines auftretenden Bedarfs an Zentralbankguthaben aus der Abwicklung des Giralgeldverkehrs an die Notenbank wenden, können wir von einer systembedingten Refinanzierung sprechen. Wenn sich dagegen die Mitgliedsinstitute, besonders auf der unteren Stufe, bei der Zentralbank verschulden bzw. Wertpapiere an sie verkaufen, handelt es sich, abgesehen von den Fällen, in denen diese Banken und Sparkassen die Zahlungen für andere Systemstellen in ein anderes Netz übertragen, nur um Beziehungen zwischen der Notenbank und den Mitgliedsinstituten von Girosystemen.

Eine derartige Betrachtungsweise rückt jedoch den Bedarf an Buch- und Barmitteln für Zahlungszwecke zu sehr in den Vordergrund, ohne die eigentliche Ursache für die Nachfrage an Zahlungsmitteln, nämlich die Geschäftspolitik der Banken und Sparkassen und davon beeinflußt die Kreditpolitik der Notenbank zu sehen. Wenn die Refinanzierung auch beiden Beziehungsbereichen zugeordnet werden kann und damit zugleich einen Übergang darstellt, so liegt doch das Hauptgewicht in der Kreditpolitik. Es empfiehlt sich daher die Behandlung im Rahmen des kreditpolitischen Beziehungsbereichs.

b) Die zahlungsverkehrsmäßigen Beziehungen auf Grund einer Initiative der Notenbank

Kann man, in Analogie zu dem bereits erörterten Fall, bei den von der Notenbank ausgehenden oder von ihr weitergeleiteten Zahlungen ebenfalls von systembedingten Beziehungen sprechen? Hier würde es bedeuten, daß Überweisungen an oder Scheckziehungen auf Mitglieder eines Systems von der Zentralbank zunächst über andere Stellen desselben Netzes geleitet oder mindestens über eine Teilzentrale verrechnet werden. Trifft das auf von der Notenbank ausgehende Zahlungen bzw. von ihr vorgelegte Schecks zu? Es ist dabei wichtig zu betonen, daß die Initiative von der Zentralbank ausgehen muß. Nur bedingt unter diese Kategorie fallen nämlich die Abschreibungen und Scheckeinreichungen, die von anderen Kreditinstituten, Zentralen oder Teilzentralen über die von der Notenbank geleitete Abrechnung oder dem unter ihrer Teilnahme durchgeführten Clearing eingereicht werden. Der Anstoß geht hier zuerst von anderen Kreditinstituten aus, die Zentralbank wird aber aktiv mit der Saldenverbuchung. Insofern würde es sich doch um Zahlungsverkehrsbeziehungen mit der Notenbank handeln, wenn die Zahlungen zunächst über andere Systemstellen gehen.

Im übrigen werden Schecks auf sowie Überweisungen für Mitgliedsinstitute der Zahlungsnetze meist von der Zentralbank direkt belastet bzw. gutgeschrieben. Die Postscheckämter bilden einen Sonderfall. Hier bestehen laufende Zahlungsverkehrsbeziehungen zum (Teil-)System auf Grund einer Initiative der Notenbank. Gelegentlich kommen derartige Verbindungen doch allgemein vor, wenn die Zentralbank angekaufte Wechsel mit Protestvermerk (vor und nach Fälligkeit) dem Einreicher, in diesem Fall einer Zentrale im System, zurückbelastet und diese den Wechsel einem Mitgliedsinstitut diskontiert hatte und ihn jetzt dorthin weiter zurückrechnet. Dabei handelt es sich um einen reinen Zahlungsvorgang. Das gleiche gilt, wenn ein unbezahlt gebliebener Scheck mit Vorlegungsvermerk über eine regionale Zentrale und die angeschlossene Mitgliedsbank-, -filiale, -sparkasse dem Einreicher zurückgegeben wird. Doch handelt es sich nicht um laufende Zahlungsverkehrsbeziehungen.

IV. Die veränderte Stellung der Notenbank zum und im Zahlungsverkehr dargestellt am deutschen Beispiel

Bis jetzt haben wir in den vorhergehenden Abschnitten die gegenseitigen Beziehungen im Bereich des Zahlungsverkehrs zwischen der Notenbank und den als Girosysteme fungierenden bzw. den in Girosystemen zusammengeschlossenen Kreditinstituten erörtert. Der Begriff „Beziehungen“ hat aber nicht nur diesen konkreten Inhalt. Beim Zahlungsverkehr lagen direkte Berührungspunkte zwischen der Notenbank und den übrigen Netzen vor. Daneben gibt es aber noch abstrakte Beziehungen, etwa in dem Sinne von Konkurrenzbeziehungen. Das Konkurrenzverhältnis im Zahlungsverkehr hat im Laufe der Zeit eine Wandlung erfahren. Wir wollen versuchen, sie noch mehr zu verdeutlichen, nachdem wir sie im grundsätzlichen Teil bereits angeschnitten haben. Dabei müssen wir uns mit der veränderten Bedeutung der Notenbank im Zahlungsverkehr und der Veränderung ihres Standpunktes zum bargeldlosen Zahlungsverkehr beschäftigen. Als Untersuchungsobjekt sind zu diesem Zweck die Deutsche Reichsbank und ihre Nachfolger ausgewählt worden. Dieser Abschnitt bildet zugleich die Überleitung zum nächsten Kapitel, da die hier anzuschneidenden Fragen auch schon den kreditpolitischen Beziehungsbereich berühren.

Ursprünglich bereitete die Popularisierung sowohl des Überweisungs- als auch des Scheckverkehrs in den Jahren nach der Gründung der Reichsbank (1875) und der späteren Großbanken manche Schwierigkeiten und erforderte von der Deutschen Reichsbank großen Werbeaufwand[117]. Wie wir bereits in den Abschnitten über die Entstehung der Girosysteme, insbesondere der Großbankennetze gesehen haben, wurde die Depositenannahme gefördert, wobei sich auch Erfolge zeigten. Seit 1907 wurden im Deutschen Reich, um den Goldbestand der Reichsbank zu schonen, bargeldsparende Zahlungsmethoden stark gefördert, denn für die Depositen benötigte man keine Golddeckung[118].

Die Reichsbank bemühte sich, den Zahlungsverkehr zu entgolden und den ständig wachsenden Bedarf an Umlaufsmitteln durch Ausgestaltung des Buchgeldverkehrs zu begrenzen[119]. Sie wollte sich vor

---

117 Vgl. Pröhl, Hans, Lexikon des Kreditwesens, a. a. O., Bd. I, S. 387 f.

118 Vgl. Somary, Felix, Bankpolitik, 2. Aufl., Tübingen 1930, S. 118.

119 Vgl. u. a. Eynern, Gert von, Die Reichsbank, Probleme des deutschen Zentralnoteninstitutes in geschichtlicher Darstellung, Jena 1928, S. 26 und 50; o. V. (ohne Verfasserangabe), Fünfzig Jahre Abrechnungsstellen der Reichsbank, Bearbeitet in der Volkswirtschaftlichen und Statistischen Abteilung der Reichsbank, Berlin 1933, S. 10; Geiler, Hermann Franz, Die zentralen Kreditinstitute Deutschlands, Berlin 1935, S. 36; Großmann, H., Grundzüge des

der zunehmenden Inanspruchnahme durch die Kreditbanken, Genossenschaften und Sparkassen schützen. Man war auch der Meinung, bei ausschließlich bankmäßiger Zahlung Quartalsanspannungen vermeiden zu können[120].

Der Giralgeldverkehr erschien damit als ideales Mittel zur entsprechenden Geldversorgung von Wirtschaft und Privaten ohne Erhöhung der Goldbestände oder Herabsetzung der Deckungsquote. So sah man auch 1908 bei der Gründung des Sparkassensystems und der folgenden Aufnahme des Buchgeldverkehrs durch die Sparkassen noch nicht die Bedeutung des unbaren Zahlungsverkehrs für die Geldschöpfung[121].

Zahlreiche aufklärende und werbende Rundschreiben wurden direkt an die Handelskammern, Handwerkskammern, Unternehmensverbände usw. abgesandt. Durch Verfügung z. B. des preußischen Innenministers (vom 11. Juli 1910, MBli V. S. 141) wurde der Inhalt der Rundschreiben auch den Oberpräsidenten, Regierungspräsidenten usw. bekanntgegeben, damit diese die Bemühungen der Reichsbank unterstützen sollten[122].

Die Bestrebungen der Notenbank zur Propagierung des unbaren Zahlungsverkehrs erfuhren durch die besondere Finanzlage im ersten Weltkrieg (steigende Preise, Versorgung der besetzten Gebiete mit Zahlungsmitteln) eine vermehrte Bedeutung[123]. Um ihren Notenumlauf zu vermindern, begann die Reichsbank, unterstützt von öffentlichen Stellen, Verbänden und Geldinstituten, mit dem Jahre 1916 eine intensive Werbeaktion zur Verbreitung des bargeldlosen Zahlungsverkehrs. Sie muß jedoch mit der Ausweitung des Überweisungs- und Scheckverkehrs nicht zufrieden gewesen sein[124], denn sie richtete 1918 in Berlin eine besondere Werbeabteilung ein, die „Zentralstelle zur Förderung des bargeldlosen Zahlungsverkehrs im Deutschen Reich"[125].

Zahlungsverkehrs, Berlin-Wien 1931, S. 48; Riesser, Jacob, Die deutschen Großbanken und ihre Konzentration, 3. Aufl., Jena 1910, S. 122; Schoele, Otto Der bargeldlose Zahlungsverkehr in Deutschland, 2. Aufl., Leipzig 1934, S. 36; Weber, Adolf, Depositenbanken und Spekulationsbanken, 3. Aufl., München und Leipzig 1922, S. 44.

[120] Vgl. Schulze-Gaevernitz, G. von, Die deutsche Kreditbank, a. a. O., S. 47.

[121] Vgl. Floss, Eberhard, Theorie der Sparkassen-Liquidität, a. a. O., S. 157.

[122] Vgl. Pröhl, Hans, Lexikon des Kreditwesens, a. a. O., Bd. I, S. 387.

[123] Vgl. Sewering, Karl, Der Zahlungsverkehr, a. a. O., S. 57.

[124] Vgl. Weber, Adolf, Depositenbanken und Spekulationsbanken, 3. Aufl., a. a. O., S. 151.

[125] Vgl. o. V., Fünfzig Jahre Abrechnungsstellen der Reichsbank, Bearbeitet in der Volkswirtschaftlichen und Statistischen Abteilung der Reichsbank, a. a. O., S. 12 f.

Zur Unterrichtung über den Buchgeldverkehr wurde 1919 auch die Zeitschrift „Der bargeldlose Zahlungsverkehr" gegründet, die zunächst als Mitteilungen in zwangloser Folge ab 1920 unter dem geänderten Titel „Der Zahlungsverkehr" regelmäßig erschien. Bis Mai 1923 blieb sie noch „Amtliches Nachrichtenblatt der Organisation der Reichsbank zur Förderung des bargeldlosen Zahlungsverkehrs". Da auch die Reichsbank nach ihrer Errichtung den bargeldlosen Zahlungsverkehr für Nichtbanken bei ihrem Institut förderte, entstand zunächst ein Konkurrenzverhältnis in der Abwicklung des Buchgeldverkehrs zwischen der Notenbank und den damals schon daran beteiligten Banken.

Die Reichsbank wurde allmählich sowohl hinsichtlich der Anzahl der Konten als auch des Umfangs der Überweisungen und Scheckeinreichungen von den anderen am Giralgeldverkehr Beteiligten übertroffen[126], und zwar sowohl insgesamt als auch durch einzelne Institute, wie z. B. Großbanken. Mit der Ausweitung des Notenbanknetzes wie auch der übrigen Gironetze (Großbanken, Postscheck, Sparkassen und Genossenschaftsbanken) und dem Zurückbleiben der Kontenzahl bei der Reichsbank hinter der anderer Giroorganisationen verlagerten sich die gegenseitigen Beziehungen auf eine andere Ebene. Denn der Zahlungsverkehr für Nichtbanken verlor bei der Reichsbank an Bedeutung. Die Ursachen waren einmal in der Erweiterung des am Scheck- und Überweisungsverkehr teilnehmenden Publikums zu sehen — auch Mittel- und Kleinbetriebe aus Industrie, Handwerk und Handel ließen sich Konten, und zwar bei übrigen Instituten eröffnen — zum anderen in der zunehmenden Wichtigkeit der volkswirtschaftlichen Aufgaben, die die Reichsbank als Bank der Banken und als fast alleinige Notenbank zu erfüllen hatte.

Mit der Zunahme der Kontenzahl und des bargeldlosen Zahlungsverkehrs in den Instituten außerhalb der Notenbank erweiterte sich auch der von der Reichsbank vorgenommene zwischenbetriebliche Zahlungsausgleich. Da aber gleichzeitig die Ausdehnung und Dichte der übrigen Gironetze wuchs und ein immer größerer Teil der Zahlungen im System ausgeglichen wurde[127], entstand jetzt ein gewisses Konkurrenzverhältnis zwischen der Reichsbank und den übrigen Girosystemen bei der Verrechnung der Zahlungen von der Kontostelle des Auftraggebers an die Kontostelle des Begünstigten, jedoch mit dem Unter-

---

[126] Eine Ursache hierfür ist auch in der Tatsache zu sehen, daß z. B. die Filialgroßbanken die Zahlungsverkehrsguthaben verzinsten. Dadurch zogen sie viele Sichteinlagen von der Reichsbank ab. Vgl. Döring, Franz, Rückblick auf die Zeit vor dem Kriege und im Kriege, Ref. III/1, in: Untersuchung des Bankwesens 1933, Berlin 1933, I. Teil, Bd. 2, S. 143 f.

[127] Welcher Teil davon wiederum kreditmäßig (geldschöpfungsmäßig) im Gironetz bedeutsam ist, wird noch zu zeigen sein.

schied, daß die Deutsche Reichsbank, später die Bank deutscher Länder mit den Landeszentralbanken und jetzt die Deutsche Bundesbank den Ausgleich zwischen allen Instituten vornehmen konnten und können, während bei den übrigen Netzen in der Regel beide Kontostellen dem System angeschlossen sein müssen.

Wir hatten bereits gesehen, daß man ursprünglich bei der Förderung aller Einrichtungen des bargeldlosen Zahlungsverkehrs nur die rationellere Ausnutzung der vorhandenen Bargelder und die Schonung der Golddeckung bedachte. Das änderte sich aber in den Jahren nach dem ersten Weltkrieg, nachdem auch in der Literatur das Problem der Giralgeldschöpfung erörtert worden war[128]. Die Kreditinstitute können durch Kreditgewährung über die reale Kaufkraft hinaus auch formale Kaufkraft schaffen[129]. In einem Aufsatz wies F. Dreyse[130] im Jahre 1927 auf die Gefahren aus der Zunahme des bargeldlosen Zahlungsverkehrs hin. Die Schranken für die Kreditexpansion der privaten Banken, d. h. der Kreditinstitute außerhalb der Notenbank, die darin bestehen, daß ein Teil der gewährten Kredite in Form von Bargeld in den Verkehr fließt, werden durch den zunehmenden Giralgeldverkehr „immer weiter hinausgeschoben“. Die Kreditinstitute erhielten dadurch allmählich in großem Maße die Möglichkeit zur Kreditausdehnung, d. h. zur Geldschöpfung, insbesondere zur Giralgeldschöpfung. Die Nichtnotenbanken können das Kreditvolumen sehr stark ausdehnen und damit unter Umständen Wirkungen auf das Preisniveau und die Wechselkurse hervorrufen.

Eine Möglichkeit zu Eingriffen in die Zahlungsverkehrsorganisation im deutschen Bankwesen schuf der Gesetzgeber im Jahre 1934, noch unter dem Eindruck der Bankenkrise von 1931 und unter Verwertung des in der Banken-Enquête von 1933 gesammelten Materials, mit dem § 28 des Reichsgesetzes über das Kreditwesen[131]. Danach[132] ist das

---

[128] Vgl. z. B. Hahn, L. Albert, Volkswirtschaftliche Theorie des Bankkredits, Tübingen 1920 (1. Aufl.); Phillips, Chester Arthur, Bank Credit, New York 1920 und schon vorher Macleod, Henry Dunning, Artikel „Credit“, in: A Dictionary of Political Economy, Vol. I, London 1863, S. 567 f.; ders., The Theory of Credit, 2. Ed., in 2 Vol., Vol I, London 1893, Vol. II, Part I, London 1894, Vol. II, Part II, 1. Ed., London 1891.

[129] Vgl. Schulze-Gaevernitz, G. von, Die deutsche Kreditbank, a. a. O., S. 47.

[130] Vgl. Dreyse, F., Strukturveränderungen des Zahlungsverkehrs, in: Bankarchiv, 26. Jg., 1926/1927, S. 493 ff.

[131] RGBl. I S. 1203, Gesetz vom 5. Dezember 1934.

[132] Nach der Fassung vom 25. September 1939 (RGBl. I S. 1955) und den beiden Verordnungen zur Änderung des Gesetzes über das Kreditwesen vom 23. Juli 1940 (RGBl. I S. 1047) und vom 18. September 1944 (RGBl. I S. 211) das Reichsbankdirektorium im Einvernehmen mit dem Reichswirtschaftsminister.

Aufsichtsamt für das Kreditwesen ermächtigt, Vorschriften zur Regelung des unbaren Zahlungsverkehrs zu erlassen. Der Wortlaut des § 28 Ziff. 1[133] ließ bereits Vorschriften zu, die die beschriebene Selbständigkeit der Girosysteme bei der Abwicklung des bargeldlosen Zahlungsverkehrs und damit auch ihre Unabhängigkeit bei der Kreditgewährung, wie man sie bis zur Wirtschaftsdepression hin empfunden hatte, beschränken sollten. Die schärfste Form der Einflußnahme sieht die Ziffer 2 des § 28 vor: „In den Vorschriften kann bestimmt werden, inwieweit der unbare Zahlungsverkehr nur über die Reichsbank, die bei der Reichsbank errichteten Abrechnungsstellen oder die Postscheckämter bewirkt werden darf. Für diesen Zweck können Bankbezirke gebildet werden."

Die bisherige Vorschrift, nämlich § 1 des Bankgesetzes vom 30. August 1924[134], mit dem der Reichsbank die Regelung des Zahlungsverkehrs zugewiesen wurde, war nach der damaligen Begründung zum § 28 KWG als ungenügend empfunden worden, besonders angesichts der zunehmenden Bedeutung der Girosysteme. Der § 28 des KWG ist jedoch zu Zeiten der Reichsbank nicht ausgenutzt worden. Die Zentralisation des bargeldlosen Zahlungsverkehrs im Sinne der Ziffer 2 des § 28 ist trotz der damals oft betonten angeblichen „Mißstände" nicht verwirklicht worden. Sewering sieht die Ursache dafür in der Geringschätzung des damaligen Staates gegenüber den Problemen des Geldwesens. So wurde auch die Durchführung des 1942 vorgelegten Gesetzentwurfs, der die Zusammenfassung des Überweisungsverkehrs vorsah, bis nach dem Ende des Krieges verschoben[135].

Die Abwicklungsformen des bargeldlosen Zahlungsverkehrs wurden nicht geändert, obwohl sich sogar im Mai des Jahres 1935 der Reichsbankdirektor Lübcke in seinem Vortrag über die „Probleme des bargeldlosen Zahlungsverkehrs" anläßlich einer Unterrichtswoche für Reichsbankbeamte sehr kritisch über die damalige Organisationsform und die möglichen Auswirkungen geäußert hatte. Wir wollen uns an die sinngemäße Zusammenfassung halten, die in der Zeitschrift „Sparkasse" gegeben wurde[136]. Durch die bereits erwähnte intensive Pro-

---

[133] § 28: (1) Das Aufsichtsamt ist ermächtigt, Vorschriften zur Regelung des unbaren Zahlungsverkehrs zu erlassen, insbesondere

a) zwischen den Mitgliedern der dem unbaren Zahlungsverkehr dienenden Verbände und sonstigen Einrichtungen (z. B. Girozentralen, genossenschaftlichen Zentralkassen und der ihnen angeschlossenen Kreditinstitute und dergleichen),

b) zwischen verschiedenen Kreditinstituten und zwischen den Hauptniederlassungen und Zweigstellen derselben Kreditinstitute untereinander.

[134] RGBl. II S. 235.

[135] Vgl. Sewering, Karl, Der Zahlungsverkehr, a. a. O., S. 60.

[136] Vgl. o. V., Probleme des bargeldlosen Zahlungsverkehrs, in: Sparkasse, 55. Jg., Heft 15, 1. August 1935, S. 293.

paganda der Reichsbank für den Buchgeldverkehr wurde die Entstehung und die Ausweitung der übrigen Zahlungsverkehrsnetze der Banken, Sparkassen und Genossenschaften neben der Reichsbank und dem Postscheckinstitut gefördert, so daß die Stellen außerhalb der Reichsbank einen wachsenden Anteil der giralen Zahlungen aufweisen. Entgegen der ursprünglichen Annahme der Reichsbank wurde der Giralgeldverkehr nicht nur auf der Grundlage der eingezahlten Beträge abgewickelt, vielmehr wurden zusätzliche Giroguthaben geschöpft. Diese damit verbundene währungs- und kreditpolitische Gefahr ist dann noch höher, wenn der Überweisungsverkehr dem Scheckverkehr vorgezogen wird, da dieser von vornherein eine erhöhte Liquiditätsvorsorge bei der Reichsbank bedingt[137].

Der Reichsbank und damit keinem anderen Kreditinstitut steht die Schaffung von Geld und auch von Buchgeld zu, da die Notenbank zum Schutz der Währung verpflichtet ist. Sie muß daher Einfluß auf die Ansammlung von Zahlungsverkehrsgeldern, die Durchführung von Buchgeldzahlungen und die Schöpfung von Giralgeld haben. Aus diesem Grunde ist der Zahlungsverkehr wieder mehr über die Reichsbank zu leiten.

Für eine ähnliche Forderung, nämlich den gesamten interlokalen Buchgeldverkehr über die Reichsbank vorzunehmen, trat auch Steuer ein. Die Reichsbank sollte nach seiner Meinung an die Stelle der übrigen Gironetze treten[138]. Demgegenüber betonte Schoele[139], daß die Reichsbank mit ihren 456 Niederlassungen kaum zu einer Übernahme des zwischenörtlichen Abrechnungsverkehrs in der Lage wäre. Nach

---

[137] Für Scheckzahlungen brauchen keine höheren Liquiditätsreserven gehalten zu werden als für Überweisungen. Wenn die Schecks im Gegensatz zu den Überweisungen vorzugsweise über die Notenbank vorgelegt werden, sind bei dieser Stelle die flüssigen Mittel zu unterhalten. Vgl. dazu o. V., Probleme des bargeldlosen Zahlungsverkehrs, a. a. O., S. 300. Für die systembedingte Geldschöpfungsfähigkeit der Zentralen ist der Verrechnungsweg allerdings von Interesse. Nach Eisfelds Meinung können Leistungen des Spargiroverkehrs nicht durch die seit einiger Zeit auftretenden Strömungen gegen den Überweisungsverkehr geschmälert werden. Die stark betonte „Kreditschöpfungstheorie" hat gewisse Bedenken gegen den nicht über das Zentralbanksystem laufenden Giroverkehr hervorgerufen. Außerdem neigt man mehr zum Scheck, obwohl die Überweisung das rationellere Zahlungsmittel darstellt, zum anderen werden die Gefahren der „Kreditschöpfung", auch angesichts der sie begrenzenden Mittel, überschätzt. Vgl. Eisfeld, Curt, Artikel „Sparkassen", in: Handwörterbuch der Sozialwissenschaften, zugleich Neuauflage des Handwörterbuch der Staatswissenschaften, Bd. 9, Stuttgart-Tübingen-Göttingen 1956, S. 674.

[138] Vgl. Steuer, Paul, Die Zukunft des unbaren Zahlungsverkehrs in Deutschland, Stuttgart und Berlin 1937.

[139] Vgl. Schoele, Otto, Die Zukunft des unbaren Zahlungsverkehrs. Eine kritische Stellungnahme, in: Zahlungsverkehr und Bankbetrieb, 20. Jg., 1938, Nr. 3, S. 45 ff.

seiner Meinung könnte die Reichsbank nicht alle Funktionen der Gironetze erfüllen. Sie wäre nicht in der Lage, mit den Leistungen z. B. des Spargirosystems zu konkurrieren. Es bestände vor allem die Gefahr, daß die Notenbank ihre übergeordnete Stellung allmählich verlieren würde, insbesondere bei einem Ausbau ihrer Organisation. Statt eines „Monopols" der Reichsbank für den Fernabrechnungsverkehr schlug Schoele verstärkte statistische Tageskontrollen des gesamten bargeldlosen Zahlungsverkehrs vor, also auch der sonst nicht erfaßten örtlichen Verrechnungen[140]. Als unrealistisch, auch wenn man an die Erhaltung des vorhandenen Kreditsystems denkt, mußte das damals zum Teil geäußerte Verlangen gelten, den gesamten bargeldlosen Zahlungsverkehr bei der Reichsbank zu zentralisieren. Das würde möglicherweise bedeutet haben, daß die Notenbank den Kreditverkehr mit übernehmen müßte oder aber daß sie den Banken und Sparkassen Mittel für deren Kreditgeschäfte zur Verfügung zu stellen hätte[141].

Eine Regelung des bargeldlosen Zahlungsverkehrs ist jedoch erst nach dem letzten Weltkrieg durchgeführt worden, sie wurde aber inzwischen auch rechtlich wieder rückgängig gemacht, nachdem sie praktisch wegen der Großbankenreorganisation (für den Bereich der Westzonen) schon vorher nicht mehr zu verwirklichen war. Diese Bestimmung verbot, wie wir bereits erwähnt haben, den Überweisungsverkehr aus Aufträgen Dritter, soweit er über die Grenzen der deutschen Länder hinausging, im eigenen System zu verrechnen. Vielmehr mußte dieser Überweisungsverkehr über die Landeszentralbanken abgewickelt werden[142, 143]. Die Überweisungsgegenwerte konnten als Ausnahme auch von den regionalen Zentralinstituten angeschafft werden. Ferner durften die Gutschriftsformulare wie bisher unmittelbar von Kreditinstitut zu Kreditinstitut geschickt werden, sofern nur die Verrechnung über die Landeszentralbanken und die Bank deutscher

---

140 Vgl. ebda, ferner: Schoele, Otto, Die Kontrolle des bargeldlosen Zahlungsverkehrs, in: Zahlungsverkehr und Bankbetrieb, 17. Jg., 1935, Nr. 5, S. 93 ff.

141 Vgl. Wrede, Victor, Die Geldschöpfung des Kreditwesens und ihre Kontrolle durch die Notenbank, in: Zahlungsverkehr und Bankbetrieb, 18. Jg., 1936, Nr. 1., S. 4.

142 Vgl. Art. III Ziffer 12 BdL-Gesetz, Verordnung Nr. 129 der britischen Militärregierung in der Fassung von 1949, Gesetz Nr. 60 der amerikanischen Militärregierung und Verordnung Nr. 203 der französischen Militärregierung:

„a) Die Bank übernimmt und bewirkt den gesamten bankmäßigen Überweisungsverkehr, der aus Aufträgen Dritter herrührt und über die Landesgrenzen hinausgeht. Dieser Überweisungsverkehr ist von den Kreditinstituten über ihre Konten bei den Landeszentralbanken abzuwickeln.

b) Die Bank kann Ausnahmen hiervon zulassen."

143 Vgl. dazu auch Sewering, Karl, Sicherung der Kreditpolitik durch Einschaltung des Zentralbanksystems in den Zahlungsverkehr, in: Zeitschrift für Betriebswirtschaft, 21. Jg., 1951, I. Teil, S. 79 ff.

Länder erfolgte[144]. Mit jener Vorschrift ist praktisch der § 28 Ziff. 2 des KWG verwirklicht worden. Rechtlich erfolgte der ausführende Beschluß des Zentralbankrats auf der Grundlage des Artikels III Ziffer 12a BdL-Gesetz. Diese Regelung entspricht jedoch den in § 28 KWG vorgesehenen Möglichkeiten. Es waren sowohl die Notenbankstellen (Landeszentralbanken) in den Überweisungsverkehr eingeschaltet als auch die vorgesehene Bildung von Bankbezirken mit der Angabe der Länder verwirklicht worden[145]. Es handelt sich danach um eine Maßnahme der Notenbank und nicht nur ein Vorgehen der Bankenaufsicht.

Wie wir schon angedeutet haben, wurden diese Vorschriften mit dem Gesetz über die Deutsche Bundesbank wieder aufgehoben. Die Maßnahmen bezogen sich aber dem Wortlaut des Artikels III Ziff. 12 nach nur auf den Überweisungsverkehr. Der Scheckeinzug ist im Jahre 1950 neu geordnet worden. Grundlage für dieses seitdem übliche vereinfachte Scheckeinzugsverfahren der Landeszentralbanken ist der § 15 der Gesetze über die Errichtung der Landeszentralbanken[146]. Da es auf Grund der Formulierung dieses Paragraphen, insbesondere des Anfangs: „Die LZB dient als zentrale Abrechnungsstelle ...“, zweifelhaft war, ob es sich um eine Muß- oder Kannvorschrift handelt, ist von der „Arbeitsgemeinschaft deutscher Sparkassen- und Giroverbände und Girozentralen“ ein Gutachten zur Rechtslage eingeholt worden. Dort wurde die Auffassung vertreten, daß die Landeszentralbanken den Banken und Sparkassen ihre Einrichtungen und Dienste nur zur Verfügung stellen, daß aber eine Verpflichtung nicht besteht, Schecks auf Kreditinstitute in anderen Ländern einzig über die Landeszentralbanken einzuziehen. Das kommt auch in der BdL-Mitteilung über den unbaren Zahlungsverkehr zum Ausdruck[147].

---

[144] Vgl. Sewering, Karl, Der Zahlungsverkehr, a. a. O., S. 64.

[145] Vgl. Pröhl, Hans, Lexikon des Kreditwesens, a. a. O., Bd. I, S. 387.

[146] Verordnung Nr. 132 der britischen Militärregierung, Gesetz Nr. 66 der amerikanischen Militärregierung und Verordnung Nr. 209 der französischen Militärregierung, § 15:

„a) Die LZB dient als zentrale Abrechnungsstelle für den gesamten bankmäßigen Überweisungs- und Scheckeinzugsverkehr zwischen den Kreditinstituten des Landes. Die Abrechnung zwischen den Ländern im Überweisungs- und Scheckeinzugsverkehr der LZB und der übrigen Kreditinstitute des Landes erfolgt über die BdL, bei welcher die LZB entsprechende Konten unterhält ...

b) Der Verwaltungsrat kann Anordnungen über die Organisation des Überweisungs- und Scheckverkehrs des Landes erlassen.“

Vgl. auch Sewering, Karl, Sicherung der Kreditpolitik durch Einschaltung des Zentralbanksystems in den Zahlungsverkehr, in: Zeitschrift für Betriebswirtschaft, 21. Jg., 1951, II. Teil, S. 165 ff.

[147] Mitt. Nr. 4002/50: „Ab Montag, den 10. Juli 1950, stellen die Landeszentralbanken ihre Einrichtungen den Kreditinstituten für eine Vereinfachung des Scheckeinzuges zur Verfügung ...“ Vgl. Sewering, Karl, Der Zahlungsverkehr, a. a. O., S. 65 f.

Die Einführung des vereinfachten Scheckeinzugsverfahrens diente vor allem dazu, die Laufzeit der Schecks zu verkürzen und damit die private Geldschöpfung außerhalb der Banken zu beschränken. Aus Gründen der Kreditpolitik und des Gläubigerschutzes sollte die Scheckmoral gehoben werden[148]. Eine Rolle mag auch der Gedanke gespielt haben, den Scheckverkehr mehr über die Notenbank abzuwickeln, obwohl, wie wir gesehen haben, der Anreiz zum Weiterleiten der Schecks im eigenen System nicht so groß ist wie bei Überweisungen und die Landeszentralbanken die Schecks den Bezogenen meistens direkt vorlegen. Im Gegensatz zu der Maßnahme gegen den Überweisungsverkehr ist das heute noch gültige Scheckeinzugsverfahren nicht direkt gegen die Zahlungsnetze gerichtet. Der § 28 des alten KWG als Rahmenvorschrift hatte zwar bis Ende 1961 noch Gültigkeit, aber eine Durchführungsordnung mit der Absicht, den systeminternen Zahlungsverkehr zu regeln, ist nicht erlassen worden und hätte auch den vorherigen Maßnahmen widersprochen. Das neue KWG vom 10. 7. 1961 (BGBl. I. S. 881) enthält keine Bestimmungen über den Zahlungsverkehr der Gironetze.

In den zitierten kritischen Ausführungen über den Buchgeldverkehr wurde neben der allgemeinen, durch den bargeldlosen Zahlungsverkehr bedingten Geldmengenvermehrung besonders die zusätzliche Geldschöpfungsfähigkeit der Gironetzmitglieder unterstellt, ohne die Ursachen und Grenzen genau untersucht zu haben[149].

Mit dieser Frage haben wir uns daher zu beschäftigen. Außerdem muß geprüft werden, ob die durchgeführten und zum Teil wieder aufgehobenen Eingriffe (Überweisungsverkehr nach Artikel III, Ziff. 12 BdL-Gesetz und Scheckeinzugsverfahren nach § 15 LZB-Gesetz) angesichts der Eigenart und Wirkungsweise der Girosysteme einen Erfolg aufwiesen und ob sie überhaupt die Selbständigkeit und Wirksamkeit der Gironetze und Teilsysteme beeinträchtigen konnten. Die Untersuchung muß sich auch auf die übrigen Maßnahmen der Notenbank gegenüber dem Mitgliedern der Girosysteme erstrecken.

---

[148] Vgl. ebda, S. 66 f.

[149] Vgl. ferner Wrede, Victor, Die Geldschöpfung des Kreditwesens und ihre Kontrolle durch die Notenbank, a. a. O., S. 3: Nach Wrede steigt die bankgeldschaffende Kraft eines Verrechnungssystems mit seinem Umfang und seiner Einheitlichkeit.

C. Der kreditpolitische Beziehungsbereich

I. Vorbemerkungen

Im Zusammenhang mit den Fragen des Zahlungsverkehrs und seiner Abwicklung in den Systemen sowie der Entwicklung der Netze haben wir schon mehrfach darauf hingewiesen, daß den Mitgliedern der Zahlungssysteme eine besondere Fähigkeit zur Geldschöpfung unterstellt wird, die die Wirksamkeit der Notenbankpolitik beeinträchtigen kann. Mit der Errichtung der Zahlungsverkehrsnetze müssen sich danach Möglichkeiten zur Kreditausdehnung ergeben, die einzelnen Instituten nicht offenstehen, die nicht im Sinne einer stabilisierenden Kreditpolitik der Notenbank sein können oder die sogar die Kreditpolitik der Systemmitglieder dem Einfluß der Notenbank entziehen. In der Literatur wird hauptsächlich diese Seite des Problems betont. Unausgesprochen ist dabei an den Aufschwung bis zur Hochkonjunktur und zur Krise (oberer Wendepunkt)[1] und die Möglichkeit des Antriebs durch die Girosysteme gedacht worden.

Die von uns zitierten Meinungen über die nachteiligen Wirkungen der Zahlungsnetze erscheinen uns aber zu einseitig. Man muß sich fragen, ob die als Gironetze fungierenden oder die in Girosystemen zusammengeschlossenen Kreditinstitute nicht in einer anderen Situation nützlich sein können, d. h. ob sie nicht in der Lage sind, einen zu starken Abschwung zu verhindern und die Depression in eine Erholung umzuwandeln. Es ist also zu untersuchen, ob sich die besondere Geldschöpfungsfähigkeit in diesem Fall nicht günstig auszuwirken vermag.

Wir dürfen aber, nachdem wir uns mit den beiden Zuständen des Ungleichgewichts beschäftigt haben, nicht den Fall eines Wachstums im Gleichgewicht übersehen: Stellen hier die Gironetze eine latente Gefahr dar? Damit kommen wir zu einem weiteren Fragenkreis. Ist es die

---

[1] Wir übernehmen folgende Einteilung der Konjunkturphasen: Prosperität (Aufschwung), Krise (oberer Wendepunkt), Depression (Niedergang) und Erholung, Wiederbelebung (unterer Wendepunkt). Vgl. Haberler, Gottfried, Prosperität und Depression, 2. Aufl., Tübingen-Zürich 1955 (Originaltitel: Prosperity and Depression — Prospérité et Dépression, übers. nach der 3., erw. Aufl. von Christof Reiner und H. G. Bieri), S. 258; Böhme, Rosemarie, Die Verhaltensweise der Kreditbanken, ungedr. Diss. Frankfurt/M. 1955, S. 31 f.

Institution der Girosysteme an sich oder ihr Verhalten, das Anlaß zu Maßnahmen der Notenbank bzw. des Gesetzgebers gibt?

Um die aufgeworfenen Fragen beantworten zu können, müssen wir uns zunächst mit der Geldschöpfung der Gironetzmitglieder befassen. Um ihre mögliche Höhe wie auch die Einschränkungen in ihrer Ausnutzung festzustellen, muß man allgemein von der Geldschöpfung ausgehen.

II. Die Geldschöpfung der als Girosysteme fungierenden oder der in Gironetzen zusammengeschlossenen Kreditinstitute

1. Die Geldschöpfung eines einzelnen Kreditinstituts

a) Der Begriff der Geldschöpfung

Diese Frage ist in der neueren Literatur häufig, wenn auch nicht immer übereinstimmend, behandelt worden. Wir brauchen daher nicht die Entwicklung der Lehre von der Geldschöpfung sowie der Kreditvermittlung in aller Ausführlichkeit zu verfolgen[2]. Uns interessiert hier die „banktheoretische Seite" der modernen Geldschöpfungstheorie, und zwar zunächst die Fähigkeit eines einzelnen Kreditinstituts zur Geldschöpfung[3].

Die Noten, Münzen und Zentralbankguthaben, sowie gelegentlich die Nostroguthaben der Kreditinstitute, bilden die Grundlage für das Depositenvolumen und die Geldschöpfung der Banken. Noten, Münzen und Zentralbankguthaben werden häufig ohne Einschränkung als Geld oder Notenbankgeld bezeichnet. Sie bilden aber nur dann einen Teil des Geldvolumens in der Volkswirtschaft, wenn sie sich im Besitz von Nichtbanken befinden. Die Kassenbestände, die Notenbank- und Nostroguthaben der Kreditinstitute stellen jedoch kein Geld dar. Auf diesen Liquiditätsreserven und zwischenbankmäßigen Zahlungsmitteln beruht das Kreditgeschäft und damit die Geldschöpfung der einzelnen Bank oder Sparkasse[4].

Unsere Untersuchung erstreckt sich hauptsächlich auf die aktive Geldschöpfung der Banken und Sparkassen. Aktiv bezieht sich dabei auf die

[2] Vgl. hierzu z. B. die ausführliche Untersuchung Feifels mit ihren zahlreichen Literaturhinweisen: Feifel, Hermann, Die Anwendbarkeit der modernen Kreditschöpfungslehre auf die besondere Art des Sparkassengeschäfts, Bd. 10 der Untersuchungen über das Spar-, Giro- und Kreditwesen, hrsg. von Fritz Voigt, Berlin 1959.

[3] Vgl. Feifel, Hermann, Die Anwendbarkeit der modernen Kreditschöpfungslehre ..., a. a. O., S. 21 f. u. 33 ff.

[4] Vgl. Gleske, Leonhard, Die Liquidität in der Kreditwirtschaft, a. a. O., S. 79; Stucken, Rudolf, Geld und Kredit, 2. Aufl., Tübingen 1957, S. 53 ff.

Mitwirkung der Institute durch Kreditgewährung. Der teilweise verwendeten Trennung in ursprüngliche und abgeleitete Depositen[5] bzw. in aktive und passive Giralgeldschöpfung[6] können wir hier nicht folgen, da eine derartige Betrachtung die unmittelbare Aktivierung von Noten und Münzen ausschließt. Durch viele Kredite werden aber — ohne Umweg über Buchgeld oder ohne daß tatsächlich Buchgeld geschaffen wird — Noten und Münzen in den Verkehr gegeben[7].

Welche der von Nichtbanken bei Kreditinstituten unterhaltenen Einlagen sind als Geld anzusehen? Wir kennen folgende Einlagenarten: Sichteinlagen, Termineinlagen, und zwar Kündigungs- und Festgelder, sowie Spareinlagen. Im allgemeinen werden Sichtguthaben im Besitz von Nichtbanken als Geld angesehen. Dem hält z. B. Feifel[8] entgegen, daß Sichtdepositen und Geld nicht in jedem Fall identisch sind, weil Sichteinlagen mit einer Umlaufsgeschwindigkeit nahe oder gleich null nicht mehr zu Zahlungszwecken gebraucht werden: Sie stellen im Gegensatz zu Sichteinlagen mit „normaler" Umlaufsgeschwindigkeit inaktives „Geld" dar. Diese Trennung ist theoretisch möglich und notwendig, jedoch praktisch nicht immer durchführbar, weil der Begriff „normale Umlaufsgeschwindigkeit" nicht exakt „quantitativ-statistisch" bestimmbar ist[9].

Deshalb muß häufig der Einfachheit halber über diesen Unterschied hinweggesehen und von den Sichteinlagen angenommen werden, daß sie umlaufen und dem Zahlungsverkehr gewidmete Bankguthaben sind[10]. Wir stehen jetzt noch vor der Frage, wie wir in diesem Zu-

---

[5] Vgl. Phillips, Chester Arthur, Bank Credit, New York 1920, S. 33 ff.; Halm, George N., Geld, Außenhandel und Beschäftigung (Economics of Money and Banking, übers. von Walter Diehm), 3. Aufl., München 1957, S. 68 ff.

[6] Vgl. Schneider, Erich, Einführung in die Wirtschaftstheorie, III. Teil, Geld, Kredit, Volkseinkommen und Beschäftigung, 7. Aufl., Tübingen 1962, S. 28 ff.

[7] Vgl. hierzu Feifels Kritik an der Theorie der ausschließlich giralen Geldschöpfungsfähigkeit der Banken: Feifel, Hermann, Die Anwendbarkeit der modernen Kreditschöpfungslehre ..., a. a. O., S. 37 ff.

[8] Ebda, S. 69 f.

[9] Ebda, S. 70, Anm. 165 und S. 75, Anm. 178. Dazu ist noch zu sagen, daß wir genau genommen nur die Konten aussondern können, deren Einlagen überhaupt oder fast überhaupt nicht bewegt werden. Dagegen läßt sich das nicht durchführen für einen Teil einer Sichteinlage, etwa den sogenannten „Bodensatz", weil wir auf den Kontokorrentkonten und den wie Kontokorrentkonten geführten Girokonten nicht in früher oder später ein- bzw. ausgegangene und stillgelegte Beträge trennen können. Vgl. ferner Rittershausen, Heinrich, Bankpolitik, Eine Untersuchung des Grenzgebiets zwischen Kredittheorie, Preistheorie und Wirtschaftspolitik, Frankfurt/M. 1956, S. 104; ders., Die Zentralnotenbank, Ein Handbuch ihrer Instrumente, ihrer Politik und ihrer Theorie, Frankfurt/M. 1962, S. 221.

[10] Vgl. Stucken, Rudolf, Geld und Kredit, 2. Aufl., a. a. O., S. 55 und 59. Stucken rechnet zur Geldmenge: „Bargeldumlauf außerhalb der Banken +

sammenhang die Termin- und Spareinlagen beurteilen sollen. Wie Schneider, Stucken und Lierow wollen wir sie nicht in die aktive Geldmenge einbeziehen[11]. Bei den Termindepositen verzichtet der Einleger für eine gewisse Zeit auf die Verfügung. Damit verliert diese Einlageart die „normale“, für Sichteinlagen oder Bargeld übliche Umlaufsgeschwindigkeit, sie sinkt vorübergehend auf null. Wenn nach Ablauf der Anlagezeit oder der Kündigungsfrist wieder über die Termineinlage verfügt wird, gewinnt sie ihren aktiven Geldcharakter zurück. Ebenso verlieren mit der Einzahlung oder Übertragung auf ein Sparkonto das Bargeld und die Giroeinlagen ihre typische Umlaufsgeschwindigkeit. Damit ist aber noch nicht gesagt, daß Spareinlagen kein aktives Geld sind, denn sie können eine für sie typische Umlaufsgeschwindigkeit besitzen. Den Spareinlagen wird jedoch nach § 21 KWG[12] eine ganz andere Aufgabe zuerteilt. Sie dienen nicht den Zwecken des Zahlungsverkehrs, sondern der Anlage und haben nur nach der Rechnungseinheit Bezug zum Geld, ohne gesetzlich seine Funktion zu besitzen. Beträge über und unter DM 1000,— müssen im Gegensatz zu Gleskes Auffassung[13] erst in Geld zurückverwandelt bzw. aktiviert werden, damit man sie für Zahlungen verwenden kann.

Wie verhalten sich nun die beiden Ausdrücke Kreditschöpfung und Geldschöpfung zueinander? In der Literatur[14] werden diese Begriffe

---

Sichteinlagen von Nichtbanken bei den Kreditinstituten“ (S. 59); Lierow, Hans-Joachim, Der Geldschöpfungskoeffizient der Kreditbanken in der Bundesrepublik, Berlin 1957, S. 15.

[11] Vgl. Schneider, Erich, Einführung in die Wirtschaftstheorie, III. Teil, 7. Aufl., a. a. O., S. 55; Stucken, Rudolf, Geld und Kredit, 2. Aufl., a. a. O., S. 59; Lierow, Hans-Joachim, Der Geldschöpfungskoeffizient der Kreditbanken in der Bundesrepublik, a. a. O., S. 15.

[12] BGBl. I, S. 881. Im alten KWG, RGBl. I, S. 1203, war es der § 22.

[13] Vgl. Gleske, Leonhard, Die Liquidität in der Kreditwirtschaft, a. a. O., S. 17 ff.

[14] Ausführlich unterrichtet uns Feifel über die Identifizierung und die Unterscheidung der Kredit- und Geldschöpfung in der Literatur. Vgl. Feifel, Herrmann, Die Anwendbarkeit der modernen Kreditschöpfungslehre . . ., a. a. O., S. 25 ff. Feifel selbst spricht von Kreditschöpfung und bezeichnet damit den Sachverhalt, daß Banken autonom Zahlungsmittel schaffen können. (S. 21 ff.) Schneider verwendet in der Hauptsache den Begriff Giralgeldschöpfung. Vgl. Schneider, Erich, Einführung in die Wirtschaftstheorie, III. Teil, 7. Aufl., a.a.O., S. 24 ff. Stucken entwickelt den Geldschöpfungskoeffizienten, spricht von der Schöpfung des Giralgeldes, zusätzlichen Krediten und der Geld- und Kreditschöpfung der Kreditbank. Vgl. Stucken, Rudolf, Geld und Kredit, 2. Aufl., a. a. O., S. 57 ff. Lierow trennt dagegen den Geldschöpfungskoeffizienten vom Kreditschöpfungskoeffizienten. Er erfaßt mit seinem Geldschöpfungskoeffizienten die zusätzliche Geldschöpfung (durch zusätzliche Kreditgewährung und durch Abnahme der befristeten Einlagen), mit seinem Kreditschöpfungskoeffizienten die zusätzliche Geldschöpfung durch zusätzliche Kreditgewährung und die kompensatorische Geldschöpfung durch kompensatorische Kreditgewährung. Vgl. Lierow, Hans-Joachim, Der Geldschöpfungskoeffizient der Kreditbanken in der Bundesrepublik, a. a. O., S. 41 ff.

zum Teil synonym, zum Teil aber auch mit verschiedenem Inhalt gebraucht. Feifel sieht die „Lehre von der Kreditschöpfung" im ursprünglichen Sinne als „die Theorie von der Fähigkeit auch der ‚privaten' Banken, Geld bzw. Kredit zu schöpfen"[15] an, im Gegensatz zur „Kreditvermittlung"[16], bei der die Banken Geld, das ihnen im Einlagengeschäft oder auf Grund einer Refinanzierung zugeflossen ist, an den Kreditnehmer weiterleiten. Hellwig definiert „mit dem üblichen Sprachgebrauch Kreditschöpfung als Kreditgewährung mittels Geldschöpfung und Kreditvermittlung als Weiterverleihung fremder Mittel"[17].

Welche Ausdrucksweise ist nun vorzuziehen? Aus mehreren Gründen wollen wir den Begriff Geldschöpfung, nicht aber die Bezeichnungen Kreditschöpfung bzw. Kreditvermittlung verwenden. In Anlehnung an Stucken soll zwischen der zusätzlichen und der kompensatorischen Geldschöpfung unterschieden werden[18]. Nach unserer Meinung drückt das Wort Geldschöpfung besser als Kreditschöpfung und Kreditvermittlung aus, daß Geld zur Verfügung gestellt wird. Daher ist es auch nicht zweckmäßig, die Kreditschöpfung so zu definieren, daß mehr neue Kreditbeziehungen geschaffen als alte vernichtet werden[19]. Das wäre sogar schon eine zusätzliche Kreditschöpfung. Der Kredit ist nur das Mittel, mit dessen Hilfe Verfügungsmacht über die Sozialleistung erworben wird. So benutzt Voigt den Ausdruck Kreditschöpfung auch nur, weil er allgemein gebräuchlich ist[20]. Kredit kann nicht in jedem Fall mit Geld identifiziert werden, man denke nur an den Avalkredit.

Aus diesen Gründen soll die Schaffung zusätzlichen Geldes als zusätzliche Geldschöpfung bezeichnet werden. Von einer Weiterleitung fremder Mittel kann auch nicht gesprochen werden. Die Einlagen stehen den Kunden zu, die Münzen, Noten, Zentralbank- und Nostroguthaben zu-

---

[15] Feifel, Hermann, Die Anwendbarkeit der modernen Kreditschöpfungslehre ..., a. a. O., S. 21 ff.

[16] Ebda, S. 47.

[17] Hellwig, Hans, Kreditschöpfung und Kreditvermittlung, Stuttgart 1958, S. 33.

[18] Vgl. Stucken, Rudolf, Geld und Kredit, 2. Aufl., a. a. O., S. 70 ff.; diese Terminologie erkennt Feifel auch an, verwendet sie aber nicht weiter. Vgl. Feifel, Hermann, Die Anwendbarkeit der modernen Kreditschöpfungslehre ..., a. a. O., S. 45 Anm. 104, S. 69 Anm. 164, S. 71 Anm. 166, S. 73 Anm. 170 und 171. Danach ist Feifels Begriff „Kreditvermittlung" dem der „kompensatorischen" Geldschöpfung verwandt (Anm. 170) und sein Begriff „Kreditschöpfung" entspricht der „zusätzlichen" Geldschöpfung (Anm. 171).

[19] Vgl. Feifel, Hermann, Die Anwendbarkeit der modernen Kreditschöpfungslehre ..., a. a. O., S. 74.

[20] Voigt schreibt: „Dabei muß man aber beachten, daß durch die Tätigkeit der Kreditbanken eigentlich nicht der „Kredit" neu geschöpft wird, sondern Verfügungsmacht über die Sozialleistung, im Idealfall über die volkswirtschaftliche Leistungsreserve." Voigt, Fritz, Der volkswirtschaftliche Sparprozeß, Berlin 1950, S. 224 Anm. 5.

nächst dem jeweiligen Kreditinstitut. Mit einer Kreditgewährung und -inanspruchnahme gehen die Noten und Münzen auf die Kreditnehmer über oder die Begünstigten werden Gläubiger einer Forderung gegen die Bank oder Sparkasse.

Nach Feifels Aussage sind die Banken und Sparkassen kreditvermittelnd tätig, wenn sie das im Einlagengeschäft oder auf Grund einer Refinanzierung zugeflossene Geld weiterleiten[21]. Solange man diese Theorie noch als zutreffend ansieht, wäre es genauer, von Geldvermittlung zu sprechen. Tatsächlich wird nach der von uns verwendeten Gelddefinition und der von Feifel für das Buchgeld gegebenen Begriffsfassung — normale Umlaufsgeschwindigkeit bzw. Verwendung für Zahlungszwecke —[22] durch die Kreditgewährung kein Geld weitergeleitet. Denn bei jeder Bareinzahlung auf Sicht-, Termin- oder Spareinlagenkonto verlieren die Noten und Münzen definitionsgemäß ihre Geldfunktion. Sie werden Liquiditätsreserven der Kreditinstitute. Entsprechendes gilt, wenn die Einlage durch Überweisung eingeht. Die Zentralbank- oder Nostroguthaben dienen dabei nur als Übertragungsmedium. Sie übernehmen für die Bewegungszeit den Charakter des Kontos, von dem die Zahlungen ausgehen. Die Sichteinlage hat jetzt die Geldfunktion übernommen. Wenn auf Termin- oder Spareinlagenkonto eingezahlt oder über eine Sichteinlage längere Zeit nicht weiter verfügt wird, findet eine Geldstillegung statt. Werden Termin- oder Spareinlagen auf ein anderes Kreditinstitut übertragen, so ist der erwähnte Vorgang bereits vorher eingetreten. Auch durch eine Refinanzierung bei der Notenbank, den Zentralen des eigenen Systems oder bei Korrespondenzbanken fließt dem jeweiligen Kreditinstitut kein Geld, sondern nur eine Liquiditätsreserve zu, meist in Form von Guthaben, die in Noten und Münzen umwandelbar sind. Welches Geld wird also weitergeleitet? Da nur die täglich fälligen Depositen mit normaler Umlaufsgeschwindigkeit, die aber im Besitz der ursprünglichen oder neuen Einleger verbleiben, die Funktion des Geldes besitzen, wird den Kreditnehmern kein bestehendes Geld zur Verfügung gestellt. In jedem Fall wird bei der Kreditgewährung Geld geschaffen[23], und zwar meistens als Sichteinlage, aber auch durch Aktivierung von Noten und Münzen. Gegen diese Auffassung wendet Feifel ein, daß sie zwar formal richtig sei, aber im Grunde nur eine

---

[21] Vgl. Feifel, Hermann, Die Anwendbarkeit der modernen Kreditschöpfungslehre ..., a. a. O., S. 47.

[22] Vgl. Feifel, Hermann, Die Anwendbarkeit der modernen Kreditschöpfungslehre ..., a. a. O., S. 40 f.

[23] Vgl. z. B. Preiser, Erich, Geldschöpfung oder Sparen?, in: Jahrbücher für Nationalökonomie und Statistik, Bd. 162, 1950, S. 251; abgedruckt in: Preiser, Erich, Bildung und Verteilung des Volkseinkommens. Gesammelte Aufsätze zur Wirtschaftstheorie und Wirtschaftspolitik, Göttingen 1957, S. 71.

andere Terminologie[24] als die Kreditvermittlungstheorie zur Darstellung desselben Sachverhalts benutze und damit nichts Neues enthalte. Da das Geld vernichtet wurde, kann es nicht einfach auf dem Kreditwege weitergeleitet werden, sondern es muß seine Geldfunktion zurückerhalten. Das geschieht, wenn die Kreditnehmer nach einer Kreditgewährung über ihre Beträge bar oder giral verfügen. Gegenüber dem Zeitpunkt direkt vor der Krediteinräumung und Verfügung wird die aktive Geldmenge sogar vermehrt, wenn in der Volkswirtschaft keine weiteren Geldschöpfungs- und -vernichtungsvorgänge stattfinden. Die vorherige Geldstillegung ist dadurch aber nur kompensiert worden[25]. Wir sehen daraus, daß der Bezugspunkt wichtig ist für die Entscheidung, ob die aktive Geldmenge gestiegen ist. Man kann auch nicht allgemein sagen, daß „ein Kredit, der auf einer durch Geldinaktivierung ... entstandenen Überschußreserve basiert", nur kompensatorisch wirkt[26]. Einmal ist dabei wieder der zu vergleichende Zeitpunkt entscheidend. Zum anderen erscheint es fraglich, ob man die Überschußreserven aus Geldstillegungen von den übrigen trennen kann.

Bei einer einzelnen Bank oder Sparkasse können in der Zeit zwischen der Geldvernichtung und der auf den entstandenen Überschußreserven beruhenden Kreditgewährung bereits andere Kredite auf der Grundlage „freier" Überschußreserven (zusätzliche Notenbankguthaben, die niemals stillgelegt wurden) gegeben sein, durch die die Geldvernichtung kompensiert und die Kaufkraftverminderung wieder ausgeglichen wird. Eine später vorgenommene Geldschöpfung, die nach der Kreditschöpfungs-Kreditvermittlungstheorie nur kompensatorisch sein kann, weil die dafür notwendigen Überschußreserven aus Geldvernichtungen resultieren, ist dann unter Umständen doch zusätzlich.

Außerdem ist anzunehmen, daß in der gesamten Volkswirtschaft gleichzeitig viele Geldschöpfungen und -vernichtungen vor sich gehen, so daß nicht eindeutig gesagt werden kann, ob diese Geldschöpfung kompensatorisch ist, im Vergleich zu der Geldstillegung, aus der die Überschußreserven entstanden sind.

---

[24] Kreditvermittlung und Geldschöpfung (Kreditschöpfung) werden folgendermaßen beschrieben: Kreditvermittlung = Die Banken empfangen Geld und leihen es wieder aus. Geldschöpfung = „In eine Bank fließt Geld ein (‚Vorgang der Geldvernichtung'). Via Kredit leitet die Bank dieses Geld an andere Wirtschaftssubjekte weiter (‚Vorgang der Geldschöpfung')." Feifel, Hermann, Die Anwendbarkeit der modernen Kreditschöpfungslehre ..., a. a. O., S. 45.

[25] Vgl. zur kompensatorischen bzw. zusätzlichen Geldschöpfung: Stucken, Rudolf, Geld und Kredit, 2. Aufl., a. a. O., S. 70 ff.

[26] Vgl. Feifel, Hermann, Die Anwendbarkeit der modernen Kreditschöpfungslehre ..., a. a. O., S. 44.

Für den einzelnen Bankbetrieb wie für das gesamte Bankensystem ist es also nur möglich, die Höhe der Geldmenge zeitlich zu vergleichen und festzustellen, ob eine Geldvernichtung kompensiert wurde. Die Art der Geldschöpfung wird aber nicht von der Art der Überschußreserven bestimmt. Praktisch wird es sogar für eine Bank oder Sparkasse schwer sein, über den Charakter (zusätzlich oder kompensatorisch) eines bestimmten Kredites zu urteilen, denn gleichzeitige Geldstillegungen werden erst später erkennbar. Da sich nicht genau im voraus bestimmen läßt, welche Kreditgewährungen kompensatorisch und welche zusätzlich sind, erscheint es zweckmäßiger, von der Geldschöpfung, die je nach Vergleichspunkt zusätzlich oder kompensatorisch sein kann, und nicht von Kreditvermittlung und Kreditschöpfung zu sprechen.

Ob diese Geldschöpfung die Gesamtgeldmenge vermehrt und als wirksame Nachfrage auftritt, hängt von der Tendenz zur Geldvernichtung ab. Prozesse der Geldmengenverminderung können das Sparen bei den Kreditinstituten und die Rückzahlung von Krediten, ferner die Vermehrung der befristeten Einlagen sowie die entsprechende Herabsetzung der „normalen Umlaufsgeschwindigkeit" sein. Mit der Differenzierung in die zusätzliche und die kompensatorische Geldschöpfung können wir weitergehen und noch unterteilen in die zusätzliche oder die kompensatorische Geldschöpfung einer Bank bzw. Sparkasse und des gesamten Kreditinstitutssystems (einschließlich der Notenbank). Eine zusätzliche Geldschöpfung einer einzelnen Bank, Sparkasse oder einer Girosystemzentrale braucht sich gesamtwirtschaftlich noch nicht in einer Geldvermehrung zu äußern, sondern kann aufgehoben werden durch eine periodengleiche Geldvernichtung an anderer Stelle.

Wir können also zusammenfassend feststellen, daß jede Kreditgewährung eine Geldschöpfung darstellt, daß aber der Begriff der Geldschöpfung weiter ist und auch z. B. die Umwandlung von Termineinlagen in Buchgeld mit „normaler Umlaufsgeschwindigkeit" einschließt. Die Giralgeldschöpfung umfaßt nicht nur die Schaffung umlaufender Sichteinlagen und des zwischen Debitoren umlaufenden Buchgeldes, sondern auch die Aktivierung ruhender Einlagen für Zahlungszwecke. Bargeldschöpfung liegt vor, wenn Bargeld von der Zentralbank in den Umlauf außerhalb der Kreditinstitute gebracht wird, zweitens aber auch dann, wenn Noten und Münzen aus den Kassenbeständen der Kreditinstitute wieder aktiviert werden und in den Verkehr fließen. Meistens wird als Bargeldschöpfung nur der erste Fall angesehen, aber der zweite gehört ebenfalls dazu. Demgegenüber kann die Ausgabe von Noten und Münzen und die Zunahme der Zentralbankguthaben auf Grund einer Refinanzierung nicht als Geldschöpfung, sondern nur als Schöpfung von Liquiditätsreserven gelten.

b) Die Höhe der Geldschöpfung

Zunächst muß geklärt werden, ob eine einzelne Bank oder nur das gesamte Banksystem zur Geldschöpfung und dabei insbesondere zur Giralgeldschöpfung fähig ist. Wenn man nur die Geldschöpfung des gesamten Bankenapparates bejahen kann, braucht die Fähigkeit der einzelnen Mitgliedsstellen von Gironetzen zur Geldschöpfung nicht weiter untersucht zu werden.

Feifel widmet der Frage nach dem Träger der bankbetrieblichen Geldschöpfung breiten Raum[27], so daß wir uns kürzer fassen können. Zu den Vertretern der „Theorie der Kreditschöpfungsfähigkeit ausschließlich des gesamten Banksystems“[28] (wir würden sagen der Geldschöpfungsfähigkeit) wird auch Schneider gerechnet[29], der stets betont, daß die Kreditgewährung einer einzelnen Bank scharf getrennt werden muß von den Rückwirkungen dieser Vorgänge im Kreditbankensystem als Ganzem[30], und der nur die Giralgeldschöpfung aller Kreditinstitute außerhalb der Notenbank untersucht[29]. In seiner Kritik lehnt Feifel jedoch diese Theorie ab, weil sie Widersprüche enthält. Danach steht die These, daß eine einzelne Bank nur in dem Ausmaß der Überschußreserven Kredite gewähren könne, da mit dem Abzug der gesamten Überschußreserve in bar oder auf dem Überweisungswege auf Grund vollständiger Kreditinanspruchnahme zu rechnen ist[31], „unseres Erachtens völlig im Gegensatz zu den Grundgedanken der modernen Kreditschöpfungslehre. Der Grundgedanke der modernen Kreditschöpfungslehre, etwa in der Fassung Schneiders, besagt, eine Bank leihe bei der Kreditgewährung nicht ihr überschüssiges Zentralbankgeld aus, sie schaffe vielmehr selbst die Zahlungsmittel, die sie den Kreditnehmern gutschreibe“[32]. So kann der Eindruck entstehen, daß die Bank doch nicht mit selbstgeschaffenem Zahlungsmittel die Übertragungen bewirken kann. Wenn die Bank ihre Überschußreserve in bar oder auf dem Überweisungswege vollständig verliert, zahlt sie auch nicht mit selbstgeschöpftem Giralgeld, sondern mit wieder aktivierten Zentralbank- oder Nostroguthaben, die dann als Übertragungsmedien dienen. Trotzdem stellt der Vorgang nach unserer Definition eine Geldschöpfung dar, im Gegensatz zu den von uns nicht geteilten Auffassungen, die ihn nicht als Geldschöpfung, sondern

---

27 Vgl. Feifel, Hermann, Die Anwendbarkeit der modernen Kreditschöpfungslehre . . ., a. a. O., S. 51 ff.

28 Ebda, S. 52.

29 Vgl. Schneider, Erich, Einführung in die Wirtschaftstheorie, III. Teil, 7. Aufl., a. a. O., S. 41 ff.

30 Ebda, S. 41.

31 Ebda, S. 34 f.

32 Feifel, Hermann, Die Anwendbarkeit der modernen Kreditschöpfungslehre . . ., a. a. O., S. 53; vgl. auch Schneider, Erich, Einführung in die Wirtschaftstheorie, III. Teil, 7. Aufl., a. a. O., S. 40.

als Kreditvermittlung und damit als Weiterleitung von Geld ansehen[33]. Dieser Fall spricht aber zugleich gegen die Theorie der ausschließlich giralen Geldschöpfungstätigkeit der Banken.

In diesem Zusammenhang ist es zweckmäßig, noch auf einen weiteren häufig gemachten Einwand gegen die Darstellung des Geldschöpfungsprozesses und die Ableitung des Geldschöpfungsmultiplikators im gesamten Banksystem hinzuweisen[34], wie er bei Schneider, Samuelson und anderen zu finden ist[35].

Die Ableitung des Geldschöpfungskoeffizienten ist inkonsequent, weil „die Inanspruchnahme der durch Kreditgewährung entstandenen Sichteinlagen für Zahlungszwecke zu einem Abfluß von Zentralbankgeld in voller Höhe der Sichteinlage bei den einzelnen Banken führt, während es bei der Inanspruchnahme der durch Einzahlung entstandenen Sichteinlagen zu Zahlungszwecken offenbar zu ‚keinem' (im Orig. kursiv) Abfluß von Zentralbankgeld kommt (Schneider bezeichnet ja die durch Einzahlungen entstandenen Sichteinlagen als Geld. Stellen sie Geld dar, so muß auch notwendig über sie zu Zahlungszwecken verfügt werden.)"[36].

Im Durchschnitt wird die Art der Verfügung über die kreditär entstandenen und über die durch Einzahlung entstandenen Sichteinlagen nicht voneinander abweichen. Man darf daher die beiden Depositenarten nicht unterschiedlich behandeln[36]. Entweder wird so über sie beide verfügt, daß Zentralbankguthaben bzw. Kassenbestände aktiviert werden oder so, daß mit eigenem Geschäftsbankengeld gezahlt wird, oder aber als dritte Möglichkeit, daß teilweise beide Geldarten (Zentralbankgeld und Eigengiralgeld) verwendet werden. Schneiders Beweisführung läßt vermuten, daß über die ursprünglichen Einlagen nicht weiter verfügt wird. Denn sonst würde der jeweiligen Bank die Überschußreserve wieder verlorengehen, ohne daß eine Kreditgewährung stattfinden könnte.

---

[33] Vgl. Feifel, Hermann, Die Anwendbarkeit der modernen Kreditschöpfungslehre ..., a. a. O., S. 54 f. Zu der Argumentation Feifels ist zu sagen, daß die Banken selbst zwar kein „Zentralbankgeld" schaffen können, aber in der Lage sind, es zu aktivieren, d. h. ihm wieder eine Umlaufsgeschwindigkeit zu geben.

[34] Vgl. Neuhauser, Gertrud, Kritische Untersuchungen zur Kreditschöpfungslehre, in: Zeitschrift für die gesamte Staatswissenschaft, 108. Bd. 1952, S. 646 ff.; Mayer, Helmut, Die „multiple" Geldschöpfung der Banken, in: Zeitschrift für das gesamte Kreditwesen, 9. Jg., 1956, Heft 6, vom 15. März 1956, S. 185 ff.; Stucken, Rudolf, Geld und Kredit, 2. Aufl., a. a. O., S. 67 f.; Klepsch-Bodack, Hildegard, Der Geldschöpfungskoeffizient der Kreditbanken, Diss. Erlangen 1955, S. 41 ff.; Feifel, Hermann, Die Anwendbarkeit der modernen Kreditschöpfungslehre ..., a. a. O., S. 56 ff.

[35] Vgl. Schneider, Erich, Einführung in die Wirtschaftstheorie, III. Teil, 7. Aufl., a. a. O., S. 41 ff.; Samuelson, Paul A., Volkswirtschaftslehre, (Originaltitel: Economics, New York 1955, übersetzt nach der 3. amerik. Aufl. von Wilhelm Hankel), 2. Aufl., Köln 1955, S. 290 ff.

[36] Feifel, Hermann, Die Anwendbarkeit der modernen Kreditschöpfungslehre ..., a. a. O., S. 57.

Wenn über die originären Guthaben nicht weiter verfügt wird, dann bedeutet das Geldstillegung, und eine Kreditgewährung wäre „keine zusätzliche, sondern eine kompensatorische" Geldschöpfung[37], jedenfalls solange man dieses Modell isoliert betrachtet.

Die Beweisführung bei der Theorie der Geldschöpfungsfähigkeit ausschließlich des gesamten Banksystems ist also anfechtbar. Im Bankensystem findet keine multiple Geldschöpfung statt. Zum anderen geht schon aus der Kritik an jener These hervor, daß auch die einzelne Bank zur Geldschöpfung, d. h. zur Schaffung von in Umlauf gesetztem Giralgeld und zur Aktivierung von Bargeld fähig ist. In den kritisierten Fällen schöpft das jeweilige Kreditinstitut nur kompensatorisch Geld[38]. Es bleibt daher zu untersuchen, ob die einzelne Sparkasse oder Bank über die Überschußreserve hinaus Geld schöpfen kann.

Mit unserer Darstellung des Geldschöpfungsmultiplikators wollen wir Stuckens[39] Beweisführung folgen. Stucken setzt voraus, „daß nur eine einzige große Kreditbank existiert" und daß ein „gemischter Zahlungsverkehr" mit Bargeld- und Buchgeldumsätzen besteht[39]. Wichtig ist nämlich für den Beweis einer zusätzlichen Geldschöpfung einer einzigen Kreditbank das Bestehen eines bargeldlosen Zahlungsverkehrs. Damit unterscheidet sich Stucken von Gleske[40], der auch für eine ausschließlich barzahlende Wirtschaft eine zusätzliche Geldschöpfung zu beweisen glaubt.

Wenn man das Beispiel der Wirklichkeit weiter annähern und für die Depositen eine Mindestreservepflicht einführen würde, so könnte nicht einmal in voller Höhe der ursprünglichen Einzahlung Kredit eingeräumt und damit die Geldstillegung kompensiert werden.

Vorbedingung für eine Geldschöpfung[41] ist in einer Wirtschaft mit gemischtem Zahlungsverkehr das Vorhandensein oder die Beschaffungs-

---

[37] Stucken, Rudolf, Geld und Kredit, 2. Aufl., a. a. O., S. 67.

[38] Die kompensatorische Geldschöpfung kann für die Notenbank interessant werden, wenn sie den Umfang der Ausleihungen nicht nur bremsen, sondern auch noch zurückführen will.

[39] Vgl. Stucken, Rudolf, Geld und Kredit, 2. Aufl., a. a. O., S. 55 ff.

[40] Vgl. Gleske, Leonhard, Die Liquidität in der Kreditwirtschaft, a. a. O., S. 31 f. In diesem Modell werden auch Depositen unterhalten, aber über sie wird nicht auf dem Überweisungswege verfügt. Mit Einzahlungen auf Depositenkonten erhält die Bank nach Gleske Überschußreserven, auf deren Grundlage Kredit gewährt werden kann, und zwar zusätzlich zu dem bestehenden. Dagegen ist einzuwenden, was auch schon gegenüber den Verfechtern der multiplen Giralgeldschöpfungsfähigkeit ausschließlich des gesamten Banksystems vorgebracht wurde, nämlich, daß es sich nur um eine kompensatorische Geldschöpfung handelt, da einer Kreditgewährung und damit Aktivierung von Kassenbeständen eine Geldstillegung vorangeht. Vgl. hierzu die ausführliche Kritik Feifels an der These Gleskes: Feifel, Hermann, Die Anwendbarkeit der modernen Kreditschöpfungslehre ..., a. a. O., S. 60 ff.

[41] Vgl. Stucken, Rudolf, Geld und Kredit, 2. Aufl., a. a. O., S. 57 ff.

möglichkeit von Überschußreserven. Bei einer Kreditgewährung muß die Bank damit rechnen, daß ein Teil ihrer Kredite in bar abgehoben wird. Ferner muß sie in Ländern mit einer Mindestreservepflicht, wie z. B. in Westdeutschland, von den entstandenen Sichteinlagen, auch wenn sie als Giralgeld innerhalb der Bank umlaufen, Mindestreserven halten. Stucken spricht zunächst nur von einer zu haltenden Barreserve, da der Fall einer Geldschöpfung durch eine einzige Kreditbank noch nicht sehr der Wirklichkeit angenähert ist. Die Kreditbank kann Kredit gewähren, bis mit der Barabhebung und der Mindestreservehaltung die Überschußreserve verbraucht und zum Teil in Bargeld und zum anderen Teil in Mindestreserveguthaben verwandelt wurde.

Die Überschußreserve in der Höhe von a Geldeinheiten als nicht benötigter Kassenbestand oder als nicht benötigtes Notenbank- oder Nostroguthaben bildet die Grundlage des Geldschöpfungsprozesses, „die Frage lautet nun, welches Vielfache von a die Kreditbank an Geld schöpfen kann, wenn ihr der Anteil c (cash) der neu geschöpften Kredite in Stückgeld abverlangt wird und sie den Anteil r (reserve) der zusätzlichen Verpflichtungen, also des geschöpften Geldbetrages abzüglich des in Stückgeld abgehobenen Betrages, durch Barreserve decken will“[42]. Gesucht wird der Betrag, den die Kreditbank neu schöpfen kann. Die Überschußreserve muß also mit der Unbekannten x multipliziert werden; x ist dabei der „Geldschöpfungskoeffizient“. Bei einem absoluten Geldschöpfungsbetrag von x a wird ein Teil davon in Stückgeld abverlangt. Da c als Barabhebungsquote, d. h. als Bruch definiert wird, ist der abgehobene Betrag x a c. Wie hoch ist nun die Barreserve, d. h. in der Wirklichkeit die Mindestreserve? Sie ist nur zu halten für die verbleibenden Giralgelder, d. h. auf die Geldschöpfung abzüglich der Barabhebung, oder in Symbolen ausgedrückt auf x a — x a c und beträgt (x a — x a c)r.

Der Überschußreserve a können höchstens eine Barabhebung von x a c und eine Reserve von (x a — x a c)r entsprechen. Unter diesen Umständen wird der höchstmögliche Wert von x, dem Geldschöpfungskoeffizienten, erreicht. Wenn wir x ausrechnen wollen, müssen wir

$$a = xac + (xa - xac)r$$

setzen. Diese Gleichung ist nach x hin aufzulösen, wobei wir zunächst beide Seiten durch a teilen.

$$1 = xc + (x - xc)r$$
$$1 = xc + xr - xcr$$
$$1 = x(c + r - cr)$$
$$x = \frac{1}{c + r - cr}$$

---

[42] Stucken, Rudolf, Geld und Kredit, 2. Aufl., a. a. O., S. 57.

Multipliziert man diesen Geldschöpfungskoeffizienten mit der Überschußreserve a, so erhält man die maximale absolute Geldschöpfung. Damit ist aber noch nichts über den Ausnutzungsgrad gesagt, der u. a. von der Kreditnachfrage abhängig ist. Solange beide Bestimmungsfaktoren der Geldschöpfung, nämlich der Barabhebungssatz c und der Reservesatz r, unter 1 bleiben, ist der Geldschöpfungsbetrag größer als die Überschußreserve, der Geldschöpfungskoeffizient ist damit größer als 1. Sobald c oder r oder beide den Wert 1 annehmen, kann kein höherer Betrag als die Überschußreserve geschöpft werden, der Geldschöpfungskoeffizient ist dann 1.

Es bleibt jetzt zu untersuchen, ob auch ein einzelnes Kreditinstitut unter einer Vielzahl von Banken und Sparkassen zur Geldschöpfung, und zwar besonders zu einer zusätzlichen Geldschöpfung fähig ist. Daß eine einzelne Bank eventuell nur zu einer Geldschöpfung durch Aktivierung von Kassenbeständen bzw. Zentralbankguthaben in der Lage ist, mit der eine vorherige Geldstillegung gerade kompensiert wird, haben wir bei der Kritik an der These von der alleinigen Geldschöpfungsfähigkeit des gesamten Banksystems gesehen.

Zunächst einmal ist festzustellen, daß sich die Barliquidität der Sparkassen und Banken bei einer Geldschöpfung der Notenbank z. B. durch Kredite an den Staat und dem damit verbundenen Zufluß an Noten, Münzen und Guthaben normalerweise kaum erhöht[43]. Dieser Sachverhalt spricht für ein gleichgerichtetes Bemühen der betrachteten Institute, keine unnötigen Überschußreserven zu unterhalten. Stucken[43] sieht die Ursache hierfür in dem Ertragsstreben der Kreditinstitute, das allen Institutsarten gemeinsam ist, auch wenn ihre Leitmaximen unterschiedlich sind. Denn das Ertragsstreben bedeutet noch nicht Gewinnmaximierung, auch nicht unbedingt Gewinnerzielung, sondern es dient zunächst einmal der Aufwandsdeckung. Nur so ist den Kreditbanken, Genossenschaftsbanken bzw. Sparkassen und Girozentralen die Erfüllung ihrer Hauptaufgabe möglich. Das gemeinsame Vorgehen äußert sich vielfach in gleichzeitiger Kreditausweitung. Wenn sich viele Banken so verhalten, „dann braucht auch keine beim bankmäßigen Zahlungsverkehr ins Debet zu kommen, denn den größeren Zahlungen von Kun-

---

[43] Stucken schreibt dazu: „Durchgängig wird von allen (den Kreditbankleitern, der Verf.) in gleicher Weise angestrebt, keine unnötigen Barreserven zu unterhalten, denn die Barreserven, gleichgültig ob in der Form von Münzen und Noten in der Kasse oder in der Form des Guthabens bei der Notenbank, bringen bekanntlich keine Zinsen. Man strebt einen bestimmten Barliquiditätssatz an, im übrigen scheint geradezu ein Horror vor weiteren Barreserven zu bestehen. Man läßt größere Barreserven auch nicht vorübergehend zu, sondern sucht geeignete sonstige Anlagen zu erwerben, wenn man die Gelder nicht zu Krediten an die Kundschaft verwerten kann ..." (Stucken, Rudolf, Geld und Kredit. 2. Aufl., a. a. O., S. 64).

den der Bank A an Kunden der Banken B, C, D usw. stehen ja auch größere Zahlungen der Kunden der Banken B, C, D, usw. an Kunden der Bank A gegenüber, ..."[44].

Wenn die Banken oder Sparkassen keine Kreditnachfrage ihrer Nichtbankenkundschaft zu befriedigen haben, suchen sie für ihre überschüssigen Mittel Anlage auf dem Geldmarkt. Damit erleichtern sie anderen Instituten die Kreditgewährung.

Im allgemeinen spricht man in diesem Zusammenhang vom Gleichschritt der Banken[45], den Moeller als „ein gleichmäßiges Vorgehen der Depositenbanken (Kreditbanken, Geschäftsbanken) hinsichtlich des Ausmaßes der Gewährung von Krediten" definiert[46]. Aus einem Vorgehen im Gleichschritt wird gefolgert, daß keine Kreditbank im Endeffekt im bargeldlosen Zahlungsverkehr Abzüge an liquiden Mitteln, insbesondere Zentralbankguthaben, hinnehmen muß. Kassenmittel bzw. Zentralbankguthaben werden nur für Barabzüge und die Mindestreservehaltung benötigt. Wenn das Prinzip des Gleichschritts zutrifft, kann jede Bank oder Sparkasse eine durch den Barabhebungssatz, die Mindestreservequote und die Überschußreserve bestimmte Geldmengenvermehrung betreiben. Die Mindestreservequote muß für die entstandenen Sichteinlagen und später für die eingegangenen Buchgelder berücksichtigt werden, die die zunächst geschöpften, inzwischen aber abgeflossenen Giralgelder ersetzen. Der Gleichschritt wirkt sich genauso aus wie die direkte

---

[44] Ebda, S. 64; Halm bemerkt dazu: „Das Wesen des kollektiven Kreditausdehnungsprozesses bringt es mit sich, daß sich die Kreditschöpfungen der einzelnen Mitgliedsbanken ungefähr die Waage halten." Die Ursache dafür wird in dem Bestreben der Banken gesehen, anfallende Überschußreserven auszuleihen. (Halm, George N., Geld, Außenhandel und Beschäftigung, 3. Aufl., Originaltitel: Economics of Money and Banking, übers. von Walter Diehm, München 1957, S. 72).

[45] Das Prinzip des Gleichschritts wurde von Phillips eingeführt. Vgl. Phillips, Chester Arthur, Bank Credit, New York 1920, in der gegenüber 1924 unveränderten Aufl. von 1931, S. 32 ff.

[46] Moeller, Hero, Gleichschritt der Banken, in: Weltwirtschaftliches Archiv, Bd. 70 (1953 I), S. 167. Föhls ablehnender Haltung zum Prinzip des Gleichschritts können wir nicht folgen. Er schreibt: „Ausschlaggebend ist für uns die Feststellung, daß weder durch ein Stunden von Forderungen zwischen den Banken noch durch ein gleichmäßiges Vorgehen die Banken ihrer Kundschaft insgesamt eine größere Giralgeldmenge zur Verfügung stellen können als es der Fall ist, wenn keine Forderungen gestundet werden und wenn nur diejenigen Banken Giralgeld schöpfen, die sich im Besitz der ‚freien' Bargeldmenge befinden. ‚Gleichschritt' und ‚Stunden' sind nur relevant für die Geldschöpfung der bargeldlosen Wirtschaft. In einer Wirtschaft, bei der ein Teil der Zahlungen durch ein ‚knappes' Zahlungsmittel zu leisten ist, kommt ihnen keine Bedeutung zu." (Föhl, Carl, Geldschöpfung und Wirtschaftskreislauf, 2. Aufl., Berlin 1955, S. 85). Einzuwenden ist dagegen, daß das Prinzip des Gleichschritts gerade in einer Wirtschaft mit einem „knappen" Zahlungsmittel wirksam ist, nicht aber dann, wenn dieses (Notenbankguthaben z. B.) reichlich vorhanden ist. Die Höhe der Geldschöpfung ist also doch vom Gleichschritt abhängig.

Umbuchung von giralen Verfügungen[47], denn jeder Abfluß an Notenbankguthaben wird durch einen Zufluß ersetzt. Sie heben sich damit praktisch auf. Eine verantwortungsbewußte Bankleitung wird allerdings trotzdem eine Reservehaltung für besondere Ausgangsspitzen vorsehen.

Zur Vermeidung von Abflüssen in Notenbankguthaben genügt es jedoch nicht, daß — wie Stucken[48] es darstellt — die Kreditbanken aus Ertragsgründen „gleichzeitig zusätzliche Kredite" gewähren oder ein Teil von ihnen wenigstens den anderen die Salden im Zahlungsverkehr kreditiert, während der andere Teil seine Kredite ausdehnt. Um Zahlungsaus- und -eingänge ausgleichen zu können, reicht nach Feifel[49] „nicht nur ein gleichartiges Handeln der Banken hinsichtlich des Ausmaßes der Kreditausdehnung" aus, es bedingt „auch ein gleichartiges Handeln der Kreditnehmer hinsichtlich des Zeitpunktes der Kreditinanspruchnahme".

Zu dieser Frage führt nun Gleske aus, daß die Auslegung des Begriffes „Gleichschritt" eine Erweiterung erfahren müßte[50]. Der Einlagenzufluß der Banken und Sparkassen braucht selbst bei gleichmäßigem Vorgehen im Kreditschöpfungsprozeß und gleichzeitiger Verfügung der Kreditnehmer nicht überall gleich hoch zu sein. Denn es ist möglich, ja sogar wahrscheinlich, daß sich die Einlagenbildung bei den einzelnen Instituten in verschiedenem Ausmaß vollzieht und die mehr begünstigten Institute ihre Kredite stärker ausdehnen können als die weniger daran beteiligten.

Das gesamte, bei völlig gleichartigem Handeln mögliche Kreditvolumen der Banken und Sparkassen braucht durch die verschiedenartige Depositenverteilung keine Einschränkung zu erfahren, wenn die überdurchschnittlich begünstigten Institute ihren Kreditspielraum ma-

---

[47] Feifel gibt für die Zahlung mit Geschäftsbankgeld die beiden folgenden Möglichkeiten an: „Es ist einer Sparkasse nur möglich, Zahlungen mit Geschäftsbankgeld auszuführen, wenn die Zahlungen, die sie zu leisten hat

1. zugunsten eines eigenen Kunden erfolgen, oder
2. sich mit einem im Zeitraum zwischen zwei Abrechnungsterminen erfolgenden Zahlungseingang verrechnen lassen."

Feifel, Hermann, Die Anwendbarkeit der modernen Kreditschöpfungslehre ..., a. a. O., S. 89.

[48] Vgl. Stucken, Rudolf, Geld und Kredit, 2. Aufl., a. a. O., S. 64 f.

[49] Feifel, Hermann, Die Anwendbarkeit der modernen Kreditschöpfungslehre ..., a. a. O., S. 89.

[50] Vgl. zum folgenden: Gleske, Leonhard, Die Liquidität in der Kreditwirtschaft, a. a. O., S. 34. Gleske schreibt: „Sofern sich mit dieser Formel vom ‚Gleichschritt der Banken' die Vorstellung verbindet, daß die Expansionsrate bei allen Banken die gleiche sein müßte, da andernfalls die überdurchschnittlich expandierenden Banken Zentralbankgeld verlieren und in die Gefahr der Illiquidität kommen, trifft sie nicht die Wahrheit." (S. 34).

ximal ausnutzen. Für eine einzelne Bank oder Sparkasse ergibt sich die Notwendigkeit, die „Kreditexpansionsrate" und die „Depositenzuwachsrate" miteinander in Einklang zu bringen, wobei für die zugeflossenen Einlagen auch noch Liquiditätsreserven vorgesehen werden müssen. Wenn die Institute nämlich nicht illiquide werden wollen und wenn ihnen die Schaffung weiterer Überschußreserven durch Kreditaufnahme bei der Notenbank oder übrigen Kreditinstituten nicht möglich ist, dürfen sie mit der Geldschöpfung nicht die durch den Depositenzufluß und dessen Liquiditätserfordernisse bestimmte „Kreditexpansionsrate" überschreiten. Jede einzelne Bank muß also das Gleichmaß zwischen diesen Komponenten einhalten. Ein solches Gleichmaß wird jedoch nicht täglich zu erreichen sein, sondern nur in einem gewissen Zeitraum. Die Kreditexpansionsrate der einzelnen Banken kann durchaus verschieden sein. „Die Formel vom Gleichschritt der Banken bezieht sich im Grunde nur auf die Salden, die im gegenseitigen Abrechnungsverkehr der Banken entstehen und die möglichst niedrig bleiben müssen"[51].

Dem entspricht auch Stützels Definition: „Gleichschritt herrscht, ‚wenn bei jeder Einzelwirtschaft die Eingänge gerade so hoch sind wie die Ausgänge' (im Orig. kursiv), also gerade keine Salden auftreten"[52].

Liegt Gleichschritt der Kreditinstitute vor, so haben diese unter den dabei herrschenden Bedingungen die Möglichkeit, die anfallenden bargeldlosen Zahlungen mit ihrem Geschäftsbankgeld durchzuführen. Denn das Prinzip des Gleichschritts ist für die sonst in „Fremdgiralgeld" auszuführenden Beträge von Bedeutung[53]. Die Möglichkeit, im Wege des Gleichschritts indirekt mit Geschäftsbankgeld zu zahlen, spricht für das Vorkommen einer zusätzlichen Geldschöpfung, ohne daß es zwingend zutreffen muß. Denn aus der Art der Verfügung läßt sich nicht ersehen, ob eine kompensatorische oder eine zusätzliche Geldschöpfung vorliegt.

---

[51] Gleske, Leonhard, Die Liquidität in der Kreditwirtschaft, a. a. O., S. 34.

[52] Stützel, Wolfgang, Volkswirtschaftliche Saldenmechanik, Tübingen 1958, S. 49 f. Eine prozentual oder im absoluten Betrage gleich hohe Kreditexpansion einzelner Banken oder Sparkassen garantiert auch nach Stützels Meinung „noch lange nicht, daß sich bei einzelnen Banken der Abzug liquider Mittel und der Zustrom gerade die Waage halten." Dabei wird stillschweigend eine gleichmäßige Streuung von Zahlungsausgängen unterstellt. Um die Thesen über den Gleichschritt aufrechtzuerhalten, schlägt Stützel vor, daß als „Gleichschritt der Banken" nicht die Situation gelten soll, in der eine gleichmäßige Veränderung des Kreditvolumens stattfindet, sondern diejenige, „bei der sich die Kreditvolumina gerade so verändern, daß jede einzelne Bank gleich viel Zahlungseingänge wie Zahlungsausgänge behält." (S. 49 f. Anm. 1).

[53] Moeller unterscheidet zwischen „Fremdgiralgeld" und „Eigengiralgeld". Vgl. Moeller, Hero, Gleichschritt der Banken, a. a. O., S. 185.

Der Geldschöpfungsmultiplikator ist im Falle des Gleichschritts höher als eins. Wenn die Banken und Sparkassen über freie Reserven verfügen, die durch bereits kompensierte Geldstillegungen entstanden sind oder die aus Refinanzierungen stammen, und wenn außerdem ein teilweiser Gleichschritt herrscht, können die Kreditinstitute zusätzlich Geld schöpfen.

Das gleichartige Vorgehen der Kreditinstitute, d. h. eine Kreditausdehnung im Ausmaß des Einlagenzuflusses, ist jedoch nicht zwingend. Es ist nämlich ebensogut möglich, daß ein Teil der Banken die Kredite ausdehnt, ein anderer Teil sich dagegen zurückhält und überschüssige Barreserven dazu benutzt, bei der Notenbank aufgenommene Kredite nicht wieder zu erneuern. Auch das kann eine Folge des Ertragsstrebens sein. Negativ wirken sich ferner Verzögerungen in der Kreditinanspruchnahme und fehlende Kreditnachfrage aus. In diesen beiden Fällen suchen die jeweiligen Institute möglicherweise die Anlage ihrer Mittel in Wertpapieren. Werden sie bei der Notenbank gekauft, so ist damit zunächst ein Rückfluß der Reserven unmöglich geworden. Bei Banken oder Sparkassen mit ziemlich einseitig ausgerichtetem Kundenkreis wird unter Umständen saisonweise ein Zufluß oder Abfluß von Einlagen überwiegen. Dann wird es vom Verhalten der Kreditinstitute abhängen, welche Folgen sich für die übrigen Banken ergeben. Wegen zunehmender Passivsalden im Zahlungsverkehr werden die kreditaktiven Institute eventuell gezwungen, ihre Kreditausdehnung zu begrenzen.

Wenn es auch kaum dazu kommen wird, daß die Abflüsse von Giralgeld durch keine entgegengerichteten Zuflüsse ausgeglichen werden, so ist es aber in der Regel für eine Geldschöpfung überhaupt, unter Umständen auch für eine zusätzliche Geldschöpfung nicht unbedingt notwendig, daß die Banken gleichartig handeln. Denn meistens sind in den Zahlungsausgängen auch Verfügungen an eigene Kunden enthalten. In diesen Fällen braucht nur umgebucht zu werden. Den Anteil dieser Zahlungen haben wir als Hausüberweisungs-(Hauszahlungs-)quote gekennzeichnet. Als Folge dieser direkten Möglichkeit zur Zahlung mit Eigengiralgeld ist der Geldschöpfungsmultiplikator etwas größer als eins[54]. Seine Höhe richtet sich u. a. nach dem Kundenkreis der Bank oder Sparkasse sowie im Falle der Gironetze nach dem Ein-

---

[54] Denn auf diese Weise sinkt der Abhebungssatz c unter eins. Schon bei einer Quote von 5 % und damit einem Abhebungssatz von 95 % ergibt sich, wenn man einen Mindestreservesatz von 10 % annimmt, nach der Formel

$$x = \frac{1}{c + r - cr}$$

ein Geldschöpfungsmultiplikator von 1,047, der bei einer Überschußreserve von DM 100 000,— zu einer Geldschöpfung von DM 104 700,— führen kann.

zugsbereich der Zentralen oder Teilzentralen. Wenn kein Gleichschritt herrscht, nimmt der Barabhebungssatz einschließlich des Verlustsatzes für Zentralbank- und Nostroguthaben einen ziemlich hohen Wert an, während der Mindestreservesatz zwar gleich bleibt, aber auf eine geringere Giralgeldmenge angewendet wird.

Wenn außerdem noch ein Ausgleich des Giralgeldabflusses in Höhe von 15 % bei gleichem r stattfindet, ergibt sich ein Geldschöpfungsmultiplikator von 1,219[55] und als absolute Geldschöpfung bei unveränderter Überschußreserve rd. 121.900,—.

Es ist jedoch zu beachten, daß die Geldschöpfung wesentlich von der Überschußreserve abhängt, da in unserem Mischgeldsystem im Durchschnitt mit einer Barabhebung gerechnet werden muß — selbst wenn giral ein vollkommener Ausgleich zwischen Ein- und Ausgängen stattfindet. Wenn den Banken und Sparkassen die für Barauszahlungen und allgemeine Liquiditätserfordernisse (Barliquidität und Risikosatz für Giroeinlagen) benötigten Beträge nicht von der Notenbank her zufließen (Devisenverkäufe) oder sie sich diese nicht im Wege der Refinanzierung beschaffen können[56], vermindern sich die Überschußreserven und die Geldschöpfung von da ab dauernd.

Gehen wir einmal von einer einzelnen Bank aus, die mit einem bestimmten Zufluß an Giralgeld von außen oder an Zentralbankguthaben rechnen kann und eine bestimmte Hauszahlungsquote aufweist. Wenn dieser keine weiteren überschüssigen Mittel zur Verfügung stehen, kann sie unter Umständen nur so viel Geld schöpfen, daß die Hausüberweisungsquote ausgenutzt wird und der Zufluß an Giralgeld für Liquiditätshaltung, die Barabhebung und den giralen Abfluß ausreicht. Damit kommt der auf dem gleichartigen Handeln und dem ungefähren Gleichmaß zwischen bargeldlosen Ein- und Ausgängen aufgebaute Prozeß der einzelnen Kreditinstitute immer mehr ins Stocken. Bei den wenigen oder zahlreichen übrigen Banken und Sparkassen geht für den Abfluß an Giralgeld kein neues in gleicher Höhe wieder ein, so daß sie sich die benötigten liquiden Mittel unter Umständen erst beschaffen müssen. Das wird dann weiter um sich greifen und zu einem

---

$$x = \frac{1}{c + r - cr}, \quad x = \frac{1}{0{,}95 + 0{,}1 - 0{,}095} = \frac{1}{1{,}05 - 0{,}095} =$$

$$= \frac{1}{0{,}955}, \quad 1 : 0{,}955 = 1{,}0471, \quad x = 1{,}047,$$

wenn $a = 100\,000{,}-$ DM, dann ist $ax = 104\,700{,}-$ DM.

55 $$x = \frac{1}{0{,}8 + 0{,}1 - 0{,}08} = \frac{1}{0{,}9 - 0{,}08} = \frac{1}{0{,}82} = 1{,}219.$$

56 Vgl. Stucken, Rudolf, Geld und Kredit, 2. Aufl., a. a. O., S. 65.

Rückgang der Geldschöpfung, insbesondere der zusätzlichen, führen. Je weniger nach einer Geldschöpfung einer einzelnen Bank der Abfluß an Giralgeld durch einen Zufluß gedeckt ist, weil die Banken nicht gleichmäßig handeln, sondern einige Kreditinstitute Wertpapiere von der Notenbank erwerben, weil die Kreditnehmer unterschiedlich disponieren oder weil vorübergehend (aus saisonalen Gründen) eine ungleiche Verteilung der Sichtdepositen einsetzt, desto geringer wirkt sich der oben beschriebene Prozeß auf Grund fehlender Überschußreserven aus, da schon die anderen Faktoren bedeutsam sind. Wir müssen uns jetzt fragen, ob die Hauszahlungsquote und das gleichartige Handeln für das Ausmaß der Kreditgewährung in den Systemen eine Rolle spielen.

2. Der Einfluß der Gironetzbildung auf die Höhe der Geldschöpfung

a) Grundsätzliches

In den vorhergehenden Abschnitten haben wir als Eigenart der Gironetze bereits herausgearbeitet, daß sich die Vergünstigungen aus der Liquiditätshaltung bei den Teilzentralen bzw. Systemzentralen konzentrieren[57] und daß, abgesehen vom Postschecknetz, die einzelnen Mitgliedsinstitute auf der unteren Stufe liquide Mittel in einem Umfang halten müssen, wie er auch ohne Zugehörigkeit zu einem Gironetz gegeben ist[58]. Für die einzelnen Mitgliedsinstitute im Unterbau, für die zunächst einmal keinerlei Vergünstigungen mit dem Anschluß an das Netz verbunden sind, gilt kein anderer Geldschöpfungskoeffizient als für einzelne Banken. Formelmäßig braucht keine weitere Größe berücksichtigt zu werden, da der Abhebungssatz in bar und giral (d. h. der nicht durch einen gleichzeitigen Zufluß von außen gedeckte Abfluß an Giralgeld), der Mindestreservesatz und die Überschußreserve weiterhin die theoretisch mögliche Höhe der Geldschöpfung bestimmen. Eine Ausnahme macht in dieser Hinsicht das System der Postscheckämter in Westdeutschland, da es im Aufbau mit den anderen Systemen nur schlecht vergleichbar ist und sich die Liquiditätswirkungen schon bei den einzelnen Postscheckämtern einstellen, auch wenn sie dann die überschüssigen liquiden Mittel an die Generalpostkasse übertragen.

---

[57] Vgl. z. B. auch Floss, Eberhard, Theorie der Sparkassen-Liquidität, a. a. O., S. 196 f.; Dick, Adalbert, Die Verflechtung zwischen Sparkassen und Girozentralen, a. a. O., S. 37 f.

[58] Vgl. Wilsdorf, Manfred, Bestimmungsgründe und volkswirtschaftliche Auswirkungen des Verhaltens der Sparkassen im langfristigen Wohnungsbaukreditgeschäft, a. a. O., S. 38 Anm. 50.

Den regionalen Teilzentralen und den Systemzentralen fließen eventuell mehr liquide Mittel von den angeschlossenen Mitgliedsbanken und -sparkassen zu, als die Teilzentralen und Systemzentralen selbst in Vertretung für den Unterbau bzw. Mittelbau bei den anderen Stellen wie den Systemzentralen oder der Notenbank zu unterhalten brauchen. Denn es ist den Teilzentralen im Vergleich zu den einfachen Mitgliedsinstituten wahrscheinlich möglich, eine größere Zahl von Überweisungen und Scheckeinreichungen durch einfache Umbuchung zu erledigen. Die Zentralen haben daher einen geringeren Bedarf an liquiden Mitteln und sie verfügen demnach über höhere Überschußreserven, da der Abfluß an Giralgeld nach außen niedriger ist. Das „Gesetz der großen Zahl"[59] sieht man häufig als Ursache für die Wahrscheinlichkeit an, daß die Zahlung vom Auftraggeber an den Begünstigten durch Umbuchung von Konto zu Konto z. B. bei der regionalen Zentrale zu erledigen ist. Die Zahl der Kunden, für die das Zentralinstitut, wie z. B. die Girozentrale, die Landesgenossenschaftsbank oder die Kopffiliale, den Zahlungsausgleich vornehmen kann, erhöht sich danach infolge der Netzbildung um diejenige der angeschlossenen Mitgliedsinstitute. Direkt gehören also die eigenen Kunden der Teilzentralen und indirekt diejenigen der angeschlossenen Mitgliedsinstitute dazu[60]. Um einen Ausdruck Feifels zu gebrauchen, die „Verrechnungsmöglichkeiten" für die Zahlung mit Geschäftsbankgeld werden wahrscheinlich gesteigert[61]. Es handelt sich hier jedoch um eine andere Art der Verrechnungsmöglichkeit als sie bei der bilateralen Verrechnung zwischen zwei Banken, die sich im Gleichschritt bewegen, gegeben ist[62]. Es ist in diesem Zusammenhang wichtig zu erkennen, daß die Mitgliedsinstitute des Unterbaus und auch des Mittelbaus ihre liquiden Mittel bei den Teilzentralen bzw. Systemzentralen unterhalten, weil sie über das Zahlungsverkehrsnetz ihre Zahlungen, jedenfalls zu einem bestimmten Teil, abwickeln wollen. Die Ersparnis an Notenbankguthaben, Münzen und Noten, die sich zunächst bei der Teil- oder der Systemzentrale ergibt[63] und die sich in einer Ermäßigung der Größe c des Geldschöpfungsmultiplikators äußert, beruht doch auf der Reservehaltung der Mitgliedsbanken bei der Zentrale.

---

[59] Vgl. Gleske, Leonhard, Die Liquidität in der Kreditwirtschaft, a. a. O., S. 29 u. 35.

[60] Vgl. Dick, Adalbert, Die Verflechtung zwischen Sparkassen und Girozentralen, a. a. O., S. 36.

[61] Vgl. Feifel, Hermann, Die Anwendbarkeit der modernen Kreditschöpfungslehre . . ., a. a. O., S. 140 ff.

[62] Ebda, S. 140.

[63] Damit ist noch nichts darüber gesagt, wem die Ersparnis einmal zugute kommt.

Dagegen betont Feifel, daß die Wirkung des Zusammenschlusses von Banken und Sparkassen insbesondere darin liegt, „daß sich multilaterale Verrechnungsmöglichkeiten eröffnen, wodurch die Verrechnungsmöglichkeiten gesteigert werden", die ihrerseits „Zentralbankgeldersparnis" bedeuten. Die Unterhaltung von Reserven bei der Zentrale stellt „lediglich eine Verlagerung des Zentralbankgeldbestandes von den betreffenden Banken hin zur Zentrale dar.

Für die Frage der Zentralbankgeldersparnis ist es auch völlig gleichgültig, in welcher der verschiedenen möglichen, technischen Formen der Zusammenschluß erfolgt"[64].

Dazu führt Feifel in einer Fußnote weiter aus: „Die technische Form des Zusammenschlusses ist lediglich hinsichtlich der Frage von Bedeutung, w e m die Zentralbankgeldersparnis zugute kommt, nämlich der Zentrale oder den Mitgliedsbanken"[65]. Die Verlagerung und Unterhaltung von liquiden Mitteln zu den bzw. bei den Zentralen darf jedoch nicht isoliert, sondern muß in Verbindung mit der Abwicklung des Zahlungsverkehrs für die angeschlossenen Mitglieder gesehen werden. Solange wir keine Kreditierung der angeschlossenen Stellen annehmen, ist die Unterhaltung von liquiden Mitteln für Zahlungsverkehrszwecke die Voraussetzung für die Abwicklung der sich nicht ausgleichenden Zahlungen über die Zentralen. Damit ist noch nichts über die Höhe der Reserven gesagt. Es muß also festgestellt werden, daß die Ersparnis an Zentralbankguthaben durch die Abwicklung des Zahlungsverkehrs bei den bzw. über die Zentralen und die Reservehaltung für die sich nicht ausgleichenden Zahlungen[66] über die Zentralen hervorgerufen wird.

Die beiden in allen Kreditinstituten vorkommenden Möglichkeiten, Zahlungen ohne Zentralbank- oder Nostroguthaben auszuführen, nämlich durch einfache Hausübertragung oder durch den Ausgleich von Aus- und Eingängen als Folge eines „Gleichschritts"[67], müssen von den Verrechnungsmöglichkeiten in den Gironetzen getrennt werden.

---

[64] Feifel, Hermann, Die Anwendbarkeit der modernen Kreditschöpfungslehre . . ., a. a. O., S. 140 f.

[65] Ebda, Fußnote 47.

[66] Die sich ausgleichenden Zahlungen (Gleichschritt) erfordern sowohl bei der Abwicklung über Zentralen als auch bei der sonstigen Verrechnung keine Liquiditätshaltung. Es ist also nicht so, daß sich durch einen Zusammenschluß neue Ausgleichsmöglichkeiten ergeben. Eine Ersparnis an Zentralbankguthaben, die den Mitgliedsbanken des Unterbaus zugute käme, entsteht hier nicht.

[67] So schreibt Wilsdorf über den Ausgleich bei Sparkassen, der entsprechend für die übrigen Teilnehmer am Giroverkehr gilt: „Mit einem teilweisen Ausgleich der Zahlungsströme kann eine Sparkasse selbstverständlich auch im Girogeschäft rechnen, vor allem dann, wenn sie im Abrechnungsverkehr mit anderen Banken steht. Das Gesetz der großen Zahl wird hier wegen der na-

Für die typische Art der Ersparnis an Zentralbankguthaben beim Zusammenschluß im System ist die mögliche technische Form der Verbindung doch von Interesse[68].

Wenn wir das Postschecksystem in Westdeutschland, bei dem jedes Amt wegen der Mitübernahme von Zentralefunktionen Verrechnungsmöglichkeiten mindestens wie eine Zentrale besitzt, einmal unberücksichtigt lassen, so sind von den Möglichkeiten des Verrechnungsverkehrs zwischen zwei Kontostellen, wie sie Schmidt und daran anschließend Stucken und Feifel anführen[69], nur diejenigen mit verrechnender und mit bestandhaltender Zentrale als Girosystemfälle anzusehen. Da sowohl in Westdeutschland als z. B. auch in Großbritannien die Abrechnungsstellen unter Mitwirkung der Notenbank arbeiten und die Salden über die dortigen Konten verrechnet werden, lassen sich die Clearingstellen nicht als Girosysteme darstellen.

Wenn sich artgleiche Kreditinstitute zu einem Gironetz zusammenschließen und eine Zentrale gründen bzw. bestimmen, bleibt die Möglichkeit, mittelbar mit eigenem Buchgeld zu zahlen, bestehen, und zwar in einem Umfang, wie er auch ohne Gironetzanschluß gegeben wäre. Der Unterschied ist nur, daß die Verrechnung über die Zentralen und nicht über die Notenbank oder die Abrechnungsstellen vorgenommen wird, wobei im Clearingverfahren nur in Höhe des Tagesendsaldos Zentralbankguthaben zu- oder abfließt[70]. Die jeweilige Teilzentrale oder Zentrale braucht für diese Zahlungen, auch wenn sie nicht im System bleiben, keine höheren Liquiditätsreserven als der Unter- oder Mittelbau auch benötigt. Flüssige Mittel sind nur für solche Zahlungen nötig, die den System(teil)bereich verlassen und sich nicht ausgleichen. Für die nicht kompensierten Verfügungen nach außen an Kunden von Mitgliedsinstituten desselben Systems verliert die Stelle des Auftraggebers Nostroguthaben und die des Begünstigten erhält

turgemäß viel größeren Masse von Zahlungsakten grundsätzlich noch stärker ausgleichend wirken als bei Liquiditätseinflüssen aus Spareinlagen; die Abweichungen vom wahrscheinlichsten Mittelwert werden also relativ geringer sein, allerdings nur, wenn man von konjunkturellen und saisonalen Schwankungen und sonstigen einseitig wirkenden Faktoren (Steuertermine), die die Normalverteilung verzerren können, absieht." (Wilsdorf, Manfred, Bestimmungsgründe und volkswirtschaftliche Auswirkungen ..., a. a. O., S. 42).

[68] Feifels Meinung: „Die Zentralbankgeldersparnis hat nicht das geringste mit der Reservehaltung der Mitgliedsbanken bei der Zentrale zu tun", kann also nicht akzeptiert werden (Feifel, Hermann, Die Anwendbarkeit der modernen Kreditschöpfungslehre ..., a. a. O., S. 140).

[69] Vgl. Schmidt, Fritz, Der nationale Zahlungsverkehr, 2. Aufl., Leipzig 1920; Stucken, Rudolf, Geld und Kredit, 1. Aufl., Tübingen 1949, S. 23 ff.; Feifel, Hermann, Die Anwendbarkeit der modernen Kreditschöpfungslehre ..., a. a. O., S. 140 Anm. Nr. 46 (zu S. 141).

[70] Vgl. Wilsdorf, Manfred, Bestimmungsgründe und volkswirtschaftliche Auswirkungen ..., a. a. O., S. 39.

Nostroguthaben, während die Zentrale einfach nur umzubuchen braucht[71].

Die beauftragte Bank benötigt also auf jeden Fall liquide Mittel, die dann der Empfängerbank zufließen. Für diesen Vorgang braucht die jeweilige Zentrale oder Teilzentrale aber keine entsprechenden Reserven, sie kann vielmehr die ihr einmal zugeflossenen Gegenwerte der von ihr umgebuchten Nostroguthaben anders verwenden. Wenn über die Notenbank einschließlich ihrer Abrechnungsstellen verrechnet wird, kann sie selbst die Umbuchung vornehmen und damit praktisch über die Verwendung der dabei eingesparten Beträge im Sinne ihrer Zielsetzung entscheiden, auch wenn mit den von ihr geschaffenen Mitteln gezahlt wird. Das ist jedoch nicht bei den Zahlungen über die Spitzen der Girosysteme gewährleistet. Dann kann die jeweilige Zentrale oder Teilzentrale die Anlageart der überschüssigen Mittel bestimmen. Für die Zentralbank ist das von Bedeutung[72].

Wir können daher feststellen, daß bei einem Zusammenschluß von Banken oder Sparkassen zu Girosystemen für die Zentralen und Teilzentralen ein Liquiditätsvorteil nur in Höhe der im jeweiligen Bereich verbleibenden Zahlungen entsteht. Das wird dadurch deutlich, daß Liquiditätsreserven für die sich ausgleichenden Überweisungen und Scheckeinreichungen eigentlich nicht unterhalten werden müßten. Die Mitgliedsinstitute haben den Zentralen dafür keine flüssigen Mittel zuzuführen. Wir haben bereits festgestellt, daß im Gleichmaß zwischen giralen Ein- und Ausgängen kurzfristig Schwankungen auftreten können, so daß von den angeschlossenen Mitgliedsinstituten in geringem Umfang auch für den Bereich sich ausgleichender Zahlungen Reserven gehalten werden, um so entstehende Salden aufzufangen.

Bemerkenswert ist aber, daß die Ersparnisse an Zentralbankguthaben zuerst nur einmal mit der Errichtung des Gironetzes, d. h. der Verlagerung der flüssigen Mittel zur betreffenden Zentrale und der Aufnahme des Verrechnungsverkehrs über die jeweilige Zentrale auftreten können. Die Überschußreserven werden mit Kreditgewährungen oder Wertpapierkäufen verbraucht und entstehen erst wieder, wenn die Kredite zurückgezahlt, die Wertpapiere eingelöst oder verkauft werden. Zum anderen können derartige Überschußreserven auch entstehen, wenn sich die Quote der sich im jeweiligen Systembereich für alle Mitgliedsinstitute nicht ausgleichenden Zahlungen in bestimmtem Maße verändert

---

[71] Das gilt sinngemäß auch für die direkte Verrechnung zwischen zwei Banken, wobei das kontoführende Institut die Umbuchung vornimmt, während das andere den Verlust oder Gewinn an Nostroguthaben aufweist.

[72] Vgl. Gleske, Leonhard, Die Liquidität in der Kreditwirtschaft, a. a. O., S. 38.

und die angeschlossenen Mitgliedsbanken oder -sparkassen höhere Reserven bei ihren Spitzeninstituten halten müssen.

Absolut höhere systembedingte Überschußreserven entstehen für Zentralen und Teilzentralen, wenn

1. die Quote der sich im Systembereich bei den Mitgliedsinstituten nicht ausgleichenden Zahlungen bei unverändertem Gesamtzahlungsvolumen im Systembereich steigt,
2. die Quote der sich im Systembereich für die Mitglieder nicht ausgleichenden Zahlungen
   a) bei steigendem Gesamtzahlungsvolumen im Systembereich gleichbleibt,
   b) bei steigendem Gesamtzahlungsvolumen im Systembereich größer wird sowie
   c) in bestimmtem geringerem Maße fällt als das Gesamtzahlungsvolumen im Systembereich relativ steigt (d. h. wenn das Volumen um 1 vH steigt, darf die Quote nur um weniger als 1 vH sinken) und
3. die Quote der sich im Systembereich für die Mitglieder nicht ausgleichenden Zahlungen in bestimmtem höherem Maße steigt als das Gesamtzahlungsvolumen im Systembereich relativ sinkt.

Wenn sich dagegen die Ausgleichsquote erhöht, bilden sich die Überschußreserven beim Unterbau in der Form von Nostroguthaben, die durch entsprechende Zentralbankreserven des Mittelbaus gedeckt sind, oder es entstehen Überschußreserven beim Mittelbau, für die der Oberbau Notenbankguthaben unterhält. Hierauf muß entschieden hingewiesen werden.

Die beschriebenen Liquiditätswirkungen können sich in den ausländischen Girosystemen auch ergeben, wenn nämlich die entsprechenden Bedingungen vorliegen (Verrechnung über die den Filialen und Einzelinstituten übergeordneten Zentralen; Existenz von Zahlungen, die sich im jeweiligen Systembereich für jedes Mitglied nicht ausgleichen, die die Zentrale aber nur umzubuchen braucht). Mit den aufgezeigten Möglichkeiten zur erhöhten Geldschöpfung in den Zahlungsnetzen bzw. den Filialgroßbanken (die Filialgroßbanken in den USA haben wir nicht als Gironetze angesehen) beschäftigt sich die englische und amerikanische Literatur jedoch nicht näher. Sowohl unter den Vorteilen als auch unter den Nachteilen des „branch banking" werden die von uns aufgezeigten Liquiditätswirkungen nicht erörtert[73].

---

[73] Als Vorteile werden mehr oder weniger ausführlich dargestellt: Die bessere Kreditrisikoverteilung (örtlich und unter den Wirtschaftszweigen) und die damit verbundene gesündere Kreditpolitik, die breitere Streuung der Ein-

Im Vordergrund stehen vielmehr Betriebs- und Wettbewerbsfragen und die Argumentation für und wider die Filialbanken bzw. Einzelbanken. Ebenso beschäftigt die amerikanischen Autoren das Verbot oder die nur beschränkte Zulassung von Zweigniederlassungen, die für ein Banksystem bedeutende Vorteile mit sich bringen. Im allgemeinen werden die positiven Seiten des Filialbanksystems für gewichtiger gehalten[73].

Auswirkungen für die Liquiditätsreserven ergeben sich nach den uns vorliegenden Darstellungen nicht aus der Verrechnung des Zahlungsverkehrs, sondern durch andere Umstände, z. B. kann auf Grund einer zentralisierten Überwachung der Reserven durch die Hauptstelle der größte Nutzen für die Reserven erreicht werden[74]. Kent erwähnt nur die Möglichkeit, auf der Basis geringerer Reserven tätig zu sein, ohne jedoch die Ursachen anzugeben[75]. Ebenso verfährt Prather, der unter den Argumenten für ein „branch banking system" die Sparsamkeit in der Reservehaltung erwähnt[76]. Weil die Zweigniederlassungen in Notfällen die Liquiditätshilfe der Zentralen erhalten, kann jede Filiale geringere Reserven vorsehen und braucht nur die für den laufenden Geschäftsverkehr nötigen flüssigen Mittel zu unterhalten[77]. Sayers führt außerdem an, daß jede Stelle einer Filialgroßbank eine niedrigere Reserve vorsehen kann, weil sie die Möglichkeit hat, sich für die Übertragung von Zahlungen und für die Ausleihe bei jeder anderen Nie-

---

lagen, die leichtere Möglichkeit, örtlich und zeitlich die Kreditnachfrage und das Einlagenangebot auszugleichen, die größere Beweglichkeit der Bankmittel, die Funktion, örtliche Unterschiede im Zinsniveau auszugleichen, die höhere Kapitalausstattung, der bessere Kundendienst (einschließlich des Abrechnungs- und Einzugsdienstes), die Möglichkeit, ohne Schwierigkeit Großkredite zu gewähren, die größere Erfahrung und bessere Ausbildung der Angestellten, die Möglichkeit zur Arbeitsteilung und die gesteigerte Wirtschaftlichkeit. Gegen die Filialbanken wird z. B. vorgebracht: Die Tendenz zum Monopol, die Machtkonzentration, die geringere Berücksichtigung örtlicher Interessen, die mangelnde Verbindung der Filialleiter zur örtlichen Wirtschaft, der schwerfällige Apparat der Filialbanken, die Mittelverwendung nicht am Orte der Einlage sowie ein überwiegendes Interesse an Großkrediten. Vgl. Bradford, Frederick A., Money and Banking, New York, London, Toronto, Rev. Ed., 1942, S. 641 ff.; Chandler, Lester V., The Economics of Money and Banking, a. a. O., S. 400 ff.; Haines, Walter W., Money, Prices, and Policy, a. a. O., S. 224 f.; Hanson, J. L., Monetary Theory and Practice, a. a. O., S. 274; Kent, Raymond P., Money and Banking, a. a. O., S. 160 f.; Prather, Charles L., Money and Banking, a. a. O., S. 182 ff.; Sayers, R. S., Modern Banking, a. a. O., S. 21 ff.; Thomas, Rollin G., Our Modern Banking and Monetary System, 3. Ed., New York 1952, S. 271, 809; Whittlesey, C. R., Principles and Practices of Money and Banking, Rev. Ed., New York 1954, S. 420 ff.; Withers, Hartley, The meaning of money, 5. Ed., New York 1930, S. 105 f.

[74] Vgl. Bradford, Frederick A., Money and Banking, a. a. O., S. 642.

[75] Vgl. Kent, Raymond P., Money and Banking, a. a. O., S. 160.

[76] Vgl. Prather, Charles L., Money and Banking, a. a. O., S. 183.

[77] Vgl. Hanson, J. L., Monetary Theory and Practice, a. a. O., S. 274.

derlassung zu refinanzieren[78]. Auch der Radcliffe-Report beschäftigt sich nicht mit den aufgezeigten Liquiditätswirkungen eines Gironetzes. Unter den Stichworten „transfer of payments" und „„giro'system" wird die steigende Nachfrage nach einer einfachen Zahlungsorganisation, wie sie der Postscheckdienst auf dem europäischen Kontinent und in Japan darstellt, beschrieben. Ferner wird untersucht, ob die bestehenden Übertragungsformen für Zahlungen dem genügen, nicht jedoch die uns interessierende Bedeutung für die Überschußreserven[79].

In einigen deutschen Veröffentlichungen werden die Liquiditätsvorteile von Girosystemen zwar erwähnt, aber wir finden keine genaue Analyse, unter welchen theoretischen Bedingungen Ersparnisse an Zentralbankguthaben bzw. Nostroguthaben auftreten. Einigkeit besteht meistens darüber, daß die Vorteile bei den Zentralen entstehen. Vielfach wird von den Ersparnissen an liquiden Mitteln nur ganz allgemein gesprochen[80].

So schreibt van Wyk[81]: „Die Gelddisposition des Filialinstituts kann sich jedoch die durch das Filialbanksystem gebotenen großen Kompensationsvorteile zunutze machen, indem sie bei dem täglichen Zahlungsausgleich die überschüssigen Geldmittel, die über ihre eigenen Bedürfnisse und die Verwertungsmöglichkeiten hinausgehen, an die Zentrale meldet und weiterleitet." Außerdem wird hier übersehen, daß „die überschüssigen Geldmittel" bei den Zentralen zuerst auftreten und daher nicht an die Spitzeninstitute gemeldet und weitergeleitet werden können.

Veit weist darauf hin, daß die Erledigung von Zahlungen im eigenen Kontennetz im Prinzip eine Einsparung von Zentralbankreserven und damit einen Geldschöpfungsvorsprung für eine Bank oder Bankengruppe gegenüber anderen Kreditinstituten bedeutet[82].

Zu allgemein ist auch die jüngere Darstellung von Floss[83], wenn sie auch unseren Auffassungen näherkommt. Nach Floss ist die Zusam-

---

[78] Vgl. Sayers, R. S., Modern Banking, a. a. O., S. 23.

[79] Vgl. Committee on the Working of the Monetary System, Report, a. a. O., S. 329 ff.

[80] Vgl. u. a. Dick, Adalbert, Die Verflechtung zwischen Sparkassen und Girozentralen, a. a. O., S. 37 f.; Seeliger, Walter, Zentralbanken der Sparkassen, in: „Sparkassen gehen mit der Zeit", Beil. zu „Der Volkswirt", 15. Jg., Heft 23, v. 10. 6. 1961, S. 36; Zwoll, Johann Hermann van, Mindestreserven als Mittel der Geld- und Kreditpolitik, Finanzwissenschaftliche Forschungsarbeiten, hrsg. von G. Schmölders, Heft Nr. 8, Berlin 1954, S. 72 f.

[81] Wyk, Wolfgang van, Die Gelddisposition der Kreditbanken, Veröffentlichungen des Instituts für Bankwirtschaft und Bankrecht an der Universität Köln, Wirtschaftswiss. Reihe, Bd. 8, Frankfurt/M. 1960, S. 40.

[82] Vgl. Veit, Otto, Grundriß der Währungspolitik, 2. Aufl., Frankfurt/M. 1961, S. 298.

[83] Floss, Eberhard, Theorie der Sparkassen-Liquidität, a. a. O., S. 163. Überhaupt nicht zustimmen können wir seiner Erörterung in: Auswirkun-

menfassung von Sparkassen und Girozentralen für die Geldschöpfung bedeutsam, weil ein „kreditwirtschaftlicher Konzentrationsprozeß ‚Ersparnisse' an Zentralbankgeld herbeiführt und somit Liquiditätsvorteile schafft, die, soweit sie sich auf zirkulierende Depositenverbindlichkeiten beziehen, eine erhöhte, vom Ausmaß der Zusammenschlußbewegung abhängige Kredit- und Giralgeldschöpfungskapazität zur Folge haben." Floss führt dann an anderer Stelle weiter aus[84], daß die Geldschöpfungskapazität des Sparkassensystems durch die Reservehaltung bei den Zentralen in größerem Umfang ausgedehnt werden kann als es möglich ist, wenn die Einzelsparkassen nicht an ein Girosystem angeschlossen sind. Die Sparkassen könnten ebensogut ihre Liquiditätsreserven bei der Notenbank halten, denn „sämtliche Zahlungen, die sich nicht in ihrem eigenen Geschäftskreis ausführen lassen, müssen als Zahlungen in fremde Netze" angesehen werden, für die flüssige Mittel notwendig sind.

Richtig erkannt wurde von Floss die Bedeutung einer zentrierten Reservehaltung im System, es wurde jedoch nicht herausgearbeitet, daß nur ein Teil der Zahlungen, nämlich die sich nicht im Systembereich ausgleichenden, eine Reserve erfordern. Ferner wird nicht deutlich, ob Floss gesehen hat, daß sich wahrscheinlich in den Einzelsparkassen neben der Hausüberweisungsquote auch weitere Verfügungen ausgleichen (Gleichschritt der Kreditinstitute), so daß dafür keine Liquiditätsvorsorge nötig ist.

Bis jetzt haben wir herausgearbeitet, daß als Folge des Zusammenschlusses zu Gironetzen und auf Grund der Reservehaltung im System bei systeminternen Zahlungen Überschußreserven entstehen können. Sie ermöglichen einer Teilzentrale oder Systemzentrale, neue Kredite zu gewähren, wobei durch eine Verfügung der Kreditnehmer Giralgeld entsteht. Wenn wir dabei annehmen, daß die Kreditnehmer Nichtbanken sind, liegt von den Größen des Geldschöpfungskoeffizienten der Mindestreservesatz bereits fest, ferner der Barabhebungssatz, der durch die Gewohnheiten des Publikums bestimmt wird, Zahlungen in bar auszuführen. Noch offen ist somit der Abzugssatz für das Fremdgiralgeld. Nicht zur giralen Abzugsquote gehören die unmittelbaren und die mittelbaren Zahlungen mit Eigengiralgeld. Wir können annehmen, daß ein Teil der Zahlungen von der betreffenden Zen-

---

gen der Mindestreservepflicht unter besonderer Berücksichtigung der Sparkassen, a. a. O., S. 45: „Die Kreditschöpfungsmöglichkeiten verringern sich mit zunehmender Anzahl von Banken und steigender Bargeldquote. Der Konzentrationsprozeß im Bankgewerbe, der ‚Gleichschritt' der Großbanken bzw. Girosysteme und das Herabdrücken der Bargeldquote erzielen hier einen Ausgleich, dessen theoretischer Endpunkt in der ‚unumgänglichen' Bargeldquote zu suchen ist."

[84] Vgl. Floss, Eberhard, Theorie der Sparkassen-Liquidität, a. a. O., S. 165 f.

trale einfach umgebucht werden kann. Neben den Übertragungen von den Kunden an die Kunden der Zentrale (Hausüberweisungen) lassen sich wahrscheinlich weitere Verfügungen einfach umbuchen, nämlich die Zahlungen an die Kunden der angeschlossenen Girosystemmitglieder. Der girale Abzugssatz ist als Folge des Zusammenschlusses zu Gironetzen geringer. Unter diesen Voraussetzungen ergibt sich daher ein erhöhter systembedingter Geldschöpfungsmultiplikator. Ein derartig vergrößerter Kreditspielraum kann sich auch dann auswirken, wenn die Überschußreserven den Zentralen aus anderen Quellen (z. B. aus Devisenverkäufen) zufließen.

Wir wollen jetzt nach dem bisherigen Stand unserer Darstellung ein Zahlenbeispiel entwickeln. Die dafür verwendeten Zahlen sind angenommen.

Die Größe c des Geldschöpfungskoeffizienten

$$x = \frac{1}{c + r - cr}$$

enthält dabei den Barabhebungssatz im engeren Sinne ($= c_1$) und den Abzugssatz für Giralgeld ($= c_2$), wobei $a\,c_2\,x$ die Zahlungen einer Einzelbank umfassen, die nicht durch Eingänge kompensiert werden. Zuerst soll der Fall einer isoliert dastehenden Bank oder Sparkasse betrachtet werden. Die einzelnen Größen sind:

r (Mindestreservesatz) = 0,2
c_1 .... = 0,4[85]
c_2 .... = 0,2.

Danach können wir den Geldschöpfungsmultiplikator berechnen:

$$x = \frac{1}{0{,}6 + 0{,}2 - 0{,}12} = \frac{1}{0{,}68} = 1{,}4705.$$

Bei einer Überschußreserve von 10 000 Geldeinheiten ergibt das eine Geldschöpfung von 14 705 Einheiten. Der Barabfluß beträgt 5882, der girale Abfluß 2941, die mit eigenem Buchgeld direkt oder indirekt durchführbare Geldschöpfung 5882, die hierauf zu haltende Mindestreserve 1177 Einheiten.

Wir müssen jetzt noch weitere Annahmen in unser Beispiel einfügen: Die ausgehenden und eingehenden Zahlungen sollen sämtlich über die Zentrale abgewickelt werden. Ferner wird unterstellt, daß von den bargeldlos abfließenden Zahlungen die Hälfte den Systembereich ganz verläßt. Für die sich kompensierenden Ein- und Ausgänge braucht das Mitgliedsinstitut keine Reserven bei der Zentrale zu un-

---

85 Der Barabhebungssatz entspricht etwa dem von Schneider für Westdeutschland errechneten Sätzen. Vgl. Schneider, Erich, Einführung in die Wirtschaftstheorie, III. Teil, 7. Aufl., a. a. O., S. 55 ff.

terhalten und diese auch keine bei der Notenbank oder anderen Kreditinstituten. Hierfür brauchen wir keinen Satz zu bestimmen, da der reserveunabhängige Ausgleich nur zur Zentrale verlagert wird. Die Barauszahlungen erledigt das Mitgliedsinstitut weiter, so wie sich außerdem ihr Geldschöpfungskoeffizient nicht verändert. Die Reserve zur Deckung des Giralgeldabflusses beträgt bei der Zentrale 2941 „Geldeinheiten". Weil davon 1470,5 Einheiten das System verlassen, verbleibt der Zentrale eine Überschußreserve von ebenfalls 1470,5 Einheiten. Auf dieser Grundlage vermag die Zentrale einen Kredit zu gewähren, dabei sollen $r = 0{,}2$, $c_1 = 0{,}4$ und $c_2 = 0{,}1$ sein. Der Geldschöpfungsmultiplikator ist

$$x = \frac{1}{0{,}5 + 0{,}2 - 0{,}1} = \frac{1}{0{,}6} = 1{,}6666.$$

$$ax = 1\,470{,}5 \times 1{,}6666 = 2\,450{,}73 \text{ Geldeinheiten.}$$

Der Giralgeldabfluß beträgt 245,10, der Barabfluß 980,30 und die Mindestreserve 245,10 Einheiten von einer Eigengiralgeldschöpfung in Höhe von 1225,37 Einheiten[86]. Die Überschußreserve ist damit vollkommen verbraucht. Da wir auch für die Zentrale angenommen haben, daß 40 % in bar abgehoben werden, daß sich 40 % der geschöpften Summe unmittelbar oder mittelbar mit Eigengiralgeld erledigen lassen und daß 10 % aus dem System oder dem Systembereich herausfließen, beruht die Wirkung des durch die Zentrale repräsentierten Gironetzes in unserem Beispiel auf der Möglichkeit, die weiteren sich nicht ausgleichenden Zahlungen von 10 % durch Umbuchung zu erledigen. Dabei haben wir unterstellt, daß diese 10 % nicht an andere Zentralekunden gehen, weil das den Teil der Hausüberweisungsquote betrifft, der auch ohne Zusammenschluß im Girosystem besteht. Wenn wir davon absehen, daß der beschriebene Prozeß bei der Zentrale auf Grund der im System freiwerdenden Reserven erfolgt, so beruht die Bedeutung einer System(teil)zentrale auf der einfachen Übertragung von 10 % der Geldschöpfung von Konto zu Konto ohne Bedarf an Zentralbankguthaben. Durch den Zusammenschluß von Kreditinstituten in Zahlungsnetzen kann auf der einen Seite unter gewissen Bedingungen eine zusätzliche Überschußreserve entstehen, zum anderen aber auch der Geldschöpfungsmultiplikator erhöht werden.

Wenn also von einer gesteigerten, vom Ausmaß der Zusammenschlußbewegung abhängigen Giralgeldschöpfungskapazität beispielsweise als Folge der Zusammenfassung von Sparkassen und Girozentralen[87] oder von einer Liquiditätsersparnis der Zentralen, die „aus-

---

[86] Die Zahlen wurden zum Teil geringfügig aufgerundet.

[87] Vgl. Floss, Eberhard, Theorie der Sparkassen-Liquidität, a. a. O., S. 163.

schließlich deren Kreditspielraum“ vergrößert[88], gesprochen wird, so kann man daraus nicht deutlich die mögliche doppelte Wirksamkeit der Gironetze, insbesondere ihrer Zentralen, ersehen. Die erhöhte Geldschöpfungsfähigkeit der Zentralen wird in beiden Fällen durch die Quote der sich im Systembereich nicht ausgleichenden Zahlungen bestimmt. Soweit dieser Ausgleich nicht erfolgt, liegen im Hinblick auf die Geldschöpfung der Gironetze und den kreditpolitischen Beziehungsbereich systemtypische Abläufe vor. Denn wir müssen uns deutlich machen, daß die sich ausgleichenden Zahlungen auch ohne den Zusammenschluß zu Gironetzen vorgenommen werden, weil die Kundschaftszusammensetzung bei den einzelnen Instituten im Unter-, Mittel- und Oberbau durch die Bildung derartiger Zahlungsverkehrsorganisationen nicht geändert wird.

Für den Zahlungsverkehr ergeben sich andere Auswirkungen. Ohne Zusammenschluß im System und ohne gegenseitige Kontoverbindung würden die sich ausgleichenden giralen Aus- und Eingänge in Westdeutschland z. B. über die Landeszentralbanken oder deren Abrechnungsstellen laufen. Wenn wir bei sonst gleichen Bedingungen den Zustand vor und den nach einem eventuellen Beitritt zu einem Gironetz miteinander vergleichen, so sind nach dem Anschluß die sich kompensierenden und die sich nicht kompensierenden Zahlungen, die über Teilzentralen oder Zentralen verrechnet werden, als Girosystemzahlungen zu betrachten, auch wenn sie nicht alle im Netz verbleiben. Mit der Errichtung eines Zahlungssystems ändert sich das Ausgleichsvolumen nicht.

Theoretisch ist es denkbar, daß sich für die Teilzentralen und Zentralen eines Systems überhaupt keine Vorteile aus ihrer Zentralefunktion ergeben, weil sich unter Umständen bei allen Mitgliedsinstituten die Ausgänge mit den Eingängen kompensieren. Dabei ist unter Ausgleich auch die Kompensation giraler Ausgänge mit überschüssigen baren Eingängen zu verstehen, da diese normalerweise kurzfristig auf die Zahlungsverkehrskonten der betreffenden Bank oder Sparkasse bei anderen Instituten eingezahlt werden. Praktisch wird ein vollständiger Ausgleich kaum zu erreichen sein, weil sich immer wieder konjunkturelle, saisonale oder sonstige einseitige Faktoren (Steuertermine u. ä.) bei einzelnen Instituten bemerkbar machen[89]. Entscheidend ist dafür, wie noch zu zeigen sein wird, die Kundenstruktur der Mitgliedsinstitute.

Wahrscheinlich ist also doch ein gewisser Liquiditätsvorteil der Systemzentralen, dessen tatsächliche Höhe wir allerdings auch für klei-

---

[88] Vgl. Dick, Adalbert, Die Verflechtung zwischen Sparkassen und Girozentralen, a. a. O., S. 37.

[89] Vgl. Wilsdorf, Manfred, Bestimmungsgründe und volkswirtschaftliche Auswirkungen . . ., a. a. O., S. 42 f.

nere Perioden nicht ermitteln können, da die dafür benötigten Zahlenangaben fehlen[90]. Wir müssen uns daher auf eine theoretische Untersuchung beschränken, die allgemein von einem Zentrale-Verhältnis ausgeht. Damit werden sowohl die Teilzentralen als auch die Systemzentralen erfaßt. Denn bei den Spitzeninstituten können ebenfalls Ersparnisse an Zentralbankguthaben entstehen, auch wenn die Zahlungsverkehrssalden zwischen den Instituten des Mittelbaus nur gelegentlich ausgeglichen werden.

Ohne konkrete Zahlenangaben und Berechnungen ist es nicht möglich, von einer besonderen „Geldschöpfungsmacht" der Zahlungsnetze zu sprechen. Wir wollen nicht leugnen, daß die Teilzentralen und Zentralen gegenüber Einzelbanken eine zusätzliche Fähigkeit zur Geldschöpfung aufweisen können. Aber es läßt sich mit Sicherheit nichts über das Ausmaß sagen. Aus der einfachen Tatsache, daß sich „Zahlungsaufträge durch bloße Umbuchung ausführen" lassen, kann nicht ohne weiteres gefolgert werden, daß „die Geldschöpfungsmacht bei den Großbanken mit ihren über das ganze Reich verzweigten Gironetzen besonders groß" war[91]. Das kann ebenso durch eine hohe Ausgleichsquote zwischen Aus- und Eingängen bei den einzelnen Filialen und Zweigstellen hervorgerufen werden, ohne daß dafür ein Gironetz nötig wäre.

b) Die unterschiedlichen, von der Verwendung der Überschußreserven abhängigen Auswirkungen auf die Geldschöpfung der Kreditinstitute[92]

α) Bei Kreditgewährung an angeschlossene Mitgliedsstellen

Eine Zentrale kann die bei ihr infolge der Reservehaltung für den Zahlungsverkehr entstehenden Überschußreserven in verschiedener

---

[90] So sind auch die Zahlen für den Spargiroverkehr für unsere Zwecke nicht genügend aufgeschlüsselt. Vgl. Deutscher Sparkassen- und Giroverband e. V., Die Sparkassen in Zahlen, 3. Aufl., Stuttgart 1959 und verschiedene Nachträge, Gruppe 501; Van Zwoll macht zwar eine Zahlenangabe, die aber nicht genügend über die Entstehung der Verrechnungsvorteile aussagt: „Man schätzt die Liquiditätsersparnis der großen Girokreise auf 5 % bis 10 % der Kreditoren" und er erläutert dazu in einer Anmerkung, daß die Herabsetzung der Liquiditätsvorsorge höchstens 5 % erbringt, während der Wegfall der Postlaufzeit bis zu 5 % erspart. (Zwoll, Johann Hermann van, Mindestreserven als Mittel der Geld- und Kreditpolitik, Finanzwissenschaftliche Forschungsarbeiten, hrsg. von G. Schmölders, Heft Nr. 8, Berlin 1954, S. 73. Der Wegfall bringt direkt keine Ersparnis an flüssigen Mitteln für die Systemmitglieder. Eine derartige Erhöhung der Umlaufsgeschwindigkeit kann sich aber auf die Nachfrage der Nichtbanken auswirken.

[91] Sewering, Karl, Der Zahlungsverkehr, a. a. O., S. 25.

[92] Mit unseren Ausführungen folgen wir etwa Gleskes Darstellung. Vgl. Gleske, Leonhard, Die Liquidität in der Kreditwirtschaft, a. a. O., S. 38 f.

Weise anlegen. Kredite werden an eigene Kunden oder an Mitgliedsinstitute gewährt, ferner außenstehende Banken, von denen die Zentralen auch Wertpapiere erwerben.

Je nach der Verwendung der durch den Zusammenschluß zu Gironetzen bedingten überschüssigen Mittel ergeben sich für die einzelnen Bereiche unterschiedliche Auswirkungen. Die Art der Ausnutzung entscheidet auch darüber, ob der höhere systembedingte Geldschöpfungskoeffizient ausgenutzt werden kann. Von den drei im Prinzip möglichen Anlagearten soll zunächst die Kreditgewährung einer Zentrale an eigene Mitgliedsbanken oder -sparkassen erörtert werden. Die Höhe des Kredits richtet sich nach der Verwendung durch die kreditnehmende Bank. Der Kreditbetrag wird sich auf die Überschußreserve beschränken müssen, wenn damit zu rechnen ist, daß die ganze Summe nach außen abfließt. Das ist eher anzunehmen als das andere Extrem, daß nämlich überhaupt keine Zahlung nach außen geht. Auf lange Sicht wird sich ein dazwischenliegender Durchschnittswert ergeben. Wenn die Mitgliedsbank oder -sparkasse auf Grund des Zentralekredits ihren eigenen Kunden Kredite einräumt, wird ein Teil davon in bar abgehoben werden. Darauf muß das Mitglied seine Barreserven einrichten, eventuell durch Abhebungen bei der Zentrale. Ein anderer Teil des Kredits ist durch Mindestreserven bei der Notenbank zu decken, dafür wird ein bestimmter Betrag vom Zentralbankkonto des Spitzeninstituts auf das der Mitgliedsbank umzudisponieren sein, ausgenommen sind die Fälle, in denen eine indirekte Reservehaltung gestattet ist. Die Liquiditätshaltung bei der Zentrale ist dann nicht nötig, wenn die Bank mit eigenem Giralgeld auf direktem (Hausüberweisungen) oder indirektem Wege (Ausgleich zwischen Ein- und Ausgängen) zahlen kann. Ein Teil der sich nicht ausgleichenden Verfügungen fließt über die Zentrale nach außen oder an gleichgeordnete bzw. übergeordnete Zentralen ab, wobei das betreffende Spitzeninstitut mit Zahlungsmitteln begleichen muß, die es nicht selbst schaffen kann. Ein weiterer Teil der Zahlungen verbleibt innerhalb des Einzugsbereichs der jeweiligen Zentrale und kann durch Umbuchung erledigt werden. Die Kreditgewährung an die angeschlossene Bank oder Sparkasse soll möglicherweise nur zum Teil deren Bedarf an liquiden Mitteln (Kassenbestand, Zentralbank- und Nostroguthaben) decken. Als Zweck kommt ferner die Erhöhung der Zentralbankguthaben nach einer Anhebung der Mindestreservesätze in Frage. Die Krediteinräumung kann auch von einer Teilzentrale in Gemeinschaft mit einem Mitgliedsinstitut erfolgen. Man spricht dann von Metakrediten. Die betreffende Zentrale stellt in diesem Falle die Überschußreserve mit bereit.

Die systemzugehörigen Banken können außerdem beabsichtigen, mit dem zur Verfügung gestellten Betrag Wertpapiere zu kaufen. Wenn der Erwerb nicht bei der Zentrale aus deren Beständen erfolgt, fließt der Kaufbetrag in fremdem Geld ab. Die Überschußreserve wird damit zu anderen Kreditinstituten verlagert. Handelt es sich beim Verkäufer um die Notenbank, so wird das für den Wertpapierkauf verwendete Zentralbankguthaben dem gesamten Bankensektor entzogen und kann dort zunächst nicht mehr als Grundlage einer Geldschöpfung dienen. Wir kommen darauf im Zusammenhang mit der Offenmarktpolitik noch zurück.

Besteht bei der Errichtung eines Systems oder dem Beitritt zu einem bestehenden System eine Refinanzierungsverpflichtung des beitretenden Instituts, kann die Kreditgewährung auch dazu dienen, die Verschuldung bei der Notenbank abzubauen. Das kommt ebenfalls für Mitglieder eines bestehenden Gironetzes in Betracht, da Lombardkredite einer Stelle nicht ununterbrochen fortbestehen dürfen. Allerdings können die Zentralen für ihre Mitglieder bei der Notenbank einen neuen Lombardkredit aufnehmen und damit den der angeschlossenen Sparkassen oder Banken ablösen.

Als Form der Kredite von Zentralen kommen sowohl der Lombardkredit, die Rediskontierung von Wechseln als auch die Kreditgewährung ohne spezielle Sicherheit in Frage. Den Filialen der Großbanken ist eine Kreditaufnahme bei den drei Kopfstellen mit der Zustimmung der Geschäftsleitungen ohne weiteres möglich. Im Gegensatz zu der rechtlich ungehinderten Kreditgewährung der Zentralen stehen die Verhältnisse im westdeutschen Sparkassenwesen. Im § 12 Abs. I der Neuen und vorher im § 23 Abs. I der Alten Mustersatzung finden sich gewisse Einschränkungen[93]. Grundsätzlich ist die Kreditaufnahme bei anderen Kredit-

[93] Entscheidend ist dabei das Verbot der Dauerkreditaufnahme für die Sparkassen, aber nicht die Verpflichtung der Girozentralen zur liquiden Anlage der Sparkassenmittel. Diese Auflage hat demgegenüber ihre Ursache in den Vorschriften des Liquiditätszuges und hatte schon früher nichts mit den Reserven für Zahlungsverkehrszwecke zu tun. Auch wenn heute einmal die Mindestreserven auf die Liquiditätszugreserve anzurechnen sind, zum anderen die täglich fälligen Reserven für den Zahlungsverkehr und den Liquiditätszug in einer Summe gehalten werden, so ist der darin enthaltene Anteil der Liquiditätszugmittel nur für die Abwicklung der sich ausgleichenden Zahlungen geeignet, für die sich nicht mit Eingängen kompensierenden Ausgänge müssen darüber hinaus Zahlungsverkehrsreserven unterhalten werden. Auch wenn die beiden Reservearten getrennt geführt werden, müssen für die sich nicht ausgleichenden Verfügungen Zahlungsverkehrsguthaben unterhalten werden. Dabei haben wir eine Kreditaufnahme zunächst ausgeschlossen. Die liquide Anlage der bei den Girozentralen unterhaltenen Liquiditätszugreserven begrenzt also in keiner Weise die systembedingte höhere Geldschöpfungsfähigkeit. Zwischen der liquiden Anlage der Liquiditätszugreserven und der erhöhten Geldschöpfungskapazität auf Grund einer Ersparnis an Zentralbankguthaben und eines höheren Geldschöpfungskoeffizienten besteht kein direkter Zusammenhang. Die Darstellung von Floss ist in diesem Punkte also einzuschränken. (Vgl. Floss, Eberhard, Theorie der Sparkassen-Liquidität, a. a. O., S. 197.) Nur das Verbot der längerdauernden Kreditaufnahme durch die Sparkassen kann die Einlagenaktivität des Sparkassen-

instituten verboten. Mit der Zustimmung der Verwaltungsrats dürfen jedoch zur Deckung eines vorübergehend auftretenden Bedarfs an flüssigen Mitteln entsprechend kurzfristige Kredite bei Girozentralen, Landeszentralbanken und anderen öffentlich-rechtlichen Kreditinstituten aufgenommen werden. Ferner ist es den Sparkassen gestattet, sich über den Rediskont von Wechseln oder die Lombardierung von Wechseln und festverzinslichen Effekten, insbesondere bei der regionalen Girozentrale, zu refinanzieren. Hinzu kommt dann noch die Möglichkeit gemeinsamer Kreditgewährung von Sparkassen und Girozentralen (Metakredite). Auf diese Weise wird erreicht, daß die Sparkassen in bestimmter Form doch an den Liquiditätsvorteilen der Zentralen teilhaben können. Das Ausmaß hängt wesentlich vom Umfang der Wechseldiskonte und vom Bestand an festverzinslichen Effekten ab. Allerdings wird der Anfall von Wechseln bei vielen Sparkassen wegen der Kundenstruktur nicht sehr hoch veranschlagt.

Ohne diese beschriebenen Wege der Kreditnahme bei der regionalen Girozentrale würde sich eine Stärkung des Mittel- und Oberbaus ergeben zu Lasten der Sparkassen, die damit auf Liquiditätsgebiet überhaupt keine Vorteile aus dem Zusammenschluß im System aufzuweisen hätten, wobei dem Dezentralisationsgedanken im deutschen Sparkassenwesen zuwidergehandelt würde[94]. Wir müssen uns jetzt noch fragen, ob es eigentlich zweckmäßig ist, daß sich z. B. die Mitgliedsinstitute des Unterbaus beim Mittelbau refinanzieren.

Jede einzelne Bank, abgesehen von den Sparkassen, kann auf dem Geldmarkt Kredit aufnehmen. Aber in den meisten Fällen fehlt den Instituten im Unterbau eines Netzes die erforderliche Markttransparenz für derartige Geschäfte, das gilt sowohl für selbständige Institute als auch für einzelne Bankniederlassungen. Diese können nicht so leicht feststellen, welche Banken überschüssige liquide Mittel besitzen. Es ist anzunehmen, daß hier die Systemzentralen bzw. Teilzentralen einen besseren Überblick haben, da sie meistens an größeren Bankplätzen domizilieren. Das spricht also für eine Kreditaufnahme im System, wenn man nicht sogar bei der Notenbank rediskontiert oder lombardiert[95].

---

systems in eine Geldmarktaktivität ausweiten (ebda), sofern auch keine Kreditgewährung der Girozentralen an eigene Nichtbankenkunden möglich ist. Das bedeutet, daß die Ersparnisse an Zentralbankguthaben auf Grund der Gironetzbildung außerhalb des Systems angelegt werden. Die Liquiditätszugreserven werden zwar im Sparkassensystem unterhalten, die damit verbundenen Fragen müssen aber getrennt behandelt werden von denen des Girosystems als Zahlungsverkehrsorganisation mit seinen möglichen besonderen Wirkungen.

[94] Vgl. Floß, Eberhard, Theorie der Sparkassen-Liquidität, a. a. O., S. 166.

[95] Vgl. Feifel, Hermann, Die Anwendbarkeit der modernen Kreditschöpfungslehre . . ., a. a. O., S. 139 f.

Aber die Krediteinräumung ist nicht allein entscheidend. Es kommt auch darauf an, ob der Zahlungsverkehr über die Notenbank einschließlich ihrer Abrechnungsstellen oder über die systemeigenen Zentralen läuft und der Kreditbetrag damit bei der Notenbank oder bei der jeweiligen Zentrale in Anspruch genommen wird. An der Barabhebung und der eventuell erforderlichen Mindestreservehaltung ändert sich in keinem Fall etwas. Das trifft auch für die Überweisungen zu, die das Teilsystem ganz verlassen. Die sich gegenseitig ausgleichenden Aus- und Eingänge können ebenfalls über die Notenbank oder über die zuständige Zentrale abgewickelt werden, da hierfür keine besondere Liquiditätshaltung notwendig ist. In vielen Fällen wickeln die Banken diese Zahlungen innerhalb der Mindestreserven ab. Für den Teil der Zahlungen, der sich bei dem Mitgliedsinstitut nicht kompensiert, der aber im System verbleibt und von der betreffenden Zentrale nur umgebucht zu werden braucht, ist die Kreditaufnahme im System günstiger. Denn hier ergibt sich der beschriebene Liquiditätsvorteil bei der Zentrale, jedenfalls der für das System ausnutzbare, während er sonst unverwertbar bei der Notenbank entstände. Wenn ein Systemmitglied sich einen Kredit bei der Notenbank oder bei anderen außenstehenden Kreditinstituten einräumen läßt, ist es für das System wegen der Entstehung von Überschußreserven und der Ersparnis an Zentralbankguthaben bei der Zentrale zweckmäßig, daß mindestens ein Teil des Kreditbetrages zur Zentrale umdisponiert wird. Bei einer Kreditgewährung der und einer Verfügung über die Zentrale braucht bei Überweisungen und Scheckzahlungen der im System verbleibende, sich aber nicht ausgleichende Teil nicht durch Notenbankguthaben gedeckt zu sein, im Gegensatz zu einer Kreditgewährung der und einer Verfügung über die Notenbank. Wird der Kredit zur betreffenden Zentrale umdisponiert, kann die Höhe des Kredits so bemessen werden, daß nur der Abfluß an Zentralbankguthaben, Noten und Münzen gedeckt ist. Dann muß die Zentrale den Betrag stunden, der von der betroffenen Mitgliedsbank oder -sparkasse abfließt, jedoch im System bzw. Systembereich verbleibt. Können aber auf Grund einer Kreditgewährung im System mehr Kredite gewährt werden als ohne diese? Diese Frage läßt sich schwer beantworten, da man nicht beurteilen kann, ob die Kreditnachfrage überall gleichmäßig auftritt, d. h. im richtigen Verhältnis zu den anfallenden Überschußreserven. Sieht man einmal davon ab, dann können nach Föhl[96] die Banken durch Stundung von Forderungen zwischen ihnen nicht mehr Kredite einräumen als ohne die Kreditierung untereinander und einer Kreditgewährung nur an Nichtbankenkunden. Es ist aber unwahrscheinlich, daß die Kreditnachfrage immer dort auftritt,

[96] Vgl. Föhl, Carl, Geldschöpfung und Wirtschaftskreislauf, 2. Aufl., Berlin 1955, S. 85.

wo überschüssige liquide Mittel anfallen. Die gegenseitige Stundung ist dann ein gutes Verfahren, die Überschußreserven zum Ort des Kreditbedarfs zu verlagern. Den Systemzentralen und regionalen Zentralen steht meistens außerdem die Möglichkeit der Krediteinräumung an eigene Kunden des Nichtbankensektors offen.

β) Bei Kreditgewährung an eigene Nichtbankenkunden

Während die Zentralen der Großbanken diese Fähigkeit schon länger besaßen, hat die Nichtbankenkundschaft z. B. bei den westdeutschen Girozentralen erst nach und nach einen größeren Umfang gewonnen. Die Geldschöpfung findet dann bei den Teilzentralen statt. Das Kreditvolumen des gesamten Girosystems wird ebenfalls erweitert, wenn man dabei an eine konsolidierte Bilanz denkt. Erfolgt die Geldschöpfung auf Grund einer Überschußreserve, die durch die Reservehaltung der Mitgliedsinstitute bei ihrer Zentrale verursacht wird, so handelt es sich um einen durch den Zusammenschluß im System ermöglichten Prozeß. Uns interessieren von den giralen Verfügungen über Kreditbeträge, die auf der Grundlage der im System oder anderweitig entstandenen Überschußreserven gewährt werden, nur die sich nicht ausgleichenden, aber im System verbleibenden Übertragungen, da sie zunächst keine Zentralbankguthaben erfordern. Ausgenommen sind davon nur die direkten Hausüberweisungen innerhalb der Zentrale, weil sie nicht durch den Zusammenschluß bewirkt werden. Gemeint sind also nur die Zahlungen mit eigenem Buchgeld an Kunden der Mitgliedsinstitute, für die in der Abrechnungsperiode kein Gegenstrom auftritt. Für die besondere Geldschöpfung der Gironetze sind nur die obenerwähnten Beträge interessant, für den Zahlungsverkehr, wie wir schon angedeutet haben, auch die sich ausgleichenden. Wir haben bereits festgestellt, daß die systemzugehörigen Banken und Sparkassen bestrebt sind, auch Zahlungen an andere systemfremde Banken solange wie möglich im eigenen Netz zu halten, in der Hoffnung darauf, daß der Begünstigte auch in der eigenen Organisation ein Konto unterhält. Trifft das zu und findet kein Ausgleich der Aus- und Eingänge statt, so liegt der für die Zentrale liquiditätsmäßig günstige Fall vor. Bei einer Kompensation mit Zahlungen von demselben Institut ergeben sich keine anderen Wirkungen als ohne Zusammenschluß. Existiert dagegen keine Kontoverbindung, muß die übertragende Stelle über Zentralbankguthaben oder sonstige Nostroguthaben verfügen oder es sich beschaffen können. Wenn jede Stelle im System bei der Kreditgewährung für solche vorerst im System verbleibenden Zahlungen einen entsprechenden Betrag an flüssigen Mitteln vorsieht, ergeben sich letztlich Überschußreserven für die umbuchende Zentrale. Verlassen die Überweisungen die eigene Organisation doch, so ist damit zu rechnen, daß nicht einzelne Systembanken übermäßig vom Abzug der Zentralbankguthaben betroffen werden, sondern daß ein ungefähres Gleichgewicht herrschen wird. Der Bedarf an Notenbankguthaben wird wahrscheinlich durch den Versuch, die Fakultativklausel anzuwenden, geringer, aber es ist anzunehmen, daß innerhalb aller Systeme so verfahren und der Zufluß an Notenbankreserven ebenfalls geringer wird. Unsere Betrachtungen haben jedoch nur Gültigkeit für den Überweisungsverkehr und damit nicht für Länder mit fast ausschließlichem Scheckverkehr. Abschließend läßt sich sagen, daß sich die Kreditgewährung der Zentrale an eigene Nichtbankenkunden und diejenige an zugehörige Mitgliedsbanken im Prinzip nicht unterscheiden. Die Anlage auf Grund der überschüssigen Mittel geschieht in beiden Fällen im System.

γ) Bei Kreditgewährung an außenstehende Kreditinstitute bzw. beim Wertpapierkauf von außenstehenden Kreditinstituten

Allgemeine Darstellung

Wenn im System Verwendungsmöglichkeiten fehlen oder wenn aus anderen Gründen (entgegenstehende Rechtsvorschriften) keine Anlage bei eigenen Nichtbankenkunden oder angeschlossenen Mitgliedsinstituten möglich ist, bleibt zur Ertragssicherung noch die Kreditgewährung an außenstehende Banken bzw. der Wertpapierkauf von ihnen. Der Wertpapierkauf soll hier im weiteren Sinne verstanden werden. Dieser Begriff bezieht sich sowohl auf den Erwerb von Effekten, d. h. fungiblen Wertpapieren, als auch auf den Erwerb von Wechseln. Dabei könnte man den Wechselkauf auch der Kreditgewährung zurechnen.

Eine Krediteinräumung liegt außerdem vor, wenn Tages-, Ultimo-, Monatsgeld usw. überlassen wird. Die Form der Kreditgewährung und die Art des gekauften Wertpapieres sind jedoch im Rahmen unserer Arbeit nicht von so großem Interesse wie die mit dem Erwerb von Wertpapieren verbundenen Wirkungen. Für uns ist die Ausnutzung der entstandenen Überschußreserve bedeutsam. Sowohl beim Wertpapierkauf als auch bei der Kreditgewährung fließt hier das überschüssige Zentralbankguthaben nach außen ab. Unter außenstehenden Kreditinstituten wollen wir alle diejenigen verstehen, mit denen die betreffende Zentrale den Zahlungsverkehr über die Zentralbank oder die Abrechnungsstellen (der Zentralbank) abwickelt. Wenn die jeweilige Zentrale z. B. Wechsel von ihnen kauft, fließt dafür die ursprüngliche Überschußreserve von der Zentrale an das verkaufende Kreditinstitut ab. Es handelt sich hier zunächst noch nicht um Giralgeld. Dazu wird es erst, wenn beispielsweise die Nichtbankenkunden der kreditnehmenden Bank über ihre Kredite so verfügen, daß damit Zentralbankguthaben bewegt wird. Danach verliert es diesen Charakter bis zu einer weiteren Verfügung wieder. Bei den Kreditgewährungen und Wertpapierkäufen der Zentrale wird das zugrunde liegende überschüssige Notenbankguthaben vollständig abgezogen. Ein höherer Multiplikator als eins kann hier also nicht wirksam werden. Von einem Geldschöpfungsmultiplikator läßt sich nicht sprechen, da im zwischenbankmäßigen Kreditverkehr zunächst kein Geld geschaffen wird.

Mit der Kreditgewährung oder dem Wertpapierkauf, erfolgt dann eine Liquidisierung außenstehender Banken. Das gilt jedoch nur für Geschäfte mit Nichtnotenbanken. Überschußreserven werden nur zu Nichtnotenbanken verlagert, deren Spielraum für die Geldschöpfung damit erweitert wird. Bei diesen Kreditinstituten spielt es wieder eine Rolle, ob es sich um systemzugehörige Banken oder Sparkassen und um Zentralen oder Mitgliedsinstitute des Unterbaus handelt. Die Geldschöpfungsfähigkeit ist dementsprechend unterschiedlich, wie wir bereits in den vorhergehenden Abschnitten aufgezeigt hatten. Die Kreditgewährung an außenstehende Banken durch die Zentralen eines bestimmten Systems bedeutet praktisch, daß ein Teil des Kreditvolumens der begünstigten Banken übernommen wird. Das kann, wie bereits angedeutet, aus einem Mangel an Anlagemöglichkeiten bei den Nichtbankenkunden eines Systems geschehen, aber auch auf Grund von Rechtsvorschriften. Beide Gesichtspunkte treffen für das westdeutsche Sparkassensystem zu. Wir denken dabei auch an das Verbot einer länger dauernden Kreditaufnahme.

Die Sparkassenorganisation betreibt mit ihrem Überhang an liquiden Mitteln nicht in vollem Umfang eine eigene Geldschöpfung, vielmehr gibt sie die Überschußreserven, zu denen auch die durch die Verrechnungstätigkeit der Zahlungsnetze frei werdenden Reserven gehören, an andere Kreditinstitute weiter, vor allem an die Kreditbanken. Diesen Instituten sind damit weitere Geldschöpfungen möglich[97].

Für die Sparkassen ist vor allem der Sparverkehr ein „Liquiditätszubringer“, der ihnen durch das Überwiegen des Barverkehrs regelmäßig Überschußreserven zugeführt hat[98]. Diese Liquidität ist bisher nicht voll im eigenen Nichtbankenkundenkreis angelegt worden. Wenn man alle liquiditätsbringenden Faktoren berücksichtigt, besaß die deutsche Sparkassenorganisation Nettoforderungen im inländischen Interbankverkehr von gut 2,5 Mrd. DM (Durchschnitt der Stände Ende Juni, Juli und August 1963). Der gesamte Genossenschaftssektor wies eine Nettoschuldnerposition von gut 0,5 Mrd. DM aus. Das Genossenschaftssystem dürfte aber zu den „gebenden“ Gruppen gehören, da viele

---

[97] Vgl. Henze, Werner, Das Sparkassensystem als Faktor einer Kredit- und Geldschöpfung, in: Sparkasse, 80. Jg., Heft 4, 15. Febr. 1963, S. 54.

[98] Vgl. Henze, Werner, Das Sparkassensystem als Faktor einer Kredit- und Geldschöpfung, in: Sparkasse, 80. Jg., Heft 4, 15. Febr. 1963, S. 53.

kleine ländliche Kreditgenossenschaften nicht für die monatliche Bankenstatistik zu berichten brauchen. Deren Liquiditätsreserven werden daher nicht eingerechnet, die denen gegenüberstehenden Verpflichtungen der Zentralkassen jedoch voll. Im Durchschnitt der Monatsendstände Juni, Juli und August 1963 waren die Geldinstitute der Post nicht mehr Geldgeber im inländischen Geldverkehr wie in den Vorjahren[99].

Größter Geldnehmer war zu den Stichtagen des Jahres 1963 die Gruppe der Kreditbanken. Gegenüber 1961 hat sich die Netto-Schuldnerposition insgesamt nur wenig verstärkt. Bei der Untergruppe der Großbanken sind die Nettoverbindlichkeiten praktisch unverändert geblieben, während das Geschäftsvolumen weiter gestiegen ist, bei allen berichtenden Kreditinstituten im Durchschnitt um 25 vH[99]. Das kann durch die intensive Pflege des Sparverkehrs seitens der Banken, insbesondere auch der Großbanken bedingt sein, die auch die Funktion der Spareinlagen als „Liquiditätszubringer" erkannt haben. Der Diskontwechsel, der früher hauptsächlich zur Beschaffung von liquiden Mitteln, besonders Zentralbankguthaben diente, verliert damit allmählich an Bedeutung[100].

Man könnte sagen, daß die Kreditinstitute — auch die Systemmitglieder — durch gegenseitige Kreditgewährungen vom Kredit der Notenbank (Wechselkredit usw.) unabhängiger werden. Durch die Intensivierung des Spareinlagengeschäfts versuchen die Banken außerdem, vom Kredit der anderen Institutsgruppen unabhängig zu werden. Die Notenbank wird allerdings bestrebt sein, in Krisenfällen die Kreditgewährungen zwischen den Banken zu verhindern, indem sie im Rahmen ihrer Offenmarktpolitik ertragreiche Wertpapiere verkauft. Damit werden Notenbankguthaben vernichtet, die dann nicht mehr als Mittel zur Übertragung von Sichteinlagen zu anderen Kreditinstituten dienen können. Nach den durchschnittlichen Ständen per Ende Juni, Juli und August 1959—1963 besaßen vor allem die Kreditbanken, die Girozentralen und die Postscheck- und Postsparkassenämter erhebliche Bestände an Schatzwechseln und unverzinslichen Schatzanweisungen. Die Deutsche Bundesbank betrachtet diese Wertpapiere sowie die „Interbankforderungen" zumindest teilweise als alternative Anlageformen. Addiert man diese Wertpapierbestände sowie die Forderungen gegen andere Kreditinstitute und saldiert sie mit den Interbankpassiva, so ergibt sich für die Sparkassenorganisation, die drei älteren Großbanken

[99] Vgl. o. V., Interbankaktiva und -passiva sowie Bestände an öffentlichen Geldmarkttiteln bei den einzelnen Bankengruppen, in: Monatsberichte der Deutschen Bundesbank, 15. Jg., Nr. 12, Dez. 1963, S. 3 ff.

[100] Vgl. Henze, Werner, Das Sparkassensystem als Faktor einer Kredit- und Geldschöpfung, in: Sparkasse, a. a. O., S. 53.

und die Postscheck- und Postsparkassenämter eine Nettogläubigerstellung, für die übrigen „Kreditbanken" dageggen ein Schuldsaldo[101].

In den Forderungen und Wertpapierbeständen sind sowohl die aus der Verrechnungstätigkeit der Systemzentralen resultierenden und die sonstigen Überschußreserven, zum Teil aber auch die Liquiditätsreserven enthalten. Eine Trennung ist zur Zeit nicht möglich. Wenn sich bei den Gruppen und Teilsystemen, deren Interbankpassiva überwiegen, Überschußreserven aus der systeminternen Verrechnungstätigkeit ergeben, wird dadurch der Kreditbedarf (Refinanzierungsbedarf) geringer.

Volkswirtschaftlich spielt es wahrscheinlich keine große Rolle, welches Gironetz die Kredite einräumt bzw. die Wertpapiere kauft. Eine Veränderung ergibt sich jedoch, wenn die Überschußreserven alleinstehenden Banken zufließen, die einen kleineren Geldschöpfungskoeffizienten als die Systemzentralen und Teilzentralen aufweisen. Kaufen die Zentralen, die übrigen Mitgliedsbanken oder -sparkassen oder die alleinstehenden Banken für die ihnen auf dem Kreditwege oder über den Wertpapiererwerb von anderen Zentralen zugeflossenen Mittel Wertpapiere von Nichtbanken oder gewähren sie Kredite an Nichtbanken, so findet damit eine Geldaktivierung-Geldschöpfung statt.

Die Bedeutung des Postschecksystems

Wir haben jetzt zu untersuchen, welche Bedeutung in diesem Zusammenhang das Postschecksystem hat. Dieses Netz wird als reine Zahlungsverkehrsorganisation und nicht als Störungsfaktor der Kreditpolitik angesehen, da die für den Zahlungsverkehr nicht benötigten Notenbankguthaben der Postscheckämter im Einvernehmen mit der Notenbank durch die Generalpostkasse angelegt werden[102]. Die Postscheckämter waren daher auch nicht von dem Verbot betroffen, Überweisungen über die Ländergrenzen hinaus im eigenen System vorzunehmen. Die Anlagen des Postschecksystems bestanden Ende 1961 aus Bundesbankguthaben, den Guthaben bei Kreditinstituten, aus Wechseln, Geldmarktpapieren, Wertpapieren sowie langfristigen Ausleihungen an Kreditinstitute und Nichtbanken[103]. Wenn Ende 1961 bei einem Sichteinlagenvolumen von 3288,2 Mio. DM (Nichtbanken und Kreditinstitute) Bundesbankguthaben von 659 Mio. DM unterhalten werden[103], und zwar für Zahlungszwecke und als Mindest-

---

[101] Vgl. o. V., Interbankaktiva und -passiva sowie Bestände an öffentlichen Geldmarkttiteln bei den einzelnen Bankengruppen, in: Monatsberichte der Deutschen Bundesbank, a. a. O., S. 9 f.

[102] Vgl. Mellerowicz, Konrad, Zahlungsverkehr, a. a. O., S. 76.

[103] Vgl. Ringleb, Waldemar, Bargeldloser Zahlungsverkehr gehört zur Infrastruktur, in: Der Volkswirt, a. a. O., S. 1401.

reserven, so verdeutlicht das schon, in welch hohem Maße die Zahlungen im Postschecksystem mit dessen Buchgeld vorgenommen werden können. Schon innerhalb eines Postscheckamtes wird sich wegen der großen Kundenzahl ein erheblicher Teil der Verfügungen erledigen. Praktisch gilt die Verrechnungsmöglichkeit für das ganze System, denn es wird kein Ausgleich zwischen den an einem Überweisungsvorgang beteiligten Postscheckämtern und damit auch keine gegenseitige Kontoführung, Liquiditätshaltung und Verbuchung nach den Prinzipien der doppelten Buchführung vorgenommen, auch nicht über die Generalpostkasse[104]. Nur die Summen werden kontrolliert.

Beim Postschecksystem kann man in den Auswirkungen nicht deutlich zwischen den Hauszahlungen und den Fernübertragungen im System unterscheiden, weil sie beide keine flüssigen Mittel erfordern. Eine hohe Quote dieser Zahlungen ist anzunehmen, weil viele Firmen und staatliche Stellen neben ihrem Bankkonto ein Postscheckkonto besitzen. Hinzu kommen dann noch die zahlreichen Konten von Privatleuten.

Welcher Teil der Zahlungen sich im System ausgleicht und welcher Teil nicht, ist beim Postscheckamt nicht von Bedeutung, da nur liquide Mittel für den Giral- und Barverkehr nach außen benötigt werden. Die Ursache ist darin zu sehen, daß die einzelnen Ämter gleichzeitig als Zentralen fungieren und keine direkten Reserven für die sich nicht ausgleichenden Zahlungen von Amt zu Amt zu halten brauchen. Die Guthaben beruhen wahrscheinlich weitgehend auf Einzahlungen und Eingängen an Zentralbankguthaben. Auf diese Weise entstehen relativ hohe Überschußreserven. Dieser Teil der Guthaben wird nicht für Zahlungsverkehrszwecke benötigt und steht damit einer sonstigen Verwendung zur Verfügung. Die für die übrigen Gironetze getroffene Feststellung, daß nur der Kauf von Wertpapieren von der Notenbank kreditpolitisch ungefährlich ist, jedenfalls im Aufschwung, hat auch hier Gültigkeit. Kredite und Wertpapierkäufe führen anderen Kreditinstituten Überschußreserven zu, die diese für ihre Zwecke und sicher nicht ohne Einfluß auf das volkswirtschaftliche Kreditvolumen verwenden können. Da das Postschecksystem auch ein System der Banken ist, kann angenommen werden, daß die Verkaufserlöse bzw. Kreditbeträge nicht völlig in Notenbankguthaben oder Noten und Münzen abgerufen werden, sondern daß ein Teil auf dem betreffenden Postscheckkonto stehen bleibt. So könnte das Postschecksystem theoretisch mehr Mittel zur Verfügung stellen, als es in Notenbankguthaben besitzt. Da die Notenbank über die Anlageform mitberät, wird sie eher für eine Verwendung sein, die die Vernichtung von Notenbankguthaben mit sich bringt, jedenfalls in Zeiten eines Nachfrageüberhangs und von Preissteigerungstenden-

---

[104] Vgl. Sewering, Karl, Der Zahlungsverkehr, a. a. O., S. 97 f.

zen. Allerdings können sich mit der Post dann über die Ertragshöhe Divergenzen ergeben. Wenn Kredite an Nichtbanken, wie staatliche Stellen oder Dienststellen der Post, gegeben werden, findet eine echte Geldschöpfung statt, die auch die vorhandene Überschußreserve übersteigen wird. Bei einem Abfluß von Überschußreserven an andere Kreditinstitute liegt keine direkte Gefährdung durch das Postschecknetz vor, indirekt werden aber Sparkassen und Banken in die Lage versetzt, entgegen den Bestrebungen der Notenbank vorzugehen.

Von den verschiedenen Möglichkeiten, die den Zentralen zur ertragbringenden Anlage ihrer auf Grund der Girosysteme entstandenen überschüssigen Mittel offenstehen, ist nur der Erwerb von Wertpapieren bei der Notenbank ungefährlich für eine restriktive Kreditpolitik[105].

Bevor wir uns mit der Stellung der Notenbank hierzu beschäftigen wollen, ist es notwendig, sich mit der Zusammensetzung der Kundenkreise und ihrer Bedeutung für die Kreditpolitik der Gironetze, d. h. für die Fähigkeit der Zentralen zur Geldschöpfung und zur Kreditgewährung an andere Kreditinstitute zu beschäftigen.

c) Der Einfluß der Kundenstruktur auf die Geldschöpfung der Zentralen und Teilzentralen

Wir haben festgestellt, daß die Möglichkeit zur Geldschöpfung einer Teilzentrale oder Systemzentrale gesteigert werden kann, wenn diese Stellen in der eigenen Organisation verbleibende sich nicht ausgleichende Zahlungen einfach umbuchen können. Nur so ergibt sich ein höherer Geldschöpfungsmultiplikator. Bedingung für einen Liquiditätsvorteil, der sich meistens in überschüssigem Zentralbankgeld niederschlägt, ist zusätzlich die Reservehaltung des Unterbaus bzw. Mittelbaus bei der nächsthöheren Stufe. Der Effekt der Gironetze und insbesondere ihrer Zentralen beruht also nur auf einem Teil der Zahlungen.

---

[105] Gleske bemerkt dazu: „Es ist ersichtlich, daß die Ausbildung großer und weitgehend geschlossener Girokreise nicht ohne Einfluß auf die Zentralbankpolitik bleiben kann. Diese beruht auf der mengenmäßigen Begrenzung des den Banken zur Verfügung gestellten Zentralbankgeldes. In dem Maße, in dem ein Girokreis als Gesamtheit vergleichsweise geringere Zentralbankguthaben unterhalten kann als andere Banken und demzufolge in der Lage ist, durch die Vermittlung der systemeigenen Zentrale das Kreditpotential der angeschlossenen Banken zu stärken oder auf dem Wege von Geldmarktgeschäften anderen, außerhalb des Girokreises stehenden Banken eine expansivere Kreditpolitik zu ermöglichen, treten diese Spitzeninstitute in Konkurrenz zur Zentralbank. Ihre eigene Ausleihepolitik beeinflußt das Kreditpotential einer ganzen Reihe von Banken, die Kredite bei ihr aufnehmen und die sich andernfalls an die Zentralbank hätten wenden müssen." (Gleske, Leonhard, Die Liquidität in der Kreditwirtschaft, a. a. O., S. 39.) Hinzu kommt noch die mögliche höhere Geldschöpfungsfähigkeit der Zentralen auf Grund der sich nicht im jeweiligen Systembereich ausgleichenden Zahlungen.

Läßt sich der für die Geldschöpfung der Träger von Gironetzen wichtige Zahlungsstrom auf Grund der Kundenstruktur exakt bestimmen?

Feifel weist besonders auf den Einfluß hin, den die Zusammensetzung der Kundenstruktur auf die Geldschöpfung der einzelnen Kreditinstitute ausübt. Entscheidend ist die Kundenstruktur für die mit eigenem Giralgeld ausführbaren Zahlungen. „Je vielseitiger die Kundenstruktur ist, desto größer ist die Gewähr, daß ein Teil der Zahlungen innerhalb ihres eigenen Bereichs verbleibt und nicht an andere Banken abfließt[106].“ Vor allen Dingen kommt es auf die Vielzahl von Wirtschaftsstufen im Kundenkreis der Banken und Sparkassen, nicht so sehr auf eine Differenzierung nach Wirtschaftszweigen an[107]. Wenn eine Bank einen differenzierten Kundenkreis aufweist, wird demnach die Hausüberweisungsquote erhöht. Dafür ist es aber zugleich notwendig, daß die Kunden miteinander in Geschäftsbeziehung stehen. Auch in den Fällen, in denen die Kunden keine gegenseitigen Geschäftsbeziehungen unterhalten, ergibt sich für ein einzelnes Institut mit einem vielseitig orientierten Kundenkreis eine höhere Ausgleichsquote zwischen giralen Aus- und Eingängen.

Nach Geschäftsberichten von Kreditinstituten läßt sich die Kundschaftszusammensetzung einzelner Systembereiche feststellen. Aus diesen Zahlen über die Zusammensetzung der Einleger und Kreditnehmer, ihre Zugehörigkeit zu bestimmten Wirtschaftsstufen und -zweigen kann jedoch nicht auf die im einzelnen vorkommenden Zahlungsströme in ihrer Richtung und Breite geschlossen werden, denn wir wissen nicht, welche einzelnen Kunden der Mitgliedsbanken im Unter-, Mittel- und Oberbau miteinander in Geschäftsbeziehung stehen und daher Zahlungen aneinander leisten. Nur wenn auch bekannt ist, an wen die Kunden eines Systems zahlen, kann man die Bedeutung der Kundschaft für die typische Geldschöpfung erfassen. Eine Untersuchung der Kundenstruktur mit dem Ziel, die sich im Teilzentrale- oder Zentralebereich nicht ausgleichenden, einfach umzubuchenden Zahlungen zu bestimmen, ist ohne eine gleichzeitige Analyse der Kundenbeziehungen untereinander nicht durchzuführen. Diese Geschäftsverbindungen können statistisch nur sehr schwer bzw. gar nicht erfaßt werden. Wir müssen uns daher mit der allgemeinen Feststellung begnügen, daß die Kundenstruktur und die Geschäftsbeziehungen der Kunden untereinander für die typische Geldschöpfung der Gironetzzentralen Bedeutung besitzen. Ohne Berücksichtigung der Kundenstruktur und der Verbindungen untereinander läßt sich die Quote der sich nicht ausgleichenden Zahlungen nach-

---

106 Feifel, Hermann, Die Anwendbarkeit der modernen Kreditschöpfungslehre ..., a. a. O., S. 129; siehe auch S. 132 ff.

107 Ebda, S. 133.

träglich errechnen, wenn man aus der Buchführung einer Zentrale die Beträge der betreffenden Verfügungen herauszieht. Diese Quote kann als Erfahrungswert wahrscheinlich auch für zukünftige Berechnungen zugrunde gelegt werden.

d) Die Möglichkeit einer erhöhten Geldschöpfung auf Grund einer verringerten Reservehaltung der Mitgliedsinstitute[108]

In den vorherigen Abschnitten haben wir uns mit der erhöhten Fähigkeit der Zentralen zur Kreditgewährung bzw. zur Geldschöpfung[109] auf Grund ihrer Verrechnungstätigkeit befaßt. Werden Kredite an Mitgliedsinstitute gewährt und ihnen damit Überschußreserven übertragen, dann wird deren Geldschöpfungsfähigkeit gesteigert. Außerdem läßt sich noch eine weitere Auswirkung für die einzelnen Banken oder Sparkassen feststellen, die auch aus dem Zusammenschluß resultiert.

Wegen ihrer isolierten Stellung müssen die Leiter einzelner nicht einem Gironetz angehöriger Kreditinstitute besonders vorsichtig disponieren und sich bei der Anlage ihrer Mittel mehr Zurückhaltung auferlegen als die Mitglieder eines Gironetzes. Das Liquiditäts- und das Sicherheitsprinzip müssen mehr beachtet werden. Damit tritt das Ertragsprinzip (als Oberbegriff über dem Rentabilitätsstreben) bei Einzelbanken etwas in den Hintergrund. Das wird sich u. a. im Kreditgeschäft (d. h. also bei der Geldschöpfung) bemerkbar machen. Die Ursache für ein zurückhaltenderes Disponieren der Bankleitungen ist in der Gefahr eines plötzlich auftretenden Bedarfs an flüssigen Mitteln, insbesondere an Kassenbeständen und Notenbankguthaben, aber auch sonstiger Nostroguthaben, zu sehen, ohne daß immer gleichzeitige Beschaffungsmöglichkeiten gegeben sind. Das tritt in vermehrtem Maße dann ein, wenn die Refinanzierungskontingente bei der Notenbank (fast) erschöpft sind oder überhaupt nicht in Anspruch genommen werden sollen. Außerdem besteht die Möglichkeit, daß das Refinanzierungsersuchen von der Zentralbank abgelehnt wird oder aber zu rediskontierende Wechsel oder zu lombardierende Wertpapiere nicht vorliegen. Die Schwierigkeiten, flüssige Mittel schnell beschaffen zu können, nehmen noch mit der Entfernung von Orten mit einem funktionsfähigen Geldmarkt und von übrigen Bankplätzen zu.

---

[108] Vgl. hierzu auch die im Abschnitt: „Der Einfluß der Gironetzbildung auf die Höhe der Geldschöpfung. a) Grundsätzliches" zum Thema „branch banking" angeführte ausländische Literatur.

[109] Diese Ausdrücke sind nicht vollkommen identisch, denn die Kreditgewährung an Mitglieder und fremde Banken ist nicht als Geldschöpfung anzusehen.

Da es den alleinstehenden Banken unter diesen Bedingungen schwer möglich ist zu überblicken, welche anderen Kreditinstitute einen Überschuß an Zentralbankguthaben und welche ebenfalls einen Bedarf aufweisen, es ihnen also an der erforderlichen Markttransparenz fehlt[110], werden sie lieber zusätzliche Kassenreserven und Notenbankguthaben unterhalten, um nicht in Verlegenheit zu kommen.

Wegen des Rückhaltes im System und der damit verbundenen Möglichkeit, sich leicht und schnell bei den Zentralen zu refinanzieren, können die Mitgliedsinstitute des Unterbaus und eventuell auch des Mittelbaus ihre Liquiditätsreserven auf den unbedingt nötigen Satz verringern. Das betrifft nur die Zahlungsreserven, nicht aber die bestimmten Liquiditätsreserven, die nach irgendwelchen Rechtsvorschriften zu halten sind. Durch die Verminderung der Reserven von einem vorsichtig kalkulierten Satz auf eine normalerweise ausreichende Höhe können Überschußreserven freiwerden, die eine Geldschöpfung auf Grund des dadurch zugleich erhöhten Multiplikators (kleineres c) der Einzelbank ermöglichen. Die freiwerdenden Reserven wurden bisher noch nicht als Überschußreserven angesehen, weil ein höherer Abzugssatz für bare und girale Verfügungen zugrunde gelegt wurde, als es eigentlich nötig wäre.

Kreditinstitute ohne Zugehörigkeit zu einem Gironetz können in bestimmten Fällen nur in geringerem Umfang Geld schöpfen, da der für sie gültige Geldschöpfungsmultiplikator und unter Umständen auch die anfallende Überschußreserve niedriger sein können als bei anderen Instituten. Die Zentrale nimmt ihren Mitgliedsbanken einen Teil der Liquiditätsvorsorge ab. Diesen Rückhalt können die betreffenden Zentralen gewähren, weil sie innerhalb ihres Systembereichs besser überblicken können, „welche Mitgliedsbanken passive oder aktive Zahlungsverkehrssalden aufweisen[111]“, besonders wenn die Mitglieder den gesamten bargeldlosen Zahlungsverkehr über ihre Zentralen abwickeln und bare Kassenüberschüsse bei ihnen einzahlen. Wegen dieser Übersicht läßt sich aber noch nicht von einer Markttransparenz innerhalb des Girosystems sprechen[111], da es sich bei diesen Beziehungen im System nicht um Geldmarktverbindungen handelt. Eine echte Markttransparenz haben die jeweiligen Zentralen normalerweise sowieso, weil sie ihren Sitz meistens an größeren Bankplätzen haben, an denen zum Teil ein lebhafter „Geld“handel stattfindet. Der Zusammenschluß zu Gironetzen kann auf diese Weise also eine höhere Geldschöpfung der einzelnen Mitgliedsinstitute hervorrufen. Entscheidend bleibt für die Ausnutzung dieses Maximums jedoch das

---

[110] Vgl. Feifel, Hermann, Die Anwendbarkeit der modernen Kreditschöpfungslehre . . ., a. a. O., S. 139.

[111] Vgl. Feifel, Hermann, Die Anwendbarkeit der modernen Kreditschöpfungslehre . . ., a. a. O., S. 139.

Verhalten der einzelnen Banken oder Sparkassen, außerdem das Vorhandensein einer Kreditnachfrage. Wenn die einzelnen Mitgliedsinstitute ihre Zahlungsverkehrsreserven reduzieren, kann das für die betreffende Zentrale eine Verringerung ihrer systemtypischen Überschußreserven bedeuten. Eine Erhöhung der Geldschöpfungsfähigkeit des Unterbaus wird dann zu einer Senkung des Geldschöpfungsspielraumes bei der betreffenden Zentrale führen.

3. Die Geldschöpfung der Mitgliedsstellen durch Erhöhung der Umlaufsgeschwindigkeit

Wir haben bereits festgestellt, daß Sichteinlagen, die aus Kreditgewährung resultieren, erst dann Geld darstellen, wenn sie eine normale Umlaufsgeschwindigkeit erreichen. Der Begriff „normale Umlaufsgeschwindigkeit" kann nicht genau zahlenmäßig erklärt werden. Feifel versteht „unter ‚normaler Geldumlaufsgeschwindigkeit' als rein monetäre Kategorie ... eine Umlaufsgeschwindigkeit, die ‚ständig in Bewegung befindliche, fortwährend zu Zahlungen verwendetete Zahlungsmittel aufweisen' (im Original kursiv)"[112]. Für die Erörterung der Umlaufsgeschwindigkeit wirkt es sich ungünstig aus, „daß es bis heute noch nicht gelungen ist, die Umlaufsgeschwindigkeit des Geldes quantitativ-statistisch zu erfassen[113]", und man daher auf Schätzungen und Vermutungen angewiesen ist. Eine Sichteinlage oder eine Verfügungsmöglichkeit aus Krediten hat dann bestimmt keinen Geldcharakter, wenn über sie überhaupt noch nicht oder längere Zeit nicht mehr verfügt wurde, d. h. U = O ist. In die Durchschnittsgröße „Buchgeldumlauf" sind die Umlaufsgeschwindigkeiten bei und zwischen vielen einzelnen Kontostellen der Banken und Sparkassen eingegangen. Um die Geldeigenschaft der Sichteinlagen und der aus Krediten resultierenden Verfügungsmöglichkeiten auf Grund der Umlaufsgeschwindigkeit festzustellen, kann man wegen der Vielzahl der Kontostellen nicht sagen, daß die Umlaufsgeschwindigkeit eine bestimmte Höhe haben muß. Sie kann daher wegen der unterschiedlichen Zahlungswege zwischen den Kreditinstituten und innerhalb der Kreditinstitute, wie sie besonders in Westdeutschland üblich sind, sehr viele Werte annehmen. Je nach der Art der Verrechnung und der Weiterleitung des Überweisungsträgers oder des Schecks kann bei Zahlungen zwischen den Banken mehr oder weniger Zeit vergehen, ehe der Begünstigte in der Lage ist, über seinen Zahlungseingang zu verfügen. Wenn eine Überweisung z. B. für ein Konto bei einem ent-

---

[112] Feifel, Hermann, Die Anwendbarkeit der modernen Kreditschöpfungslehre ..., a. a. O., S. 70, Anm. 165.

[113] Ebda, S. 75. Wir können deshalb auf die zahlreichen Literaturangaben Feifels verweisen. Vgl. S. 41 f., 70 ff. und 75 f.

fernten Mitgliedsinstitut eines anderen Systems bestimmt ist und Verrechnung sowie Überweisungsträger denselben Weg nehmen, können einige Tage bis zur Gutschrift auf dem Konto des Begünstigten vergehen. Auch innerhalb eines Gironetzes braucht eine gewöhnliche Überweisung u. U. ein paar Tage. Das gilt auch für Scheckeinreichungen, die nicht beschleunigt erledigt werden. Wir haben uns jetzt zu fragen, ob als Folge des Zusammenschlusses zu Gironetzen die Umlaufsgeschwindigkeit der Giralgelder erhöht wird bzw. erhöht werden kann[114]. Es bedeutet keine Beschleunigung, wenn vor und nach dem Zusammenschluß gleich viele Zentralen, z. B. Landeszentralbanken, Girozentralen oder Landesgenossenschaftsbanken, berührt werden. Arbeitet aber beispielsweise nur eine Zentralkasse oder Girozentrale in einem Bezirk, in dem mehrere Landeszentralbanken zuständig sind, so ergeben sich durchaus Möglichkeiten zur Beschleunigung des Buchgeldumlaufs, wenn im System verrechnet wird. Das gilt nicht nur für einen Bezirk, sondern für das gesamte Einzugsgebiet eines Girosystems, denn mit jeder Ausschaltung von Zentralen verkürzt sich auch die Postlaufzeit. Die Gründung eines Gironetzes oder aber besondere organisatorische Maßnahmen können den Weg der Überweisung zum Begünstigten oder den Scheckeinzugsweg verkürzen und damit einen bestimmten Giralgeldbetrag schneller wieder verfügbar machen. In beiden Fällen bleiben die Wirkungen aber auf die Mitglieder eines Systems beschränkt. Die Maßnahmen nach der Errichtung des Netzes können z. B. in der Einführung eines Eilüberweisungsverkehrs bestehen, bei dem die Verrechnung einen weiteren Weg zurücklegt als der Überweisungsträger[115]. Wegen der damit verbundenen Wertstellungsprobleme läßt sich derartiges zur Zeit nur innerhalb eines Systems verwirklichen. Durch den Einsatz moderner Nachrichtenmittel wie des Fernschreibers kann die Schnelligkeit des Umlaufs noch erhöht werden. Da hier besondere Sicherungen erforderlich sind und da meistens sehr unterschiedliche Meinungen bei der Vielzahl der Kreditinstistute herrschen, wird es nur sehr schwer möglich sein, das für alle Kreditinstitute gemeinsam einzuführen. Beschleunigende Maßnahmen für den Zahlungsverkehr beschränken sich daher vielfach auf ein System. Bei den Überweisungen, die das Zahlungsnetz verlassen, kann man die Zeiten, die beim Übergang von einer Organisation in die andere benötigt werden,

---

[114] Dazu schreibt Halm: „Andererseits ist die Neigung zu einer gesteigerten Umlaufsgeschwindigkeit des Geldes die mehr oder minder automatische Folge einer Entwicklung des Bank- und Kreditsystems, die z. B. dahin tendiert, die Zentralisierung der Kassenhaltungen im Bankensystem zu verstärken." (Halm, George N., Geld, Außenhandel und Beschäftigung, 3. Aufl., a. a. O., S. 81.)

[115] Vgl. hierzu die Beschreibung des Eilüberweisungsverkehrs bei: Sewering, Karl, Der Zahlungsverkehr, a. a. O., S. 83, 85, 93 ff. und 96; Mellerowicz, Konrad, Zahlungsverkehr, a. a. O., S. 69 und 71.

durch geeignete Vereinbarungen wie die gegenseitige Anerkennung und Übernahme der Formulare verkürzen[116]. Theoretisch müßte das auch zu erreichen sein, wenn es nur Einzelbanken und Sparkassen sowie das System der Notenbank gäbe. Praktisch stößt das bei der großen Anzahl der existierenden Kreditinstitute jedoch auf Schwierigkeiten. Es ist dann günstiger, wenn bereits innerhalb der einzelnen Gironetze übereinstimmende Formulare vorliegen, so daß man eine weitgehende Vereinheitlichung für die Mehrzahl der Kreditinstitute bzw. mehrerer Girosysteme auf die Existenz dieser Organisationen zurückführen kann. Nach einem einheitlichen Formular für die einzelnen Zahlungsnetze und überhaupt für alle Kreditinstitute hat man in Deutschland gestrebt, seitdem die Bedeutung des Formulars überhaupt erkannt wurde. Erst seit einiger Zeit ist es den Kreditinstituten gelungen, sich auf einen gemeinsamen Vordruck zu einigen, während das Postschecksystem erst seit kurzem die Formulare der übrigen Institute anerkennt und übernimmt[117]. Die anderen Gruppen waren immerhin schon früher bereit, auf eine Umschreibung auf ihre jeweiligen Vordrucke zu verzichten[118].

Die Umlaufsgeschwindigkeit des Geldes kann also sowohl durch die Errichtung von Girosystemen als auch innerhalb bestehender Zahlungsnetze erhöht werden, ohne daß die Mitgliedsinstitute aus der Erhöhung der Umlaufsgeschwindigkeit und einem wahrscheinlich höheren Produkt G U eine direkte Ertragssteigerung aufweisen können, da der Geldschöpfungsspielraum nicht erweitert wird. Allerdings ist indirekt evntuell über eine Aufwandssenkung oder eine Verbesserung des Kundendienstes mit einer Ertragssteigerung zu rechnen. Nicht beeinflußt werden kann dagegen im Girosystem die Schnelligkeit der Verfügungen durch die Einleger oder die Kreditnehmer. Sie allein entscheiden darüber, wie lange z. B. die Beträge auf ihrem Konto bleiben und ob sie nicht für eine gewisse Zeit stillgelegt werden sollen.

4. Zusammenfassung

Im Vergleich zu Einzelinstituten haben wir drei Möglichkeiten einer erhöhten systembedingten Geldschöpfungsfähigkeit festgestellt, die je nach der Verhaltensweise der Mitgliedsbanken und -sparkassen voll, teilweise oder gar nicht ausgenutzt wird.

---

[116] Mit der Notwendigkeit und Möglichkeit einer Direktverrechnung von Zahlungsaufträgen zwischen den Instituten verschiedener Gironetze setzt sich Carl Doehring auseinander (Mehr Zusammenarbeit im unbaren Zahlungsverkehr, in: Der Volkswirt, 13. Jg., Nr. 5 vom 31. Januar 1959, S. 183 ff.).

[117] Vgl. Herlt, Rudolf, Gironetz ohne die Post, in: Die Welt, Nr. 299 vom 22. Dezember 1960, S. 9.

[118] Über die Entwicklung der Formulartechnik in den einzelnen Gironetzen unterrichtet Sewering sehr ausführlich. Vgl. Sewering, Karl, Der Zahlungsverkehr, a. a. O., S. 72—88.

Einmal liegt die Bedeutung der Zahlungsverkehrsorganisationen in einem erweiterten Geldschöpfungsspielraum der Zentralen und Teilzentralen. Er beruht auf der Fähigkeit der Zentralen, die sich in ihrem Bereich nicht mit Eingängen kompensierenden Ausgänge einfach umzubuchen. Kommen derartige Zahlungen vor, dann entsteht für die jeweilige Zentrale eine Überschußreserve, und es ergibt sich außerdem ein höherer Geldschöpfungsmultiplikator, wenn die Nichtbankenkunden der Zentrale an Kunden der angeschlossenen Mitgliedsinstitute zahlen, ohne daß gleichzeitig Eingänge zu verzeichnen sind.

Zum anderen können die angeschlossenen Mitgliedsinstitute ihre Liquiditätsreserven niedriger ansetzen, als es ihnen ohne den Rückhalt bei ihrer Zentrale möglich wäre. Für einen besonderen Bedarf an liquiden Mitteln braucht keine Vorsorge getroffen zu werden. Dadurch kann in Zukunft der Abhebungssatz für bare und girale Verfügungen niedriger angesetzt werden. Insgesamt wird bewirkt, daß einmalig eine Überschußreserve entsteht und daß im weiteren Verlauf eine Überschußreserve eine höhere Geldschöpfung ermöglicht.

Zum dritten kann durch den Zusammenschluß zu Zahlungsnetzen und durch organisatorische Maßnahmen während des Bestehens die Umlaufsgeschwindigkeit des Giralgeldes erhöht werden. Für einen Teil der Geldbeträge kann durch den Einsatz moderner Nachrichtenmittel die Umlaufsgeschwindigkeit mindestens verdoppelt werden. Das gilt auch für die Einführung von Eilüberweisungs- und Eileinzugsverfahren. Es wird jedoch nur ein Teil der Giralgelder davon berührt, so daß sich diese Wirkung nur sehr schwer quantifizieren läßt.

Neben der jedem Kreditinstitut eigenen Geldschöpfungsfähigkeit, die u. U. im Laufe der Zeit noch durch die Zunahme der bargeldlos erledigten Zahlungen gesteigert wird, kann eine vermehrte systembedingte Geldschöpfungskapazität, die auf Grund des Zusammenschlusses möglich wird, bei entsprechender Verhaltensweise einen Faktor darstellen, der von der Notenbank beachtet werden muß oder beachtet werden müßte. Für die Notenbank besteht jedoch die Schwierigkeit zu erkennen, ob die besondere Geldschöpfungsfähigkeit der Mitgliedsstellen von Gironetzen gegeben ist und welche Höhe sie annimmt. Da sich die vermehrte Geldschöpfungskapazität sowie die Erhöhung der Umlaufsgeschwindigkeit nicht quantifizieren lassen, wird man nur auf Vermutungen angewiesen sein. Wir können daher auch nur grundsätzlich die Wirksamkeit der Zentralbankmittel gegenüber den Trägern der Girosysteme erörtern.

III. Die besondere Bedeutung der als Gironetze fungierenden und der in Girosystemen zusammengeschlossenen Kreditinstitute für die Politik der Notenbank

Eine Notenbank ist in der Regel auf die Kreditinstitute angewiesen, um ihren Maßnahmen eine breite Wirksamkeit zu verleihen, da die Banken und Sparkassen zwischen ihr und den Nichtbanken stehen. Bei den Girosystemstellen kommt noch hinzu, daß außer durch die Mindestreservepolitik[119] eine direkte Einflußnahme der Notenbank gegenüber den Mitgliedsinstituten des Unterbaus und eventuell auch des Mittelbaus nicht immer gegeben ist. Denn vor allem der Unterbau refinanziert sich vielfach bei den Zentralen und nicht bei der Notenbank, so daß dann in der Regel außer der Mindestreservehaltung und dem in diesem Rahmen abgewickelten Zahlungsverkehr sowie den bankstatistischen Erhebungen kein Kontakt zwischen der Zentralbank und den betreffenden Mitgliedsbanken und -sparkassen mehr besteht. Ausnahmen kommen nur in besonderen wirtschaftlichen Situationen, z. B. bei der Anwendung der administrativen Kreditpolitik, vor. Wenn die Notenbank also eine Zinsverteuerung durch ihre Diskont- oder Lombardpolitik oder eine Verknappung der Notenbankguthaben, Münzen und Noten durch ihre Offenmarktoperationen für alle Stellen eines Girosystems erreichen will, muß sie diese Maßnahmen gegenüber den Teilzentralen oder Systemzentralen durchzusetzen suchen.

Die von den Mitgliedsbanken auf dem Unterbau und eventuell auch auf dem Mittelbau eines Girosystems bedienten Nichtbankenkunden können ohne die Anwendung der Mindestreservepolitik nur auf dem Umweg über die Teilzentralen oder sogar die Zentrale des Netzes beeinflußt werden, jedenfalls so lange diese den Refinanzierungsbedarf ihrer Mitglieder noch befriedigen.

Für die Notenbank ergeben sich aus dem Vorhandensein der Gironetze zwei Konsequenzen. Einmal kann sie die den Zahlungsverkehrsorganisationen angeschlossenen Mitgliedsinstitute nicht mehr in jedem Fall direkt beeinflussen. Dabei taucht dann die Frage auf, ob wegen der Zwischenschaltung der (Teil-)Zentralen die Kreditpolitik nicht sehr abgeschwächt auf den Nichtbankensektor wirkt.

Zum anderen muß die Zentralbank mit einer erhöhten Geldschöpfung der Gironetzstellen (Steigerung der Umlaufsgeschwindigkeit), der Zentralen und Teilzentralen (höhere Überschußreserven und höherer Geldschöpfungsmultiplikator) sowie der Mitgliedsinstitute des Unterbaus (Herabsetzung der Liquiditätshaltung) rechnen. Dabei wird zu untersuchen sein, ob die unter bestimmten Bedingungen bestehende einge-

---

[119] Abgesehen von der indirekten Mindestreservehaltung einiger landwirtschaftlicher Kreditgenossenschaften.

schränkte Wirksamkeit mancher Notenbankmaßnahmen durch die Träger der Gironetze noch gesteigert wird.

Diese beiden Komplexe hängen auch wiederum zusammen. Die Teilzentralen z. B. haben die Möglichkeit der vermehrten Kreditgewährung an Mitgliedsbanken oder -sparkassen an Stelle einer eigenen Geldschöpfung. Diese Refinanzierung macht die Mitglieder von der Notenbank unabhängiger und entzieht sie dem direkten Einfluß der Diskont-, Lombard- und Offenmarktpolitik. Das wirkt sich auch auf die Erfüllung der Mindestreservequote aus. Die Zentralbank muß außerdem mit ihrer Politik die unterschiedlichen Erscheinungsformen und Ursachen der aus dem Zusammenschluß zu Girosystemen resultierenden Geldschöpfung sowie die verschiedenen Verwendungsmöglichkeiten der im System entstandenen Vorteile berücksichtigen. Denn je nach der Anlage der Überschußreserven ergibt sich eine andere bzw. gar keine Geldschöpfung.

IV. Die Wirksamkeit der Notenbankpolitik gegenüber den Mitgliedsstellen der Gironetze

1. Vorbemerkungen

Während die einzelnen Kontostellen der Gironetze und die Zahlungssysteme insgesamt einzelwirtschaftliche Ziele verfolgen, stehen für die Notenbank gesamtwirtschaftliche Belange im Vordergrund. Das äußert sich schon in der gegenüber früher veränderten Stellung im Kreditwesen eines Landes. Die Ziele der einzelnen Betriebswirtschaften im Kreditgewerbe, auch der einem Gironetz angehörigen, wie die „Maximierung des Finanzerfolgs", die Förderung des Erwerbs und der Wirtschaft der Mitglieder sowie die wirtschaftliche Stärkung bestimmter Kundenkreise, bestimmen die geschäftspolitischen Prinzipien oder die betriebspolitischen Grundsätze der Banken[120], die von Böhme für die Kreditbanken mit Rentabilität, Wirtschaftlichkeit, Liquidität und Sicherheit angegeben werden[121]. Wir wollen allgemeiner von dem Streben nach Ertrag, der mindestens den Aufwand decken soll, von dem Streben nach Einhaltung bestimmter Liquiditätssätze und der Verfolgung des allgemeinen Sicherheitsprinzips sprechen. Die Liquidität ist eigentlich ein Unterprinzip der Sicherheit, sie wird aber wegen ihrer großen Bedeutung meistens getrennt behandelt[122].

---

120 Vgl. Eisfeld, Curt, Artikel „Bankpolitik", in: Handwörterbuch der Betriebswirtschaft, 3. Aufl., hrsg. von Hans Seischab und Karl Schwantag, Bd. I, Stuttgart 1956, Sp. 484.

121 Vgl. Böhme, Rosemarie, Die Verhaltensweise der Kreditbanken, a. a. O., S. 79 und 99 ff.

122 Ebda, S. 124.

Die geschäftspolitischen Prinzipien lassen sich auf kurze oder auf lange Sicht verfolgen. Da es sich bei den zu Girosystemen gehörigen Banken und Sparkassen in der Regel um universelle Institute handelt, die nicht zur Erfüllung einer oder weniger Sonderaufgaben auf bestimmte Zeit gegründet wurden, kommt nur eine langfristige Orientierung in Frage.

Die Notenbank interessiert besonders die Verhaltensweise der Girosystemmitglieder, die sich auf Grund einer Auswahl aus einem Bündel von Verhaltensmöglichkeiten entsprechend der Zielsetzung des betreffenden Instituts ergibt[123]. Es ist gut möglich, daß die Zielsetzung und die geschäftspolitischen Prinzipien von den Kreditinstituten eine andere Verhaltensweise verlangen, als sie von der Zentralbank im Augenblick gern gesehen wird. Häufiger Ansatzpunkt für Divergenzen zwischen der Zentralbank und den Girosystembanken und -sparkassen wird das für die einzelnen Betriebswirtschaften notwendige Ertragsstreben sein, das sich häufig in seinen Auswirkungen nicht mit der Notenbankauffassung von der gesamtwirtschaftlichen Situation deckt. Es ist hier sehr schwierig zu entscheiden, ob es für die Kreditinstitute und ihre Aufgabenerfüllung nicht auf die Dauer notwendig und günstiger ist, besonders im Hinblick auf die zukünftige Ertragskraft und den Fortbestand des Unternehmens in seiner jetzigen Rechtsform und Ausrichtung, wenn sie sich der Notenbankpolitik anschließen oder zumindest nicht widersetzen. Dabei spielt es eine Rolle, ob die Kreditinstitute überzeugt sind, daß die Notenbank die Situation richtig einschätzt und im Hinblick auf die Zielsetzung ihrer Politik die richtigen Maßnahmen ergreift. Wenn sich die Zentralbank offensichtlich irrt, ein Fall, der wenig wahrscheinlich ist, kann den Kreditinstituten eigentlich nicht zugemutet werden, der Kreditpolitik zu folgen und unter Umständen Ertragsschmälerungen hinzunehmen. Die Kreditbanken, Sparkassen, Genossenschaftsbanken usw. müßten sich aus volkswirtschaftlicher Verantwortung heraus der Kreditpolitik widersetzen. An der mit jeder Veränderung der Zentralbankpolitik aufflammenden Auseinandersetzung über die Richtigkeit und das Ausmaß der Kreditpolitik zeigt sich deutlich, wie schwer darüber zu entscheiden ist.

Da die Notenbank jedoch gegenüber den anderen Kreditinstituten eine übergeordnete Stellung innehat und sich bei Gefahr für die Volkswirtschaft auch der Unterstützung des Gesetzgebers sicher weiß, wird es für die Kreditinstitute zweckmäßiger sein, sich der Zentralbank gegenüber loyal zu verhalten, jedenfalls solange die vermeintlichen und tatsächlichen Ertragseinbußen auf kurze und lange Sicht nicht zu groß werden. In der Praxis können auf der anderen Seite die einzelnen Kre-

---

[123] Vgl. Böhme, Rosemarie, Die Verhaltensweise der Kreditbanken, a. a. O., S. 8 und 79.

ditinstitute, die in Erträgen denken, auch wenn sie nicht die Maximierung des Finanzerfolgs, sondern andere Leitmaximen verfolgen, die volkswirtschaftliche Gefährlichkeit ihrer Verhaltensweise nicht leicht abschätzen. Den Bankleitern liegt das Denken in betriebswirtschaftlichen Kategorien näher als das in volkswirtschaftlichen. Sie werden zunächst an ihre Gewinn- und Verlustrechnung und an ihre Bilanz denken, aber nicht an gesamtwirtschaftliche Größen. In der Praxis überwiegt bei den Banken und Sparkassen eine kurzfristige Ausrichtung auf Ertrag und Aufwendung. Dabei werden sie der Notenbank soweit folgen, wie es gerade zwingend notwendig erscheint. Man wird aber versuchen, der Kreditpolitik auszuweichen, und alle Möglichkeiten nutzen, um den für die Betriebswirtschaft negativen Auswirkungen der Zentralbankmaßnahmen zu entgehen. Das wird deutlich, wenn man die Beziehungen zwischen der Deutschen Bundesbank und den privatwirtschaftlichen Kreditinstituten in der zweiten Hälfte des Jahres 1960 und im ersten Vierteljahr 1961 betrachtet[124]. Abgesehen von den Fällen, in denen sich die Zentralbank über die Wirtschaftsentwicklung offensichtlich täuscht oder in denen sie objektiv nicht zu vertretende Maßnahmen ergreift, ist die Notwendigkeit einer gleichgerichteten Politik zu bejahen. Allerdings erscheint die Wahrscheinlichkeit einer Übereinstimmung weniger groß, vor allem wegen der auf kurze Sicht vollkommen anderen primären Interessenlagen.

Eine grundsätzliche Trennung muß in unserer Betrachtung vorgenommen werden. Die Zentralbankpolitik könnte nämlich bei einem konjunkturellen Aufschwung mit inflatorischen Erscheinungen gegen das Vorhandensein von Girosystemen überhaupt gerichtet sein, wenn man die systembedingte Fähigkeit zur Geldschöpfung für unkontrollierbar hält und keine anderen Maßnahmen ergreifen will oder kann. Das Vorgehen kann aber auch gegenüber den tätigen Gironetzen erfolgen und die Verhaltensweise der Zahlungsverkehrsorganisationen zum Anlaß der Einwirkungen nehmen. Der zweite Fall wird dabei der häufigere sein und deswegen von uns zuerst behandelt werden. Wenn die Zahlungsnetze nicht länger fortbestehen sollen, so genügt als Eingriff nicht allein eine Verstaatlichung der Depositenbanken. Die Verstaatlichung bedeutet nichts anderes als die Umwandlung der Rechtsform, aber sie

[124] Vgl. Herlt, Rudolf, Wendige Bankdirektoren, in: Die Welt, Nr. 94 v. 22. 4. 1961, S. 11: „Aus alledem sollte die Notenbank eine Lehre ziehen. Wenn sie die Banken unter Liquiditätsdruck und über die Mindestreserven auch unter Rentabilitätsdruck setzt, dann muß sie damit rechnen, daß die Banken im Zeitalter der Konvertibilität alle Chancen nutzen, um den Wirkungen der Notenbankpolitik zu entgehen. Deshalb ist vom Standpunkt eines Betriebswirts und vom Standpunkt eines Aktionärs aus kein Bankleiter zu tadeln, wenn er nicht immer das getan hat, was die Notenbank gern gesehen hätte. Damit wird freilich nur offenbar, daß die Mechanismen, mit denen wir wirtschaftlichen Schwankungen beikommen wollen, nicht mehr funktionieren."

ändert noch nicht ohne weiteres die Art der Zahlungsabwicklung zwischen den Kontostellen eines Systems.

2. Die Ursachen für die Maßnahmen der Notenbank

Die kreditpolitischen Beziehungen können als eine Folge von wechselseitigen Reaktionen auf das Verhalten der Gegenseite angesehen werden.

Gründe für die laufenden Einwirkungen der Notenbank können sein:

1. Gegensätze in den Richtungen der Politik von Notenbank und Zentralen, Teilzentralen sowie sonstigen Mitgliedsstellen,
2. das Verhalten der Nichtbanken als externe Ursache und
3. die Unwirksamkeit bisheriger Notenbankmaßnahmen.

Zu Punkt 1: Wir können hier ganz abstrakt vorgehen und in einem Schema die Geschäftspolitik der Banken und Sparkassen, ohne Rücksicht darauf, ob sie einem Gironetz angehören oder nicht, der Kreditpolitik der Zentralbank gegenüberstellen, um zu verdeutlichen, wann sich wahrscheinlich Gegensätze ergeben. Es läßt sich unterscheiden:

I. a) Kreditausweitung bei kontraktiver Notenbankpolitik,
   b) unveränderte Kreditsumme bei kontraktiver Notenbankpolitik,
   c) Kreditbeschränkung bei kontraktiver Notenbankpolitik.

II. a) Kreditausweitung bei abwartender Haltung der Notenbank,
   b) unveränderte Kreditsumme bei abwartender Haltung der Notenbank,
   c) Kreditbeschränkung bei abwartender Haltung der Notenbank.

III. a) Kreditausweitung bei Expansionspolitik der Notenbank,
   b) unveränderte Kreditsumme bei Expansionspolitik der Notenbank,
   c) Kreditbeschränkung bei Expansionspolitik der Notenbank.

Die Fälle I. a) und III. c) bedeuten stets einen Gegensatz zwischen der Zentralbank und den Girosystemstellen. In den Beispielen II. a) und c) hängt es davon ab, wohin die Zentralbank tendiert. Eine weitere Kreditausweitung oder eine weitere Kreditbeschränkung kann der Anlaß für ein Handeln der Notenbank in der einen oder anderen Richtung sein. Die Fälle I. b) und III. b) bedeuten keinen scharfen Gegensatz, aber sie werden wahrscheinlich eine Veränderung in der bisherigen Kreditpolitik bewirken (Verschärfung oder Einsatz weiterer Mittel), während die Zentralbank ihre Entscheidung im Beispiel II. b) wahrscheinlich noch von anderen Gesichtspunkten abhängig machen und zunächst nicht handeln wird. Denn wir sind uns bewußt, daß die Geschäftspolitik der Kreditinstitute außerhalb der Zentralbank nur ein möglicher Maßstab und Orientierungspunkt neben anderen Wirtschaftsdaten für die Entscheidungen der Notenbank darstellt. Außerdem sind die Banken und Sparkassen in ihren Entschlüssen und damit in ihrer Verhaltensweise nicht unabhängig. Sie können und wollen sich in dem teilweise herrschenden Konkurrenzkampf und wegen der Ausrichtung auf betriebswirtschaftliche Leitmaximen nicht immer allen Kundenwünschen widersetzen.

Zu Punkt 2: Das Verhalten der Nichtbanken (Staat, Wirtschaftsunternehmen und Private) bildet einen weiteren Faktor, der die Maßnahmen der Notenbank beeinflußt. Darunter soll sowohl der Umfang der Kreditnachfrage als auch der Umfang der Nachfrage nach Wirtschaftsgütern, die sich noch nicht gleich und direkt in den Kreditbeziehungen bemerkbar macht, verstanden werden. Hier spielen auch die Einkommenshöhe, die Neigung zum Konsum und zum Sparen sowie die Investitionsneigung eine Rolle[125].

Zu Punkt 3: Als weiterer Anlaß für Eingriffe der Zentralbank kommt die Unwirksamkeit bisheriger Notenbankmaßnahmen in Frage; sie können sowohl auf eine Dämpfung als auch auf eine Anregung der Konjunktur über eine Kreditkontraktion oder -expansion gerichtet sein. Während das Verhalten der Nichtbanken und das der Kreditinstitute die Zentralbank zu einem Wechsel in der bisherigen Richtung ihrer Politik bestimmen können, interessiert im dritten Beispiel das Gewicht der einzelnen Eingriffe, während die bisherige Linie fortgesetzt wird. Die Unwirksamkeit bisheriger Maßnahmen als Bestimmungsfaktor muß global verstanden werden. Das Versagen eines Mittels kann durchaus den Einsatz anderer bedeuten.

3. Grundsätzliche Möglichkeiten des Einwirkens

Den Ansatzpunkt für die Maßnahmen der Notenbank gibt, abgesehen von den Empfehlungen und den direkten Vorschriften, die Formel für die maximale Geldschöpfungsfähigkeit[126]. Als Bestimmungsfaktoren für die Höhe der Geldschöpfung und als Größen in der For-

---

[125] Vgl. Paulsen, Andreas, Neue Wirtschaftslehre, 4. Aufl., Berlin und Frankfurt/M. 1958, S. 88 ff. u. 126 ff. Zur Aussagekraft der Konsumfunktion und der Sparfunktion vgl. Voigt, Fritz, Aussagefähigkeit und Erkenntnisgrenzen der modernen Wirtschaftstheorie, in: Beiträge zur Theorie des Sparens und der wirtschaftlichen Entwicklung, Bd. 1 der Untersuchungen über das Spar-, Giro- und Kreditwesen, Berlin 1958, S. 27 ff.

[126]
$$ax = \frac{1}{c + r - cr}\, a.$$

mel sind zu nennen: die Höhe der Überschußreserven, der Mindestreservesatz und die Zahlungssitten des Nichtbankensektors[127]. Oder anders formuliert: „Das kreditpolitische Lenkungsinstrumentarium der Zentralbank" liegt darauf begründet, daß das Kreditpotential der Banken und Sparkassen und damit ihre Geldschöpfungsfähigkeit von der Verfügungsmacht über Münzen, Noten und Zentralbankguthaben abhängig ist[128]. Soweit die Notenbank jene Faktoren beherrscht, kann sie die Geldschöpfungsfähigkeit der Kreditinstitute beeinflussen. Zu den Überschußreserven im weiteren Sinne können wir auch den Besitz an zentralbankfähigen Aktiva rechnen.

Die Abhängigkeit der Banken und Sparkassen von der Zentralbank hat ihre Ursache zum Teil darin, daß die Wirtschaftssubjekte einen Prozentsatz ihrer liquiden Mittel in barer Kasse halten. Der Satz der von den Nichtbanken in Depositenform gehaltenen flüssigen Mittel erfordert deshalb auch eine Liquiditätsvorsorge der Kreditinstitute in Form von Zentralbankguthaben oder Nostroguthaben[129]. Die Zahlungssitten des Publikums bestimmen die Aufteilung des Geldvolumens in Bargeld und in Giralgeld. In einem gleichmäßigen Wirtschaftsablauf ohne Krisen und Vertrauenseinbußen können die beiden Größen auf kurze Sicht als einigermaßen konstant angesehen werden, wenn sich auch Steuer- und Lohnzahlungstermine kurzfristig bemerkbar machen. Langfristige Verschiebungen sind dagegen durchaus möglich, z. B. auf Grund einer intensiven Werbung für den bargeldlosen Zahlungsverkehr und des Übergangs zur bargeldlosen Lohnzahlung. Auch bei dem zunehmenden Umfang des Buchgeldverkehrs werden weiterhin nicht selbst zu schaffende Zahlungsmittel (Zentralbankguthaben) für den Verkehr zwischen den Kreditinstituten benötigt.

Nur bei einer Gestaltung der Aktivseite ihrer Bilanz nach eigenem Ermessen der Zentralbank ist eine Abhängigkeit der Kreditinstitute zu verwirklichen[130]. Das gilt direkt für den Ankauf und die Beleihung von Aktiven aus dem Besitz der Banken und Sparkassen, indirekt aber auch für die Mindestreservepolitik, da sich die Institute, wenn die Sätze erhöht werden, Notenbankguthaben zur Auffüllung ihrer Mindestreserven beschaffen müssen.

Mit ihrer Refinanzierungspolitik und ihrer Offenmarktpolitk beschränkt oder erweitert die Zentralbank ihre Schöpfung von Noten und

---

[127] Vgl. Schneider, Erich, Einführung in die Wirtschaftstheorie, III. Teil, 7. Aufl., a. a. O., S. 66 f.

[128] Vgl. Gleske, Leonhard, Die Liquidität in der Kreditwirtschaft, a. a. O., S. 79.

[129] Ebda.

[130] Vgl. Gleske, Leonhard, Die Liquidität in der Kreditwirtschaft, a. a. O., S. 80.

Guthaben sowie die Ausgabe von Münzen. Eine Verstärkung kann diese aktive Liquiditätspolitik noch durch eine Einflußnahme auf den Bedarf an Zentralbankmitteln erfahren, vor allen Dingen durch eine Festlegung der zu unterhaltenden Reserven bei der Zentralbank. Auf diese Weise werden bestehende Guthaben neutralisiert oder im umgekehrten Fall reaktiviert[131].

Wir müssen die Wirksamkeit der Kreditpolitik zur Beschränkung der gesamten Geldschöpfung und nicht nur der zusätzlichen Geldschöpfung untersuchen, da auch die kompensatorische Geldschöpfung für die Notenbank interessant sein kann. Denn um eine Inflation zu vermeiden ist eventuell sogar ein Kreditstop oder eine Kreditrestriktion notwendig. Im Laufe der Hochkonjunktur kann es zu einer derartigen Steigerung der Umlaufsgeschwindigkeit gekommen sein, daß nur eine Beschränkung jeglicher Geldschöpfung stabilisierende Wirkung zu haben vermag. Wir können daher allgemein die Einwirkung der Notenbank auf die Geldschöpfung behandeln.

Es bleibt außerdem noch zu fragen, ob man der Kreditpolitik sowohl in der Inflation als auch in der Deflation bzw. im Aufschwung wie im Abschwung die gleichen Erfolgschancen einräumt. Im allgemeinen wird angenommen, daß die Notenbankmittel besser geeignet sind, die Geldschöpfung zu begrenzen und einzudämmen als eine genügende Geldschöpfung im Abschwung zu erreichen[132]. Denn die Banken und Sparkassen sind nicht in der Lage, den Wirtschaftsunternehmen und Haushalten Kredite aufzuzwingen, während sie auf der anderen Seite die Kreditsuchenden abweisen können.

4. Grenzen der Notenbankpolitik

a) Die Wirksamkeit von Empfehlungen

Wenn die Notenbank an die Verantwortung der Kreditinstitute appelliert, ihre Geschäftspolitik zu ändern, spricht man auch von „moral (per)suasion"[133]. Derartige Empfehlungen werden vor allem bei den ersten Anzeichen einer inflatorischen Entwicklung und einer gewissen Diskrepanz zwischen realwirtschaftlichem Angebot und monetärer Nachfrage ausgesprochen. Zuerst wird eventuell auf die Möglichkeit einer gefährlichen Entwicklung z. B. in den Monatsberichten der Deutschen Bundesbank hingewiesen. Eine zwingende Wirkung hat dieses Mittel jedoch nicht. Bleiben die Hinweise und Warnungen unbeachtet, muß die Notenbank zu anderen Maßnahmen übergehen.

---

[131] Ebda, S. 82 f.

[132] Vgl. Stucken, Rudolf, Geld und Kredit, 2. Aufl., a. a. O., S. 95.

[133] Vgl. Schneider, Erich, Einführung in die Wirtschaftstheorie, III. Teil, 7. Aufl., a. a. O., S. 102; Stucken, Rudolf, Geld und Kredit, 2. Aufl., a. a. O. S. 97.

Zum Teil wird die moral suasion sogar als letztes Mittel angesehen, das die Kreditinstitute bei einem Versagen aller übrigen Instrumente von der Notwendigkeit einer Kreditbeschränkung überzeugen soll. Wenn der Kreditspielraum nicht mehr beherrscht wird, bleibt nur noch die Möglichkeit, „die Kreditbanken zu veranlassen, freiwillig das zu tun, was die Notenbank nicht zu erzwingen vermag: Moral suasion, Überredung, oder besser wohl Überzeugung und Appell an die nationale Disziplin“[134]. Daß eine Zusammenarbeit auf Grund von Vereinbarungen über die Geschäftspolitik der Kreditinstitute möglich ist, zeigt sich in England[135], jedoch steht dort der Notenbank auch eine kleinere Anzahl von Depositenbanken als in der Bundesrepublik gegenüber. Im allgemeinen wird sich auf diese Weise eher eine Kreditrestriktion als eine Kreditexpansion erreichen lassen. Wenn das Kreditvolumen ausgedehnt werden soll, muß der Staat wahrscheinlich zuerst investieren, während die Kreditbanken dem Staat die nötigen Kredite zur Verfügung zu stellen haben.

Wenn sich die einzelnen Kreditinstitutsgruppen zu einem gemeinsamen Vorgehen im Sinne der Notenbankpolitik entschließen, wird auch die vermehrte Geldschöpfungsfähigkeit der Zentralen oder Mitgliedsbanken, abgesehen von der Erhöhung oder Senkung der Geldumlaufsgeschwindigkeit, beschränkt oder ausgenutzt werden können.

Zum Teil wird auch die Diskontpolitik wegen ihrer beschränkten Wirksamkeit nur noch als Politik der Warnung angesehen[136].

b) Grenzen der Diskont- und Lombardpolitik

Welche Grenzen sind einer alleinigen Anwendung der Diskontpolitik gegenüber allen Kreditinstituten und damit auch gegenüber den Zentralen und Teilzentralen gesetzt, wenn wir annehmen, daß die Refinanzierung dieser Stellen bei der Zentralbank im Prinzip üblich ist? Werden als Folge einer Diskonterhöhung die Rediskonte verteuert, muß die Notenbank hoffen, daß sich auch die Diskonte bei den Geschäftsbanken, Sparkassen usw. verteuern, d. h. daß die Maßnahmen weitergegeben werden.

---

[134] Stucken, Rudolf, Geld und Kredit, 2. Aufl., a. a. O., S. 97.

[135] Ebda.

[136] Vgl. Schneider, Erich, Einführung in die Wirtschaftstheorie, III. Teil, 7. Aufl., a. a. O., S. 100 f. Dazu schreibt Stucken: „Zinsveränderungen haben eine Signalwirkung, sie besagen, daß die Notenbank zur Not mit schärferen Mitteln die Kreditgewährung bremsen will; und das Wissen um diese weitergehenden Möglichkeiten der Notenbank veranlaßt sodann die Kreditbanken, sich in der Inanspruchnahme der Notenbank Beschränkungen aufzuerlegen und dafür die eigene Kreditgewährung zu drosseln.“ (Stucken, Rudolf, Geld und Kredit, 2. Aufl., a. a. O., S. 99).

Erstrebt ist auf der anderen Seite zugleich ein Rückgang der Nachfrage nach Diskontkrediten und Rediskontkrediten. In Westdeutschland werden über das Soll- und das Habenzinsabkommen die anderen Kreditkosten und die Zinsen für Einlagen verändert. Der Rückgang der Kreditnachfrage und damit der Rückgang des Geldumlaufs, jedenfalls so wie er erstrebt ist, hat dadurch zugleich eine Nebenerscheinung. Wenn das Sparen angeregt wird und wenn wegen der hohen Verzinsung das Ausland Geld im Inland anlegt, so fließen den Geschäftsbanken, Sparkassen usw. direkt oder indirekt nach dem Devisenverkauf Zentralbankguthaben, Noten und Münzen zu, die zur Grundlage einer neuen Geldschöpfung werden können, wegen des Sparens zum Teil als kompensatorische Geldschöpfung[137].

Jedoch muß bedacht werden, daß die Banken und Sparkassen nicht zum Rediskont verpflichtet sind, sowie auch auf die Notenbank kein Zwang zum Ankauf der Wechsel ausgeübt werden kann. Wenn es an einer Refinanzierungsnachfrage fehlt, weil die Nichtbankenkundschaft Selbstfinanzierung betreibt und keine Kredite nachfragt oder weil die Banken den Kreditbedarf ohne Kreditaufnahme bei der Zentralbank befriedigen, kann in der Restriktion eine Verteuerung, in der Expansion eine Verbilligung nicht weitergegeben werden.

Außerdem bilden die Erhöhungen oder Senkungen des Diskontsatzes im üblichen Umfang einen viel zu unbedeutenden Kostenfaktor. Eine Steuerung des Rediskonts wie eine Beschränkung des Diskonts und der anderen Kredite ist damit schwer möglich[138]. Ein Rückgang der Kreditnachfrage sowie der Rediskontnachfrage ist nicht zwingend, wenn die Gewinnerwartungen der Unternehmer noch höher sind und immer noch steigen[139]. Das gilt auch, wenn die Grenzleistungsfähigkeit des Kapitals relativ hoch ist[140]. Eine Rolle spielt dabei auch die Ertragssteuerbelastung[141].

Während nach der klassischen Lehre höhere Gewinnerwartungen der Unternehmer eine Erweiterung der Kreditnachfrage bedeuten, zugleich aber auch eine Steigerung der Zinssätze, wodurch wieder eine

137 Das hängt für das Einzelinstitut von der Höhe des Geldschöpfungsmultiplikators ab. Es kann sich trotz Reservehaltung für die als Geld stillgelegte Spareinlage bei entsprechendem Multiplikator eine zusätzliche Geldschöpfung ergeben. Dabei spielt auch die Art der Einlagenbildung, ob durch Bareinzahlung oder Überweisung im Hause, in diesem speziellen Fall und im Durchschnitt eine Rolle.

138 Vgl. Stucken, Rudolf, Geld und Kredit, 2. Aufl., a. a. O., S. 99.

139 Vgl. Hohlfeld, Hans H., Grenzen der Notenbankpolitik, in: Festgabe für Georg Jahn, hrsg. von Karl Muhs, Berlin 1955, S. 127.

140 Vgl. z. B. Paulsen, Andreas, Neue Wirtschaftslehre, 4. Aufl., a. a. O., S. 129 ff.

141 Vgl. Geschäftsbericht der Bank deutscher Länder für das Jahr 1956, S. 12.

Anpassung der Kreditnachfrage an das -angebot erreicht wird, führen nach der modernen Lehre die erhöhten Gewinnerwartungen der Unternehmer auch zu einer gesteigerten Kreditnachfrage und damit zu vermehrter Geldschöpfung. Eine Erhöhung der Zinssätze braucht nicht damit verbunden zu sein[142].

Bei genügender Nachfrage nach Gütern bestehen auch genügende Abwälzungsmöglichkeiten. Das gilt ebenso für den allgemeinen Kreditzins. Wenn aber in der Hochkonjunktur Preiserhöhungen möglich sind, wird um so eher Selbstfinanzierung betrieben und die Kreditnachfrage zurückgehen.

Sofern die Banken genügend liquide sind oder ihnen durch Exporterlöse, Auslandseinlagen[143] oder Spareinlagen neue Notenbankmittel zufließen, sind sie nicht auf den Notenbankrediskont angewiesen. Eine Diskont- und Zinserhöhung braucht dann auch nicht weitergegeben zu werden, wenn die Kreditinstitute eine Mengenkonjunktur im Kreditgeschäft vorziehen und auf diese Weise genügend Erträge haben.

Wenn die Notenbank die Ankaufsbedingungen wie Kreditlaufzeit, Güte der Wechsel, Unterschriftenzahl, zugrunde liegende Geschäfte usw. verändert, können sich die Banken und Sparkassen mit ihren Kunden absprechen und die für die Refinanzierung notwendigen Papiere besorgen.

Für den Fall, daß die Banken trotz Erhöhung des Diskontsatzes bei der Zentralbank rediskontieren wollen und müssen, erweist sich die Einführung von Kontingenten als sehr wirksam, besonders wenn der Umfang der Kontingente variabel gehalten und damit zu gegebener Zeit beschränkt werden kann. Aber dieses Mittel ist dann unwirksam, wenn die Kreditinstitute nicht auf die Refinanzierung angewiesen sind, weil sie anderweitige Liquiditätszuflüsse aufweisen. Die Diskontpolitik wirkt am stärksten, wenn die Zentralbank die Möglichkeit hat, den Ankauf abzulehnen[144]. Das Rediskontvolumen kann weiter eingeschränkt werden, indem auch Wechsel auf ausländische Firmen in die Kontingente einbezogen werden. Mit diesen Maßnahmen ebenso wie mit der Weigerung der Zentralbank, gewisse Wechsel (Bauwechsel) überhaupt anzukaufen, wird schon der Übergang zur administrativen Kreditpolitik hergestellt.

---

[142] Vgl. Stucken, Rudolf, Besonderheiten der Geld- und Kreditpolitik in Westdeutschland und ihre konjunkturpolitische Bedeutung, a. a. O., S. 7.

[143] Wenn die Zentralbank zum Ankauf der Devisen verpflichtet oder bereit ist.

[144] Vgl. Geschäftsbericht der Bank deutscher Länder für das Jahr 1956, S. 118.

Der Nachteil bei der Diskontpolitik besteht darin, daß hier die Initiative von den Kreditinstituten ausgeht, während die Notenbank erst dann über den eventuellen Ankauf unter ihren Bedingungen entscheidet. Demgegenüber stellen die Offenmarktpolitik und besonders die Mindestreservepolitik einen direkten Angriff auf die Überschußreserven und damit auf den Geldschöpfungsspielraum dar[145].

Wenn die Zentralbank nur über das Rediskontinstrument verfügt, wie das bei der Deutschen Reichsbank bis 1933 ebenso wie in anderen Ländern ursprünglich der Fall gewesen ist[146], so werden ihre Maßnahmen häufig erfolglos bleiben, jedenfalls soweit es die Absicht der Zentralbank betrifft, über den erhöhten Zins einen Rückgang der Kreditnachfrage zu erreichen, während man die Versorgung mit Zentralbankmitteln mit der Einführung der Kontingente bremsen kann.

Nachdem wir die allgemeinen Einschränkungen der Diskontpolitik erörtert haben, müssen wir uns mit der Frage beschäftigen, ob durch das Vorhandensein der Gironetze und ein entsprechendes Verhalten die Wirksamkeit noch weiter gemindert und auf der anderen Seite in der Deflation gestärkt wird. Außerdem muß gefragt werden, ob die Notenbank mit ihrer Diskontpolitik in der Lage ist, die vermehrte Geldschöpfungsfähigkeit der Gironetze zu verhindern.

Wenn eine Überschußreserve auf Grund sich im Systembereich nicht ausgleichender, aber von der jeweiligen Zentrale umzubuchender Zahlungen entsteht, wird zunächst die Zentrale vom Notenbankkredit unabhängiger. Für die Zentralbank günstige bzw. ungünstige Wirkungen ergeben sich nur mit einer Senkung bzw. Erhöhung der Quote dieser Zahlungen, nicht aber mit Diskontsatzänderungen. Wenn sie die Liquiditätsersparnis auf dem Kreditwege an Mitgliedsinstitute weitergibt, benötigen diese auch nicht sogleich den Kredit der Notenbank. Damit werden sie von der Zentralbank direkt nicht erreichbar. Daß sich die Zentralen und übrigen Mitglieder nicht mehr bei der Notenbank refinanzieren, bedeutet keinen Rückgang ihrer Geldschöpfung, wie es eigentlich das Ziel eines höheren Diskontsatzes sein sollte. Da sich die Zentralen nicht refinanzieren, kann die Notenbank ihren höheren Diskontsatz auch nicht durchsetzen, obwohl anzunehmen ist, daß sich die Kreditinstitute nach diesem Satz ausrichten, soweit nicht die Kon-

---

[145] Vgl. Schneider, Erich, Einführung in die Wirtschaftstheorie, III. Teil, 7. Aufl., a. a. O., S. 93.

[146] Ebda, S. 93 f.

Trotz der Verleihung des Rechts zur Offenmarktpolitik hat sich die Deutsche Reichsbank niemals von der Bevorzugung des Wechsels als Instrument ihrer Politik gelöst und nach 1933 kaum der Offenmarktpolitik bedient.

Vgl. Stucken, Rudolf, Geldpolitik und Bankenliquidität in Westdeutschland seit der Währungsreform, in: Finanzarchiv, N. F., Bd. 13, Heft 2, S. 200.

kurrenz niedrigere Zinssätze erzwingt. Allerdings wird der Zinssatz bei einer Kreditgewährung der Zentrale an eigene Nichtbankenkunden oder an angeschlossene Mitgliedsinstitute in irgendeiner Form doch in Anlehnung an den Diskontsatz der Zentralbank gebildet, so daß dieser auch ohne Rediskontierung „effektiv“ bleibt[147].

Außerdem muß der wahrscheinlich höhere Geldschöpfungsmultiplikator (auf Grund der sich im Systembereich nicht ausgleichenden Zahlungen) beachtet werden. Wenn sich z. B. die Zentralen oder Teilzentralen eines Systems bei der Zentralbank refinanzieren, um damit Kreditwünsche ihrer Kunden oder indirekt der Kunden von Mitgliedsinstituten erfüllen zu können, kommt die betreffende Zentrale, sofern die erwähnten günstigen Bedingungen vorliegen, mit einer bestimmten Überschußreserve länger aus oder sie benötigt für einen einzelnen Kredit geringere überschüssige Zentralbankguthaben oder Kassenreserven als ein Einzelinstitut. Das kann bei einer Kontingentierung schon entscheidend sein. Refinanziert sich der Unterbau und werden die Zentralbankreserven auf das Konto der jeweiligen Zentrale übertragen, so entsteht für die Zentrale unter Umständen eine Überschußreserve. Wenn dagegen über die Landeszentralbank verrechnet wird, fällt die Überschußreserve bei dieser an, ohne daß die Reserve für die Kreditinstitute gleichermaßen verwertbar ist.

Im Falle einer expansiven Notenbankpolitik können die Träger der Gironetze ihre Vorteile so lange nicht im Geschäftsverkehr mit den Nichtbankenkunden ausnutzen, wie keine Kreditnachfrage auftaucht. Allerdings ergibt sich unter Umständen doch eine Möglichkeit zur vermehrten systemtypischen Geldschöpfung, wenn Geschäftsbanken oder Sparkassen auf Veranlassung der Notenbank oder des Staates Kredit an irgendwelche Gesellschaften oder an den Staat selbst zur Verrichtung öffentlicher Arbeiten gewähren. Wenn eine Zentrale den Kredit einräumt, kommt sie im Vergleich zu einzeln dastehenden Banken, sofern die beschriebenen günstigen Bedingungen vorliegen, mit einer geringeren Überschußreserve aus und braucht sich eventuell nur in geringerem Umfang zu refinanzieren. Bei einem weiteren Konjunkturanstieg kann es sich vielleicht günstig bemerkbar machen, daß eine geringere Menge an Zentralbankreserven ausgegeben wurde. Das wird auch dann günstig sein, wenn die Zentralbank laut Statut oder zugrunde liegendem Gesetz von sich aus nur Kredite an den Staat und die Banken in beschränkter Höhe geben darf. Dabei haben wir unterstellt, daß weiterhin sich nicht im Systembereich ausgleichende Zahlungen vorkommen.

---

[147] Vgl. Eisfeld, Curt, Artikel „Mindestreserven“, in: Handwörterbuch der Betriebswirtschaft, 3. Aufl., hrsg. von Hans Seischab und Karl Schwantag, Bd. III, Stuttgart 1960, Sp. 4008.

Durch die Veränderung der Diskontsätze allein wird, wenn wir annehmen, daß die erwähnten Zahlungen weiterhin vorkommen, die Entstehung der Überschußreserve und die Möglichkeit eines höheren Geldschöpfungsmultiplikators nicht berührt. Die Ausnutzung der systemmäßigen Vorteile hängt, sofern die Kreditinstitute nicht zur Zusammenarbeit mit der Zentralbank bereit sind, von der Kreditnachfrage und damit von den Gewinnerwartungen der Nichtbanken ab. Im Aufschwung werden die Gewinnerwartungen nur durch sehr große Erhöhungen des Diskontsatzes beeinflußt werden können. Dabei besteht auf der anderen Seite die Gefahr eine Zuflusses an Auslandseinlagen, von dem wahrscheinlich die Zentralen begünstigt werden. Der Zustrom ist nur dann ungefährlich, wenn die Notenbank den Devisenankauf ablehnen kann. Es ist aber fraglich, ob die Notenbank die Diskontsätze in einem starken Ausmaß erhöhen kann, da stets die Gefahr eines Konjunkturrückgangs besteht. Wenn dann die Gewinnerwartungen zurückgehen, gibt es auch weniger Verwendungsmöglichkeiten für die aus Devisenkäufen resultierenden Zentralbankguthaben. Ebenso wie die Änderungen des Diskontsatzes bleiben auch die qualitativen Anforderungen an das Wechselmaterial speziell gegenüber den Gironetzen wirkungslos.

Die Zentralbank wird dann versuchen, die Kontingente für Refinanzierungen entsprechend herabzusetzen, und zwar für die Girosystemzentralen stärker als für Einzelbanken. Um diese Maßnahmen richtig handhaben zu können, müßte man die Höhe der sich im Systembereich nicht ausgleichenden Verfügungen kennen. Da das zur Zeit nicht möglich ist, tauchen Schwierigkeiten bei der Bemessung der Kontingente auf. Es bleibt also nur ein „grobes" Instrument. Selbst wenn die Refinanzierung verweigert würde, bliebe den Zentralen der vorhandene Vorteil. Dabei darf aber nicht übersehen werden, daß die Refinanzierungskontingente an sich ein wirksames Mittel sind, sofern ihre Wirksamkeit nicht durch hohe Staatsausgaben oder Devisenzuflüsse gemindert oder aufgehoben wird.

Die Herabsetzung der Liquiditätsreserven und ihre Ausnutzung für Kreditzwecke durch die angeschlossenen Mitglieder kann durch die Notenbank mit der Diskontpolitik nicht so leicht verhindert werden. Die Verminderung der Reserven wird im Falle einer Erhöhung des Diskontsatzes noch gefördert, während die liquiden Mittel wahrscheinlich steigen werden, wenn die Zentralbank die Kreditexpansion durch ein Senken der Zinssätze fördern will. Ebenso ist die Diskontpolitik meistens nicht dafür geeignet, die Erhöhung der Geldumlaufsgeschwindigkeit zu verhindern oder durch eine Verminderung der Geldmenge zu kompensieren.

Die Diskontpolitik ist jedoch nicht vollständig abzulehnen, denn im Zusammenhang mit den übrigen heute üblichen Mitteln kann sie schon eher durchdringen und diese unterstützen. So können sich Diskont- und Mindestreservepolitik sowie Diskont- und Offenmarktpolitik gegenseitig ergänzen. Die Notenbank kann eine kontraktive Offenmarktpolitik (Verminderung der Zentralbankmittel des Bankensektors bei steigendem langfristigen Zinssatz) durch die Diskontpolitik unterstützen, damit sich die Kreditinstitute nicht die Mittel für den Kauf von Offenmarktpapieren durch Rediskontierung besorgen[148] .

c) Grenzen der Offenmarktpolitik[149]

Voraussetzung für die restriktive Anwendung der Offenmarktpolitik ist neben der rechtlichen Möglichkeit das Vorhandensein eines genügend großen, geeigneten Wertpapierbestandes oder die Fähigkeit, diesen zu schaffen[150]. Wenn dieses Instrument über einen längeren Zeitraum hinweg angewendet wird, besteht die Gefahr, daß der Vorrat an entsprechenden Papieren zu Ende geht. Für eine echte Politik am offenen Markt ist es notwendig, daß ein funktionierender Wertpapiermarkt unter Beteiligung der Nichtbanken vorhanden ist.

Offenmarktoperationen mit Staatspapieren können jedoch den Staatskredit gefährden. Durch Verkäufe bewirkte Kurssenkungen führen unter Umständen zu einem sinkenden Ansehen des Staatskredits und damit zu Spannungen zwischen der Notenbank und dem Finanzministerium. Wenn die Zentralbank zu einer Kurspflege für staatliche Anleihen verpflichtet ist, kann damit die Offenmarktpolitik wirkungslos werden[151]. Das gilt entsprechend auch für die übrigen notenbankfremden Emissionen. Je höher die Staatsschuld ist, desto mehr wird dann die Anwendung des Offenmarktinstruments erschwert[152].

---

[148] Vgl. Schneider, Erich, Einführung in die Wirtschaftstheorie, III. Teil, 7. Aufl., a. a. O., S. 102. So hat auch die Bank von England die beiden Instrumente eingesetzt. Während die Offenmarktpolitik die Versteifung des Geldmarktes durchführen sollte, wurde die Diskontpolitik (Diskontsatz über dem Marktsatz) nur zur Abwehr von Rediskontersuchen herangezogen, damit nicht die Offenmarktpolitik der Bank von England gestört wurde. Vgl. Lutz, Friedrich, Das Grundproblem der Geldverfassung, Stuttgart und Berlin 1936, S. 27.

[149] In Deutschland seit Okt. 1933 eingeführt durch die Änderung der Deckungsvorschriften für die Deutsche Reichsbank in der Bankgesetznovelle v. 27. Okt. 1933, RGBl. II, S. 827.

[150] Vgl. Hohlfeld, Hans H., Grenzen der Notenbankpolitik, a. a. O., S. 131 f.; Voigt, Fritz, Artikel „Währungspolitik", in: Handwörterbuch der Betriebswirtschaft, 3. Aufl., hrsg. von Hans Seischab und Karl Schwantag, Bd. IV, Stuttgart 1962, Sp. 6122.

[151] Vgl. Voigt, Fritz, Artikel „Währungspolitik", a. a. O., Sp. 6122.

[152] Ebda.

Ein funktionsfähiger Wertpapiermarkt ist nicht Vorbedingung, wenn die Offenmarktpolitik allein gegenüber Kreditinstituten angewendet wird. Dann ist es entscheidend, ob die Banken und Sparkassen bereit sind, die Zentralbank zu unterstützen. Die Aufnahmebereitschaft der Kreditinstitute hängt mit davon ab, ob die Notenbank die Offenmarkttitel genügend ertragbringend ausgestalten kann. Trotzdem ist es möglich, daß die Kreditinstitute in der Hochkonjunktur den Kauf von Aktien dem Erwerb von Obligationen vorziehen. Noch wahrscheinlicher ist es, daß die Ertragsfähigkeit des kurzfristigen Kreditgeschäfts im Aufschwung mehr zur Anlage der liquiden Mittel in Krediten als in Wertpapieren reizt. Im Abschwung tendieren die Banken und Sparkassen dagegen mehr zur Wertpapieranlage und scheuen das Risiko des Kreditgeschäfts[153]. Dabei darf man nicht die Rolle übersehen, die die Kreditnachfrage spielt. Im Aufschwung wird sie sehr lebhaft sein, und die Kreditinstitute werden sich ihr aus Konkurrenzgründen nicht immer entziehen können, da sie sonst den Verlust guter Kunden befürchten müssen. Demgegenüber werden die Banken und Sparkassen in der Depression die Wertpapieranlage suchen, um Erträge für die Verzinsung der Einlagen zu erwirtschaften, denn die Nachfrage nach Bankkrediten wird zugleich mit den Gewinnerwartungen geringer. Die Kreditgewährung ist im Abschwung auch risikoreicher, weil mit einem Einfrieren der Beträge zu rechnen ist[154].

Von einer zwingenden Politik der Zentralbank kann also nicht gesprochen werden. Die rechtliche Gleichordnung zwischen Verkäufer und Käufer läßt sich auch durch die wirtschaftliche Machtstellung nicht umwandeln. Auch wenn die Notenbank zu einem Rückkauf vor Fälligkeit nicht bereit sein sollte, werden die Kreditinstitute zwar bis zur Fälligkeit warten müssen, aber es ist anzunehmen, daß sie nicht bereit sein werden, wieder Wertpapiere von der Notenbank zu erwerben.

Gegenüber den Girosystemstellen gelten die bisher festgestellten Einschränkungen ebenfalls. Ohne eine entsprechende Kaufbereitschaft der Zentralen bzw. der angeschlossenen Mitgliedsinstitute kann eine zusätzlich entstandene Überschußreserve nicht abgeschöpft werden. Ebenso ist der höhere Geldschöpfungsmultiplikator, der auf den sich im jeweiligen Systembereich für die einzelnen Mitglieder nicht ausgleichenden Zahlungen beruht, nicht durch die Offenmarktpolitik zu verändern. Nur wenn die Banken und Sparkassen zum Erwerb der angebotenen Papiere bereit sind, können überschüssige Mittel stillgelegt werden. Auf der anderen Seite sind die Zentralen eventuell nicht so

---

[153] Vgl. Gleske, Leonhard, Die Liquidität in der Kreditwirtschaft, a. a. O., S. 91.

[154] Ebda.

schnell gezwungen, die Offenmarkttitel wieder zu verkaufen bzw. sie können die Papiere eventuell noch einmal erneuern, weil sie vergleichsweise geringere Überschußreserven für das sonstige Geschäft benötigen. Wenn die Notenbank eine expansive Kreditpolitik betreibt, werden auch die Zentralen ohne Kreditnachfrage ihrer Banken- und Nichtbankenkunden nicht vom Wertpapierkauf abgehen. Welche Möglichkeiten sich trotzdem ergeben können, haben wir bereits bei der Diskontpolitik dargestellt. Ohne eine Zusammenarbeit der Systemstellen mit der Notenbank läßt sich auch die Steigerung der Geldumlaufsgeschwindigkeit nicht durch eine entsprechende Beschränkung der Geldmenge über die Offenmarktpolitik kompensieren.

Auch die Erfolgsaussichten der gemeinsamen Anwendung von offenmarkt- und diskontpolitischen Maßnahmen müssen als gering angesehen werden, sowohl allgemein als auch speziell gegenüber den Banken und Sparkassen in den Gironetzen. Das gilt besonders bei anhaltenden Exportüberschüssen oder hohen Staatsausgaben. Dann müssen Mittel angewendet werden, die auf dem Verhältnis der Über- und Unterordnung zwischen Zentralbank und Kreditinstituten beruhen.

d) Grenzen der Mindestreservepolitik[155]

Die Veränderung verschieden hoher Prozentsätze, in deren Höhe Guthaben bei der Zentralbank zu unterhalten sind, wird meistens als Mindestreservepolitik angesehen. Die Zentralbank kann mit einer Erhöhung eingreifen, wenn die flüssigen Mittel der Kreditinstitute nicht mehr durch eine Einschränkung der Refinanzierungen oder durch die Offenmarktpolitik abzuschöpfen sind. Die Überschußreserven können z. B. aus Devisenverkäufen (Exportüberschüsse, Auslandskredite) stammen[156]. Mit einer Erhöhung der Reservequoten werden entstandene Überschußreserven neutralisiert, evtl. müssen sogar Kredite gekündigt werden. Ohne eine gleichzeitige Beschränkung der Refinanzierungsmöglichkeiten wird wahrscheinlich kein Rückgang des Kreditvolumens eintreten, eher ist sogar noch ein Ansteigen zu befürchten. In diesem Fall bewähren sich die Rediskontkontingente, besonders in der Bundesrepublik, weil sich für die Inanspruchnahme der Notenbank im Gegensatz zu

---

155 In der Bundesrepublik ist die Mindestreservepolitik seit 1948 möglich. Eingeführt wurde sie durch den § 6 des Zweiten Gesetzes zur Neuordnung des Geldwesens (Emissionsgesetz), Mil.-Reg.-Gesetz Nr. 62, u. a. in: Verordnungsblatt f. d. britische Zone, 1948, Nr. 28, S. 147. Zur Geschichte der Mindestreservepolitik in Deutschland vgl. Eisfeld, Curt, Artikel „Mindestreserven" in: Handwörterbuch der Betriebswirtschaft, 3. Aufl., hrsg. von Hans Seischab und Karl Schwantag, Bd. III, Stuttgart 1960, Sp. 3994 ff.; Stucken, Rudolf, Geld und Kredit, 2. Aufl., a. a. O., S. 102 f.; ders., Neue Liquiditätspolitik als Mittel der Kreditpolitik, in: Bank-Archiv, 34. Jg., 1934/35, S. 152 ff.

156 Vgl. Gleske, Leonhard, Die Liquidität in der Kreditwirtschaft, a. a. O., S. 102 f.

England keine festen Regeln herausgebildet haben[157]. Allerdings läßt sich die Refinanzierung nicht völlig vermeiden, aber die noch zu beschaffenden Notenbankguthaben werden wahrscheinlich mehr zur Auffüllung der Mindestreversen und weniger zur weiteren Geldschöpfung verwendet werden. Die kontraktive Anwendung der Mindestreservepolitik ist häufig begrenzt durch eine gesetzliche Höchstgrenze. Denkbar sind auf der anderen Seite auch Mindestsätze, die mit einer expansiven Politik nicht unterschritten werden können. Da die Senkungen der Mindestreservequoten die Geldschöpfung der Banken und Sparkassen nur beschränkt anregen, wirken sich Mindestsätze nicht so ungünstig aus wie unter Umständen die Obergrenzen[158]. Höchstsätze wirken sich besonders nachteilig aus, wenn aus Exportüberschüssen laufend neue Überschußreserven entstehen, die die Zentralbank schließlich nicht mehr binden kann.

Die Mindestreservepolitik ist wirksamer als die Diskont- und die Offenmarktpolitik, da die Nichteinhaltung noch mit negativen Wirkungen für die Kreditinstitute verknüpft ist. Werden die Mindestguthaben fixiert oder variiert auf Grund einer gesetzlichen Erlaubnis für die Notenbank, müssen die Kreditinstitute, wenn sie die Sätze nicht einhalten, Strafzinsen zahlen. Sie riskieren im Wiederholungsfalle sogar ihren Fortbestand als Bank oder Sparkasse, da nicht nur die Notenbank die weitere Refinanzierungshilfe versagen kann, sondern auch die Bankenaufsicht bei erheblichen oder wiederholten Unterschreitungen einzuschalten ist[159].

Im Falle vertraglicher Vereinbarungen kann vorgesehen sein, daß den Kreditinstituten die weitere Refinanzierungsmöglichkeit versagt wird. Außerdem kann mit der Vertragsverletzung eine Vertragsstrafe fällig werden, die auch in der Form von Strafzinsen berechnet wird.

Da die Umgehungen der Mindestreservehaltung zu zusätzlichen Aufwendungen führen, werden die Kreditinstitute also dem Willen der Zentralbank folgen.

An Stelle variabler Mindestreservesätze werden gelegentlich auch gleichmäßig hohe Quoten befürwortet, die sich eventuell auch variieren lassen.

---

157 Vgl. Stucken, Rudolf, Geld und Kredit, 2. Aufl., a. a. O., S. 104.

158 Vgl. Hohlfeld, Hans H., Grenzen der Notenbankpolitik, a. a. O., S. 134 f.

159 Vgl. § 16 des Gesetzes über die Deutsche Bundesbank vom 26. Juli 1957, BGBl. I Nr. 33 (30. 7. 1957), S. 745.
Der Sonderzins soll allerdings nicht erhoben werden, „wenn die Unterschreitung aus nicht vorhersehbaren Gründen unvermeidlich war." (Ebda).

Gleske[160] sieht in der Fixierung von Mindestreservesätzen zugleich die Möglichkeit, strukturpolitisch wirksam zu werden, wenn nämlich die Reservesätze für alle Kreditinstitute und Kreditinstitutsgruppen gleichmäßig hoch sind. Nach Gleske werden dadurch die Liquiditätsvorteile eines umfangreichen Kundenkreises verhindert. Während sonst liquiditätsmäßig begünstigte Banken niedrigere Zahlungsverkehrsreserven in Zentralbankguthaben zu halten brauchen, müssen jetzt alle gleich hohe Reservesätze berücksichtigen, so daß nicht bei einigen Instituten das Kreditpotential „über den Umfang hinaus gesteigert wird, den Einlagenzufluß und Refinanzierungsbereitschaft der Zentralbank jeweils bestimmen“[161]. Damit Mindestreserven eine strukturpolitische Funktion auszuüben vermögen, müssen sie tatsächlich im Zahlungsverkehr verwendet werden können und damit echte Liquiditätsreserven sein. Das hängt nach Gleskes Meinung von der Ausgestaltung des Mindestreserveinstruments ab. Hierbei ist besonders die Länge der Berechnungsperiode von Interesse. Die Pflichtreserven haben dann einen Doppelcharakter, wenn sie nur im Durchschnitt eines längeren Zeitraums, z. B. eines Monats, erfüllt werden müssen[162]. Je kürzer die Periode, desto weniger besteht auch die Wahrscheinlichkeit, daß sich negative Schwankungen mit positiven ausgleichen. Außerdem ist es nicht immer wahrscheinlich, daß ein Unterschreiten des Durchschnitts durch ein entsprechendes Überschreiten auf Grund von Einlagenzuflüssen zu anderen Zeitpunkten ausgeglichen werden kann. Denn es ist fraglich, ob eine Refinanzierung bei der Zentralbank oder auf dem Geldmarkt möglich sein wird, weil unter Umständen viele Kreditinstitute ihre Kontingente voll in Anspruch genommen haben bzw. zugleich Kredit aufnehmen wollen, so daß von kleineren Instituten vorsichtshalber über die Mindestreserven hinaus Zahlungsverkehrsguthaben unterhalten werden.

Ohne Gefahr lassen sich auf längere Sicht nur die sich ausgleichenden Zahlungen im Rahmen der Mindestreserven abwickeln. Da die sich für das einzelne Mitgliedsinstitut nicht ausgleichenden Zahlungen eine Liquiditätsreserve erfordern, bei der Verfügung oder später zur Erfüllung des Mindestreservesolls, spielt es keine Rolle, ob diese Zahlungen über das LZB- oder das Nostrokonto bei der Zentrale geleitet werden. Für den Zahlungsverkehr über die systemeigene Zentrale spricht die Möglichkeit, ohne größere Schwierigkeiten Kredit von der Zentrale zu bekommen. Der strukturpolitische Effekt fixierter Mindestreserve-

---

160 Vgl. Gleske, Leonhard, Die Liquidität in der Kreditwirtschaft, a. a. O., S. 97 ff.

161 Ebda, S. 97.

162 Vgl. Eisfeld, Curt, Artikel „Mindestreserven“, in: Handwörterbuch der Betriebswirtschaft, a. a. O., Sp. 4006 f.

sätze ist also nicht gegeben. Diese Wirkung kann auch weder durch variable, gleichmäßig hohe noch direkt durch variable, verschieden hohe Sätze erreicht werden.

Außerdem muß bedacht werden, daß die gleichmäßig hohen Sätze entweder für die Einzelinstitute zu hoch und für die Gironetzmitglieder, insbesondere die Zentralen, angemessen sind, oder aber daß sie für Einzelinstitute als ausreichend, für Gironetzstellen dagegen als zu niedrig angesehen werden müssen.

Die Einführung variabler, aber für alle Institute gleich hoher Mindestreserven kann nicht verhindern, daß sich aus der Verrechnung im System höhere Überschußreserven und ein höherer Geldschöpfungsmultiplikator ergeben. Der Vorteil für die Zentralen, die die sich nicht ausgleichenden Verfügungen ihres Systembereichs einfach umbuchen können, bleibt auch bei den Veränderungen des Satzes bestehen. Entweder braucht die betreffende Zentrale ihre Kreditgewährung noch nicht einzuschränken, die Kredite nicht so schnell zu kündigen oder sich nicht sofort zu refinanzieren.

Mit der Veränderung unterschiedlicher Sätze ist zwar kein struktureller Effekt verbunden, aber es läßt sich eine Verringerung der Geldschöpfungsfähigkeit erreichen. Wenn für die Zentralen und eventuell auch für die angeschlossenen Mitgliedsinstitute höhere Quoten festgelegt werden, kann auf diese Weise eine zusätzliche Überschußreserve stillgelegt und ein höherer Geldschöpfungsmultiplikator begrenzt werden. Dabei wird vorausgesetzt, daß sich die Sätze wirksam erhöhen lassen. Schwierigkeiten ergeben sich, wenn sich die allgemeinen Sätze bereits der Obergrenze nähern. Die praktische Anwendung der differenzierten Mindestreservepolitik gegenüber den Trägern der Girosysteme wird jedoch durch mehrere Tatsachen erschwert. Einmal ist die Höhe der einer Girosystemzentrale und den Teilzentralen zusätzlich zur Verfügung stehenden Überschußreserve meistens nicht bekannt, zum anderen wird sie von Zentrale zu Zentrale unterschiedlich und schließlich auch ständigen Schwankungen unterworfen sein. Entsprechendes gilt auch für den möglichen höheren Geldschöpfungsmultiplikator. Außerdem ist es denkbar, daß nicht jede Zentrale oder Teilzentrale einen höheren Geldschöpfungsspielraum besitzt. Eine spezielle Anwendung der Mindestreservepolitik wird erschwert bzw. unmöglich, wenn man auch die Vergrößerung des Geldschöpfungsmultiplikators auf Grund des Rückhalts im System verhindern will.

Wenn die Deutsche Bundesbank die Reservesätze nach der Höhe der reservenpflichtigen Verbindlichkeiten differenziert, ist sie damit bestrebt, die möglichen Verrechnungsvorteile großer Banken auszugleichen. Eine Politik höherer Mindestreservesätze im Falle höherer Kundeneinlagen eines Instituts erfaßt aber nur die Großbankennetze.

Wenn eine Zentralbank wirksam gegen die Girosystemzentralen und Teilzentralen mit Hilfe der Mindestreservepolitik vorgehen will, muß sie einmal die Verrechnungsvorteile aus sich nicht ausgleichenden, im Systembereich verbleibenden Zahlungen kennen, zum anderen von den Nichtbankeneinlagen als Hauptbemessungsgrundlage abgehen und z. B. die Kredite zugrunde legen. Auch bei den angeschlossenen Mitgliedsinstituten, die auf Grund des Rückhalts im System besonders kreditaktiv werden, genügt wahrscheinlich die bisherige Bemessungsgrundlage nicht mehr.

Wenn die Mindestreservesätze gesenkt werden, um eine Kreditexpansion einzuleiten, können die Zentralen ihren eventuellen Verrechnungsvorteil nicht ohne entsprechende Kreditnachfrage nutzen. Werden keine Kredite von den Nichtbankenkunden aufgenommen, ergeben sich auch keine günstigen Wirkungen aus einer Senkung der Sätze. Kaufen die Kreditinstitute dann Wertpapiere, vor allem kurzfristige Staatspapiere, um die freigesetzten Überschußreserven anzulegen, kann sich der grundsätzlich mögliche Verrechnungsvorteil nicht auswirken, weil normalerweise mit einem vollständigen Abfluß der Zentralbankmittel zu rechnen ist. Die Notenbank müßte also dafür sorgen, daß bei den Zentralen Kredite nachgefragt werden.

Sollten die bisher erwähnten Maßnahmen der Zentralbank aus Gründen, die nicht mehr in ihrem Entscheidungsbereich liegen (Exportüberschüsse, Kreditgewährung an den Staat), kompensiert oder sogar überkompensiert werden, muß die Notenbank zur Erfüllung ihrer Aufgaben andere Mittel einsetzen.

e) Grenzen der administrativen Kreditpolitik

Mit der Festsetzung von Kreditrichtsätzen[163], mit der Kreditselektion und -kontingentierung, dem Kreditstopp und der Kreditrestriktion kann die Notenbank schließlich versuchen, Einkommen, Nachfrage und Preisniveau zu beeinflussen. Sie kann von den Kreditinstituten verlangen, daß sie die genannten Maßnahmen auch gegenüber den Nichtbankenkunden anwenden, und eine weitere Refinanzierungshilfe von der Befolgung abhängig machen. Abgesehen von den seit Jahren bestehenden Kreditrichtsätzen, die mehr bankpolitische Ziele verfolgen, wenn sie auch durch Veränderungen, die die Deutsche Bundesbank jetzt über die Bankaufsichtsbehörde veranlassen müßte, zu einem kreditpolitischen Mittel werden können, werden die übrigen Maßnahmen von der Notenbank direkt im Zusammenhang mit Refinanzierungen eingesetzt.

---

[163] In der Bundesrepublik seit dem 1. Jan. 1962 eine Aufgabe der Bankaufsichtsbehörde. Vgl. „Gesetz über das Kreditwesen", vom 10. Juli 1961 (BGBl. I, S. 881, §§ 10 und 11).

Mit der Aufstellung bestimmter Relationen zwischen Krediten und Eigenkapital, Krediten und Eigenkapital + Einlagen oder liquiden Mitteln und Einlagen kann unter Umständen die Ausnutzung, nicht aber die Entstehung der höheren systembedingten Geldschöpfungsfähigkeit verhindert werden. Allerdings handelt es sich nicht um eine sehr differenzierte Maßnahme, da sich die Sätze nicht häufig ändern und auch nicht sehr differenzieren lassen.

Die Wirksamkeit der Kreditselektion, des Kreditstopps und der Kreditrestriktion gegenüber den Kreditinstituten hängt davon ab, ob die Banken und Sparkassen auf eine Refinanzierung angewiesen sind. Besteht diese Abhängigkeit, so kann sich die Notenbank durchsetzen, allerdings gelingt es ihr nicht ohne weiteres, Kreditselektion, Kreditstopp oder Kreditrestriktion auch bei den Kreditinstituten zu erreichen. Nur wenn sie die Banken und Sparkassen durch gleichzeitigen Einsatz der Mindestreservepolitik und unter Hinweis auf das mögliche Ausbleiben der Refinanzierungshilfe zu einem entsprechenden Verhalten veranlassen kann, wird die Ausnutzung, aber nicht die Entstehung des aus der Umbuchung sich nicht ausgleichender Zahlungen resultierenden, mit dem Anschluß an das System verbundenen Vorteils verhindert.

Mit der bisher erörterten administrativen Kreditpolitik kann die Erhöhung der Geldumlaufsgeschwindigkeit ebenfalls nicht verhindert werden; sie kann aber versuchen, die Beschleunigung des Umlaufs durch eine Verminderung der Geldmenge auszugleichen.

Ein Verbot, Verrechnungen und Liquiditätshaltung im System vorzunehmen, erscheint nicht durchführbar, da die Notenbank gar nicht in der Lage ist, die Funktionen der Zentralen zu übernehmen. Eine Teilregelung, die nur den über die Ländergrenzen hinausgehenden Zahlungsverkehr erfaßt, genügt andererseits nicht. Auf diese Weise wird nur ein Teil der Zahlungen über die Notenbank geleitet; der Verrechnungsvorteil entsteht aber bereits bei vielen regionalen Zentralen, ebenso auch bei den Hauptstellen der Regionalbanken. Wahrscheinlich wird der Hauptvorteil im Bereich der Teilzentralen anfallen, da z. B. im Sparkassen- und wohl auch im Genossenschaftsnetz auf Grund der Kundenstruktur[164] die meisten Zahlungen im regionalen Bereich verbleiben und da nur die drei jeweiligen Zentralen einer Großbank Verrechnungsvorteile aufzuweisen haben. Diese Maßnahme würde auch die Großbankfilialen betreffen und den Zusammenhang innerhalb der Großbanken stören.

Der mögliche negative Einfluß der Mitgliedsbanken und -sparkassen auf die gesamte Geldmenge, die Nachfrage nach Gütern und die Preis-

[164] Vgl. Feifel, Hermann, Die Anwendbarkeit der modernen Kreditschöpfungslehre ..., a. a. O., S. 143 f.

stabilität, ferner auf die Beschäftigung und die Wechselkurse hängt jedoch nicht allein von der vermehrten Fähigkeit zur Geldschöpfung ab. Entscheidend ist daneben auch das Verhalten. Wenn die Systemmitglieder auf den verschiedenen Stufen bereit sind, den Wünschen der Zentralbank zu folgen, besteht keine Notwendigkeit, die Entstehung der vermehrten Geldschöpfungsmacht zu verhindern.

Um die Frage entscheiden zu können, ob die Gironetzstellen in der Lage sind, eine wirtschaftliche Instabilität hervorzurufen, müßte gesondert ihre Bedeutung im Kreditsystem eines Landes untersucht werden. Dafür genügt es nicht, die Zahl der Gironetzmitglieder mit der Zahl der einzeln stehenden Institute zu vergleichen, man muß vielmehr die systembedingte höhere Geldschöpfungsfähigkeit im Vergleich zu der bei allen Kreditinstituten bestehenden Möglichkeit zur Geldschöpfung sehen. Dagegen würde ein Vergleich der Bilanzsummen, der Höhe der Einlagen, der Debitoren und der Kreditzusagen ein falsches Bild geben.

f) Zusammenfassung

Die Notenbank kann mit Hilfe ihrer Kreditpolitik die Entstehung einer höheren Überschußreserve, die Möglichkeit eines höheren Geldschöpfungsmultiplikators und die Steigerung der Umlaufsgeschwindigkeit nicht vermeiden. Sie kann allerdings versuchen, insbesondere mit der Mindestreservepolitik, die Ausnutzung der erwähnten Möglichkeiten zu verhindern. Schwierigkeiten ergeben sich jedoch, wenn man versuchen will, die einzelnen Maßnahmen in richtiger Abstufung entsprechend dem Ausmaß der systembedingten Vorteile einzusetzen, denn die Höhe des Geldschöpfungsspielraums wird von Systemmitglied zu Systemmitglied schwanken. Außerdem muß bedacht werden, daß z. B. die Quote der sich nicht ausgleichenden Zahlungen wahrscheinlich saisonal, aber auch im Konjunkturablauf schwanken wird. Eine Ursache dafür kann auch in der Notenbankpolitik gesehen werden.

Ergebnisse

Wir haben versucht, die in der Einleitung gestellten Fragen im Laufe der Arbeit zu beantworten.

1. Die Kreditinstitute können mit ihren Gironetzen die Notenbank im Zahlungsverkehr nicht vollkommen ersetzen. Der Ausgleich der Zahlungen zwischen den Girosystemen und Einzelinstituten wird weiterhin über die Notenbank vorgenommen. Dagegen wurde die Zentralbank aus der direkten Verbindung mit den Nichtbankenkunden weitgehend verdrängt. Im Zahlungsverkehr für Nichtbanken konkurrieren Notenbank und übrige Kreditinstitute nicht mehr miteinander. Da nur Notenbankguthaben, Noten und Münzen allgemein umlaufsfähig sind, bleibt der Ausgleich der Zahlungsverkehrssalden eine Aufgabe der Zentralbank. Die Notenbank muß aber darauf achten, daß den von ihr herausgegebenen Zahlungsmitteln diese Aufgabe nicht genommen wird.

Besorgt die Zentralbank den Zahlungsausgleich zwischen den Kreditinstituten, so kommt es unter bestimmten Voraussetzungen zu systembedingten Beziehungen. Sie entstehen, wenn die Zahlungen zwischen Auftraggeber und Empfänger vom kontoführenden Institut zunächst im System weitergeleitet und erst von dort aus der Zentralbank übergeben werden oder wenn die Gutschriften dem Institut des Begünstigten nicht direkt von der Notenbank, sondern auf dem Umweg über andere systemzugehörige Banken oder Sparkassen übertragen werden.

Der Umfang der über die Notenbank verrechneten Verfügungen wird wahrscheinlich nach der Errichtung von Gironetzen zurückgegangen sein, da die im System verbleibenden Verfügungen nicht mehr über die Notenbank geleitet werden.

2. Anschließend wurde untersucht, ob die als Gironetze fungierenden oder die in Girosystemen zusammengeschlossenen Kreditinstitute eine besondere Fähigkeit zur Geldschöpfung besitzen. Dabei haben wir herausgefunden, daß sich nur die im jeweiligen Systembereich verbleibenden Zahlungen, soweit sie sich für das angeschlossene Mitgliedsinstitut nicht mit Eingängen kompensieren, günstig auf die Geldschöpfung der jeweiligen Zentrale auswirken können, da die Zentrale diese Verfügungen mit eigenem Giralgeld ausführt, während die Mitgliedsbanken und -sparkassen weiterhin liquide Mittel unterhalten müssen. Mit dem Zusammenschluß zu einem Gironetz entsteht eine Überschußreserve in

Höhe der Liquiditätsreserve, die die Mitglieder wegen der sich nicht ausgleichenden, aber im Systembereich verbleibenden Verfügungen unterhalten. Wenn die Zentrale auf der Grundlage dieser oder anderer Überschußreserven Kredite gewährt, ergibt sich ein höherer Geldschöpfungsmultiplikator, da im Vergleich zu anderen Fällen ein geringerer Satz für bare und girale Abflüsse zu berücksichtigen ist. Die beschriebenen Wirkungen ergeben sich unter entsprechenden Bedingungen sowohl im Mittel- als auch im Oberbau.

Demgegenüber erhöhen die Hausübertragungen der Einzelinstitute, die sich dort ausgleichenden Aus- und Eingänge und die sich nicht kompensierenden, für andere Kreditinstitute und Niederlassungen außerhalb des eigenen Zentralebereichs bestimmten Verfügungen nicht die Überschußreserven und den Geldschöpfungsmultiplikator der Zentralen.

Durch besondere organisatorische Maßnahmen für den Zahlungsverkehr im System kann außerdem die Geschwindigkeit des umlaufenden Geldes gesteigert werden. Damit ist aber noch nicht gesagt, ob sich die Erhöhung der Geldumlaufsgeschwindigkeit in einer Steigerung der Nachfrage auswirkt oder ob die Sichteinlagen bis zur nächsten Verfügung entsprechend länger stilliegen.

Als weitere mögliche Folge der Einrichtung von Gironetzen haben wir festgestellt, daß die Mitgliedsinstitute des Unterbaus nach dem Anschluß ihre Liquiditätsreserven eventuell herabsetzen können, da z. B. die Kreditaufnahme bei den Zentralen leichter ist als bei der Zentralbank. Auf diese Weise sind bei einigen Sparkassen oder Banken einmalig höhere Überschußreserven entstanden.

Wir haben also festzuhalten, daß die Gironetzmitglieder, insbesondere die Zentralen, unter bestimmten Bedingungen vermehrt Geld schöpfen können, daß eine höhere Fähigkeit zur Geldschöpfung aber nicht generell vorhanden sein muß.

In dieser Arbeit konnte die besondere Fähigkeit zur Geldschöpfung aber nur grundsätzlich analysiert werden. Ihre Höhe sowie der tatsächliche Ausnutzungsgrad ließen sich nicht quantifizieren, da die dafür notwendigen Zahlenangaben fehlen. Der Umfang der zusätzlichen Überschußreserven und die Verringerung des Abhebungssatzes müßten in einer gesonderten Untersuchung für jede einzelne Zentrale ermittelt werden, ebenso eventuelle Erhöhungen der Geldumlaufsgeschwindigkeit in den Systemen und die Herabsetzung der Reserven für die einzelnen Mitgliedsinstitute. Schwierigkeiten werden sich vor allem ergeben, wenn man Steigerungen der Umlaufsgeschwindigkeit und Herabsetzungen der Reserven ermitteln soll.

Wir können also feststellen, daß die Verrechnungstätigkeit der Zentralen und Teilzentralen an sich noch keine Vermehrung der Überschußreserven oder des Geldschöpfungsmultiplikators bedeutet. Außerdem begründen die auf dem Gebiet des Zahlungsverkehrs bestehenden systemtypischen Verbindungen zur Notenbank keine zusätzliche Fähigkeit der Gironetzmitglieder zur Kreditgewährung, derartige Beziehungen beschränken vielmehr die typische Geldschöpfung.

3. Gironetzmitglieder, denen eine vermehrte Geldschöpfung möglich ist, können für die Notenbankpolitik mehr Bedeutung besitzen als Einzelbanken. Da wir aber die Höhe der vermehrten Geldschöpfung nicht kennen, läßt sich das Ausmaß nicht bestimmen. Es ist denkbar, daß die Notenbank mit ihrer augenblicklichen Politik die Geldschöpfung von Einzelinstituten noch bremsen kann, während sie stärkere oder zusätzliche Mittel einsetzen muß, um die höheren Kreditgewährungen der Gironetzmitglieder einzuschränken.

Solange allerdings Zahlenangaben über die Zahlungsströme in den Gironetzen und über das Ausmaß der systembedingten Geldschöpfung fehlen, kann höchstens von einem beschränkten Durchsetzungsvermögen der Kreditpolitik gesprochen werden.

4. Welche zusätzlichen Maßnahmen kann die Notenbank gegenüber den Zahlungssystemen ergreifen, wenn sie die durch den Zusammenschluß zu Gironetzen hervorgerufene vermehrte Geldschöpfung kennt? Grundsätzlich ist zu bemerken, daß auch die Mitglieder von Gironetzen von den Einwirkungen der Zentralbank mit erfaßt werden. Solange sich die Notenbank noch ohne weiteres durchzusetzen vermag, taucht die Frage nach besonderen Maßnahmen gegenüber den Zahlungsnetzen vielleicht noch nicht auf. Wenn die Preisstabilität nicht mehr besteht, wird eine gezielte Kreditpolitik erwogen werden müssen.

Die Zentralbank kann mit Hilfe ihrer laufenden Politik nur versuchen, die Ausnutzung der besonderen Geldschöpfungsmöglichkeit der Girosysteme zu verhindern bzw. eine Steigerung der Geldumlaufsgeschwindigkeit durch eine Senkung der Geldmenge auszugleichen. Die laufende Kreditpolitik kann aber nicht vermeiden, daß sich die Möglichkeiten überhaupt ergeben. Die Notenbank ist in der Lage, mit Hilfe der Mindestreservehaltung auch die zusätzlichen Überschußreserven zu binden und den höheren Geldschöpfungsmultiplikator wieder herabzusetzen. Unter den übrigen Mitteln der Zentralbank haben wir außerdem die Diskontpolitik in Verbindung mit Rediskontkontingenten und die administrative Kreditpolitik als bedingt wirksam erkannt.

Schließlich könnte die Zentralbank auch noch zu erreichen versuchen, daß die systeminternen Verrechnungen verboten und damit die Gironetze aufgelöst werden. Dieser Gedanke ist jedoch unrealistisch.

Vorbedingung für eine verschärfte Notenbankpolitik gegenüber den als Gironetze fungierenden oder den in Girosystemen zusammengeschlossenen Kreditinstituten sollte also eine genaue Kenntnis der systembedingten Geldschöpfung sein. Wenn der Zentralbank die vermehrten Möglichkeiten zur Kreditgewährung nicht bekannt sind, kann sie als Anhaltspunkt für gezielte Maßnahmen nur den Zuwachs an Krediten gegenüber den Vorperioden, soweit er einzelnen Instituten zuzurechnen ist, zugrunde legen.

Auf jeden Fall ist zu berücksichtigen, daß sich die Umlaufsgeschwindigkeit des Geldes vom System nur beschränkt steigern läßt und daß sich die Liquiditätsreserven nur geringfügig herabsetzen lassen. Außerdem muß bedacht werden, daß die im Bereich der jeweiligen Zentrale umzubuchenden, sich für das Mitgliedsinstitut nicht ausgleichenden Zahlungen nur einen Bruchteil aller Verfügungen ausmachen, denn daneben bestehen noch die Hausübertragungen, die sich ausgleichenden Aus- und Eingänge und die sich nicht mit Eingängen kompensierenden Ausgänge, die nicht für den eigenen Systembereich bestimmt sind.

Schrifttum

Einzelveröffentlichungen

Achterberg, Erich, (Hrsg.): Unterrichtsmappe für das gesamte Kreditwesen, Bd. II (Das Fachwort in der Kreditwirtschaft), Zeitschrift für das gesamte Kreditwesen.

Andreae, Wilhelm: Geld und Geldschöpfung, Stuttgart und Wien 1953.

Auburn, H. W.: Das internationale Bankwesen (engl. Originalausgabe: Comparative Banking, London) Frankfurt/M. 1960.

Bank deutscher Länder, Frankfurt/M.: Geschäftsberichte und Monatsberichte.

Behrens, Walter G.: Das Geldschöpfungsproblem, Jena 1928.

Böhme, Rosemarie: Die Verhaltensweise der Kreditbanken, ungedr. Diss. Frankfurt/M. 1955.

Bradford, Frederick A.: Money and Banking, Rev. Ed., New York, London, Toronto 1942.

Braun, Werner: Das Liquiditätsproblem der Kreditbanken, Stuttgart 1934.

Cartinhour, G. T.: Branch, Group, and Chain Banking, New York 1931.

Chandler, Lester V.: The Economics of Money and Banking, Rev. Ed., New York 1953.

— United States Monetary Policy: Recent Thinking and Experience, Washington 1954.

Committee on the Working of the Monetary System: Report, London 1959.

— Principal Memoranda of Evidence, 3 Vol., London 1960.

Deutsche Bundesbank, Frankfurt/M.: Geschäftsberichte und Monatsberichte.

Deutscher Sparkassen- und Giroverband e. V., Bonn, (bzw. Arbeitsgemeinschaft Deutscher Sparkassen- und Giroverbände und Girozentralen e. V.): Jahresberichte.

— Die Sparkassen in Zahlen (Loseblattsammlung), 3. Aufl., Stuttgart 1959 und verschiedene Nachträge.

Dick, Adalbert: Die Verflechtung zwischen Sparkassen und Girozentralen, Bd. 8 der Untersuchungen über das Spar-, Giro- und Kreditwesen, hrsg. von Fritz Voigt, Berlin 1959.

Dobretsberger, Josef: Neue Wege des Geldwesens und Zahlungsverkehrs, Berlin—Wien 1934.

Döring, Franz: Kreditwirtschaft und Bankenreform, München o. J.

Ehlen, Karl Josef: Die Filialgroßbanken, Heft 6 der Beiträge zur Erforschung der wirtschaftlichen Entwicklung, Hrsg. M. E. Kamp, Stuttgart 1960.

Eisfeld, Curt: Das niederländische Bankwesen, 1. Teil, Haag 1916.

Enders, Rudolf C.: Zentralisation und Dezentralisation als Organisationsprinzipien in der deutschen Sparkassenorganisation, Diss. Freiburg 1955.

Entwurf eines Gesetzes über das Kreditwesen, Bundesrats-Drucksache 50/59, Bonn 1959.

Eynern, Gert von: Die Reichsbank, Probleme des deutschen Zentralnoteninstitutes in geschichtlicher Darstellung, Jena 1928.

Feifel, Hermann: Die Anwendbarkeit der modernen Kreditschöpfungslehre auf die besondere Art des Sparkassengeschäfts, Bd. 10 der Untersuchungen über das Spar-, Giro- und Kreditwesen, hrsg. von Fritz Voigt, Berlin 1959.

Fischer, Werner: Die Mindestreservepolitik der Zentralbank — ein Mittel zur Beeinflussung der Kreditschöpfung, Diss. München 1948.

Fischöder, Willi: Die deutschen und angelsächsischen Kreditbanken im Lichte ihrer Bilanzen, Berlin 1956.

Floss, Eberhard: Anlage- und Liquiditätsrichtlinien im Sparkassenwesen, Diss. Tübingen 1956.

— Auswirkungen der Mindestreservepflicht unter besonderer Berücksichtigung der Sparkassen, Bd. 4 der Untersuchungen über das Spar-, Giro- und Kreditwesen, hrsg. von Fritz Voigt, Berlin 1956.

Föhl, Carl: Geldschöpfung und Wirtschaftskreislauf, 2. Aufl., Berlin 1955.

Fries, Karl: Die Girozentralen, Stuttgart 1959.

Gaertner, Klaus: Die Kontrolle der Giralgeldschöpfung in der Bankgesetzgebung der Nachkriegszeit, Diss. Freiburg 1952.

Garcia, F. L.: Glenn G. Munn's Encyclopedia of Banking and Finance, 5. Ed., Cambridge/Mass. 1949, 6. Ed. (Rev.), Boston/Mass. 1962.

Geiler, Hermann Franz: Die zentralen Kreditinstitute Deutschlands, Berlin 1935.

Geisler, Rudolf P.: Notenbankverfassung und Notenbankentwicklung in USA und Westdeutschland, Berlin 1953.

Gleske, Leonhard: Die Liquidität in der Kreditwirtschaft, Frankfurt/M. o. J.

Goertz, Walter: Die Liquiditätsprobleme der Kreditbanken, Diss. Bonn 1938.

Golz, Dietrich: Das Liquiditätsproblem bei den Girozentralen, Bd. 3 der Untersuchungen über das Spar-, Giro- und Kreditwesen, hrsg. von Fritz Voigt, Berlin 1956.

Großmann, H.: Grundzüge des Zahlungsverkehrs, Berlin—Wien 1931.

Haberler, Gottfried: Prosperität und Depression, 2. Aufl., Tübingen—Zürich 1955 (Originaltitel: Prosperity and Depression — Prospérité et Dépression, übers. nach der 3., erw. Aufl. von Christof Reiner und H. G. Bieri).

Hahn, L. Albert: Geld und Kredit, Tübingen 1924.

— Geld und Kredit, Währungspolitische und konjunkturtheoretische Betrachtungen, 2. Aufl., Frankfurt/M. 1960.

— Volkswirtschaftliche Theorie des Bankkredits, Tübingen 1920, 3. Aufl., Tübingen 1930.

Haines, Walter W.: Money, Prices, and Policy, New York, Toronto, London 1961.

Halm, George N.: Geld, Außenhandel und Beschäftigung, (Originaltitel: Economics of Money and Banking, übers. von Walter Diehm), 3. Aufl., München 1957.

Hanson, J. L.: Monetary Theory and Practice, London 1956.

Hellwig, Hans: Kreditschöpfung und Kreditvermittlung, Stuttgart 1958.

Henze, Werner: Grundzüge der Geschichte des Sparkassenwesens, Stuttgart o. J.

Hoffmann, Josef: Deutsche Sparkasseneinheit, Berlin 1931.

Jursch, H.: Zehn Jahre deutsche kommunale Giroorganisation, Denkschrift, Berlin 1926.

Kalveram, W.: Bankbetriebslehre, Bd. I und II, Sonderdruck aus „Die Handelshochschule — Die Wirtschaftshochschule", Wiesbaden 1950/o. J.

Kalveram, Wilhelm und Hans *Günther:* Bankbetriebslehre, 3. Aufl., Wiesbaden 1961.

Kent, Raymond P.: Money and Banking, Rev. Ed., New York und Toronto 1955.

Keynes, John Maynard: Vom Gelde, (Originaltitel: A Treatise on Money), unveränderter Neudruck der 1. deutschen Ausgabe (Berlin 1932), Berlin 1955.

Klepsch-Bodack, Hildegard: Der Geldschöpfungskoeffizient der Kreditbanken, Diss. Erlangen 1955.

Kolbe, Kurt: Das Liquiditätsproblem der Kreditgenossenschaften unter besonderer Berücksichtigung der Volksbanken, Veröff. des Instituts für Genossenschaftswesen an der Philipps-Universität Marburg/L., Marburg/L. 1950.

Lanz, Karl: Banken der Welt, Frankfurt/M. 1963.

Lautenbach, Wilhelm: Zins, Kredit und Produktion, hrsg. von Wolfgang Stützel, Tübingen 1952.

Lewejohann, Gerhard: Die Konzentration im deutschen Sparkassenwesen und ihre Bedeutung, Diss. Münster i. W. 1927.

Lierow, Hans-Joachim: Der Geldschöpfungskoeffizient der Kreditbanken in der Bundesrepublik, Berlin 1957.

Linhardt, Hanns: Bankbetriebslehre, Bd. I der Bankwirtschaftlichen Schriftenreihe, hrsg. von Hanns Linhardt, Bd. I Köln und Opladen 1957, Bd. II Köln und Opladen 1960.

— Kreditkontrolle, Betriebswirtschaftliche Bibliothek, hrsg. von Wilhelm Hasenack, Essen 1954.

Lipfert, Helmut: Nationaler und internationaler Zahlungsverkehr, Sonderdruck aus: Die Wirtschaftswissenschaften, hrsg. von Erich Gutenberg, Wiesbaden 1960.

Lutz, Friedrich: Das Grundproblem der Geldverfassung, Stuttgart und Berlin 1936.

Macleod, Henry Dunning: The Theory of Credit, in two Volumes, 2. Ed.: Volume I, London 1893, Volume II, Part I, London 1894, 1. Ed.: Volume II, Part II, London 1891.

Marbach, Fritz: Die Kreditschöpfung der Handelsbanken und das Postulat der Verstaatlichung des Kredits, Bern 1947.

Mellerowicz, Konrad: Der Zahlungsverkehr in Deutschland, Sonderdruck aus: Die Bank, hrsg. von Karl Theisinger und Josef Löffelholz, Wiesbaden 1952.

Müller, Bernhard: Funktion und Wirkungsweise der Mindestreserven, Diss. Göttingen 1950.

Müller, Gerhard und Josef *Löffelholz*: Bank-Lexikon Handwörterbuch für das Bank- und Sparkassenwesen, 4. Aufl., Wiesbaden 1961.

Muss, M.: Der bankmäßige Zahlungsausgleich in Deutschland, Berlin—Leipzig 1922.

Obst, Georg: Das Bankgeschäft, 6. Aufl., Stuttgart 1923.

Obst, Georg und Otto *Hintner*: Geld-, Bank- und Börsenwesen, 34. Aufl., Stuttgart 1955, 35. Aufl., Stuttgart 1963.

O. V. (ohne Verfasserangabe): Fünfzig Jahre Abrechnungsstellen der Reichsbank, Bearbeitet in der Volkswirtschaftlichen und Statistischen Abteilung der Reichsbank, Berlin 1933.

O. V.: Die Problematik der Mindestreserven, Beitrag der Sparkassenorganisation zur Gestaltung des Bundesnotenbankgesetzes, Stuttgart o. J.

Paulsen, Andreas: Neue Wirtschaftslehre, 4. Aufl., Berlin und Frankfurt/M. 1958.

Peckolt, Horst: Strukturverschiebungen im deutschen Bankwesen, Bd. XXI von: Die Bücher: Organisation, eine Schriftenreihe, hrsg. von H. Nicklisch, Stuttgart 1937.

Perdelwitz, Johannes, Paulus *Fabricius* und Ernst Eberhard *Kleiner*: Das preußische Sparkassenrecht, 2. Aufl., unveränd. Nachdruck, Berlin und Köln 1955.

Peterson, J. Marvin und D. R. *Cawthorne*: Money and Banking, Rev. Ed., New York 1949.

Phillips, Chester Arthur: Bank Credit, New York 1920.

Plenge, Johann Friedrich: Von der Diskontpolitik zur Herrschaft über den Geldmarkt, Berlin 1913.

Prather, Charles L.: Money and Banking, 6. Ed., Homewood/Illinois 1957 und 1958.

Preiser, Erich: Bildung und Verteilung des Volkseinkommens, Gesammelte Aufsätze zur Wirtschaftstheorie und Wirtschaftspolitik, Göttingen 1957.

Prion, W.: Der Zahlungs- und Kreditverkehr, Leipzig 1930.

Pröhl, Hans: Lexikon des Kreditwesens, Peine o. J., Ergänzungslieferung: Bundesbankgesetz.

Riesser, Jacob: Die deutschen Großbanken und ihre Konzentration, 3. Aufl., Jena 1910.

Rist, Charles: Geschichte der Geld- und Kredittheorien. Von John Law bis heute, (Originaltitel: Histoire des doctrines relatives au crédit et la monnaie. Depuis John Law jusqu'à nos jours, Paris 1938), übers. von Gustav Büscher, Bern 1947.

Rittershausen, Heinrich: Bankpolitik, Eine Untersuchung des Grenzgebiets zwischen Kredittheorie, Preistheorie und Wirtschaftspolitik, Frankfurt/M. 1956.

— Die Zentralnotenbank, Ein Handbuch ihrer Instrumente, ihrer Politik und ihrer Theorie, Frankfurt/M. 1962.

Robertson, D. H.: Das Geld, 2. Aufl., nach der 8. engl. Aufl. neu übersetzt von Karl Bode, Wien 1935.

Rothe, F. E. W.: Die Einheitsverrechnung im deutschen unbaren Zahlungsverkehr, Diss. Würzburg—Aumühle 1940.

Samuelson, Paul A.: Volkswirtschaftslehre, (Originaltitel: Economics, New York 1955, übersetzt nach der 3. amerik. Aufl. von Wilhelm Hankel), 2. Aufl., Köln 1955.

Sayers, R. S.: Modern Banking, 4. Ed., Oxford 1958.

Schilcher, Rudolf: Geldfunktionen und Buchgeldschöpfung, Heft 11 der „Wirtschaftswissenschaftlichen Abhandlungen", hrsg. von Erich Kosiol und Andreas Paulsen, Berlin 1958.

Schmidt, Fritz: Der nationale Zahlungsverkehr, 2. Aufl., Leipzig 1920.

Schmiedeken, Paul: Die bankmäßige Betätigung der Sparkassen und Giroverbände, Frankfurt/M. 1928.

Schneider, Erich: Einführung in die Wirtschaftstheorie, III. Teil, Geld, Kredit, Volkseinkommen und Beschäftigung, 7. Aufl., Tübingen 1962.

Schoele, Otto: Der bargeldlose Zahlungsverkehr in Deutschland, 2. Aufl., Leipzig 1934.

Schork, Ludwig: Gesetz über das Kreditwesen mit Begründungen und Anmerkungen, Stuttgart 1961.

Schulze-Gaevernitz, G. von: Die deutsche Kreditbank, Tübingen 1922.

— Die Deutsche Kreditbank, in: Grundriß der Sozialökonomik, V. Abt., I. Teil, Tübingen 1915.

Sewering, Karl: Der Zahlungsverkehr, Betriebswirtschaftliche Bibliothek, hrsg. von Wilhelm Hasenack, Essen 1952.

Siegert, Werner: Währungspolitik durch Seelenmassage?, Frankfurt/M. 1963.

Somary, Felix: Bankpolitik, 2. Aufl., Tübingen 1930, 3. Aufl., Tübingen 1934.

Sperk, Ludwig und Manfred *Wilsdorf*: Die Liquiditätsverhältnisse der deutschen Sparkassen, Bd. 2 der Untersuchungen über das Spar-, Giro- und Kreditwesen, hrsg. von Fritz Voigt, Berlin 1956.

Spindler, Joachim von, Willi *Becker* und O.-Ernst *Starke*: Die Deutsche Bundesbank, Grundzüge des Notenbankwesens und Kommentar zum Gesetz über die Deutsche Bundesbank, 2. Aufl., Stuttgart 1960.

Sprung, Rudolf: Umlaufsgeschwindigkeit und Multiplikator, Diss. Göttingen 1952.

Steuer, Paul: Die Zukunft des unbaren Zahlungsverkehrs in Deutschland, Schriften der Deutschen Wirtschaftswissenschaftlichen Gesellschaft, Abt. Bankwesen und Finanzierung, Bd. 1, Stuttgart und Berlin 1937.

Stucken, Rudolf: Besonderheiten der Geld- und Kreditpolitik in Westdeutschland und ihre konjunkturpolitische Bedeutung, Sonderschrift des Ifo-Instituts für Wirtschaftsforschung Nr. 16, Berlin—München 1954.

— Deutsche Geld- und Kreditpolitik 1914 bis 1953, 2. Aufl., Tübingen 1953, Deutsche Geld- und Kreditpolitik 1914 bis 1963, 3. Aufl., Tübingen 1964.

— Geld und Kredit, Tübingen 1949, 2. Aufl., Tübingen 1957.

— Liquidität der Banken, Berlin 1940.

Stützel, Wolfgang: Volkswirtschaftliche Saldenmechanik, Tübingen 1958.

Thomas, Rollin G.: Our Modern Banking and Monetary System, 3. Print., New York 1952.

Trende, Adolf: Geschichte der deutschen Sparkassen, Stuttgart 1957.

Veit, Otto: Deutsche Geldpolitik, Frankfurt/M. 1950.

— Grundriß der Währungspolitik, Frankfurt/M. 1961.

— Volkswirtschaftliche Theorie der Liquidität, Frankfurt/M. 1948.

Vogel, E. H.: Das Buchgeld als Mittel einer bargeldlosen Geld- und Kreditzirkulation, Berlin—Wien—Zürich 1938.

Voigt, Fritz: Die volkswirtschaftliche Bedeutung des Verkehrssystems, Bd. 1 der Verkehrswissenschaftlichen Forschungen, Schriftenreihe des Verkehrswissenschaftlichen Seminars der Universität Hamburg, Berlin 1960.

— Der volkswirtschaftliche Sparprozeß, Berlin 1950.

Walker, Karl: Das Buchgeld, Heidelberg 1951.

Weber, Adolf: Depositenbanken und Spekulationsbanken, 3. Aufl., München—Leipzig 1922, 4. Aufl., München—Leipzig 1938.

— Geld—Banken—Börsen, 5. Aufl., München 1955.

— Geld und Kredit, Banken und Börsen, 6., neubearb. Aufl., Heidelberg 1959.

Wegner, Karl: Entwicklung und Organisation der Deutschen Sparkassen und des Kommunalen Giroverkehrs, hrsg. auf Veranlassung des Deutschen Sparkassen- und Giroverbandes, Berlin 1925.

Whittlesey, C. R.: Principles and Practices of Money and Banking, Rev. Ed., New York 1954.

Will, Helmut: Die deutschen Sparkassen, Entwicklung—Organisation—Bedeutung, 2. Aufl., Stuttgart und Berlin 1942.

Wilsdorf, Manfred: Bestimmungsgründe und volkswirtschaftliche Auswirkungen des Verhaltens der Sparkassen im langfristigen Wohnungsbaukreditgeschäft, Bd. 13 der Untersuchungen über das Spar-, Giro- und Kreditwesen, hrsg. von Fritz Voigt, Berlin 1960.

Withers, Hartley: The meaning of money, 5. Ed., New York 1930.

Wyk, Wolfgang van: Die Gelddisposition der Kreditbanken, Veröffentlichungen des Instituts für Bankwirtschaft und Bankrecht an der Universität Köln, Wirtschaftswiss. Reihe, Bd. 8, Frankfurt/M. 1960.

Zwoll, Johann Hermann van: Mindestreserven als Mittel der Geld- und Kreditpolitik, Finanzwissenschaftliche Forschungsarbeiten, hrsg. v. G. Schmölders, Heft Nr. 8, Berlin 1954.

Aufsätze in Zeitschriften und Sammelwerken

Achterberg, Erich: Berliner Banken im Wandel der Zeit, in: Eine Schrift zum 75jährigen Bestehen des Bankhauses Hardy & Co. GmbH Frankfurt—Berlin, Darmstadt 1956.

Delorme, Hermann: Artikel „Bargeldloser Zahlungsverkehr", in: Enzyklopädisches Lexikon für das Geld-, Bank- und Börsenwesen, 2. Aufl. vom Handwörterbuch des Bankwesens von M. Palyi und P. Quittner, Frankfurt /M. 1957, Bd. I, S. 206 ff.

Deumer, Robert: Das deutsche Kreditgenossenschaftswesen, Sonderdruck, Untersuchungsausschuß für das Bankwesen 1933, Berlin 1933 und Untersuchung des Bankwesens 1933, I. Teil, 1. Bd., Ref. I/5, Berlin 1933, S. 245 ff.

Deutscher Sparkassen- und Giroverband e. V., Bonn, (Hrsg.): Zeitschrift „Sparkasse", insbesondere 76. Jg. Heft 1 v. 1. Jan. 1959: 50 Jahre Spargiro.

Doehring, Carl: Mehr Zusammenarbeit im unbaren Zahlungsverkehr, in: Der Volkswirt, 13. Jg., Nr. 5 vom 31. Jan. 1959, S. 183 ff.

Döring, Franz: Rückblick auf die Zeit vor dem Kriege und im Kriege, Referat III/1, in: Untersuchung des Bankwesens 1933, I. Teil, 2. Bd., Berlin 1933, S. 137 ff.

Donner, C.: Über die Grundsätze der Geld- und Kreditpolitik in den Vereinigten Staaten, in: Weltwirtschaftliches Archiv, Bd. 69, 1952, S. 158 ff.

Draheim, Georg: Artikel „Kreditgenossenschaften (gewerbliche und ländliche)", in: Handwörterbuch der Betriebswirtschaft, 3. Aufl., hrsg. von Hans Seischab und Karl Schwantag, Bd. II, Stuttgart 1958, Sp. 3547 ff.

Dreyse, F.: Strukturveränderungen des Zahlungsverkehrs, in: Bank-Archiv, 26. Jg., 1926/1927, S. 493 ff.

Eicke, Rudolf: Artikel „Die Arbeitsteilung im deutschen Kreditwesen", in: Die Bank, hrsg. von Karl Theisinger und Josef Löffelholz, Bd. 1, Wiesbaden 1952, S. 145 ff.

Eisfeld, Curt: Artikel „Bankpolitik", in: Handwörterbuch der Betriebswirtschaft, 3. Aufl., hrsg. von Hans Seischab und Karl Schwantag, Bd. I, Stuttgart 1956, Sp. 482 ff.

— Das Geld- und Kreditwesen des Auslandes, Die Niederlande, in: Die Deutsche Bankwirtschaft, Bd. II, Berlin 1935—38, S. 605 ff.

— Artikel „Kreditbanken, private", in: Handwörterbuch der Betriebswirtschaft, 3. Aufl., hrsg. von Hans Seischab und Karl Schwantag, Bd. II, Stuttgart 1958, Sp. 3520 ff.

— Artikel „Mindestreserven", in: Handwörterbuch der Betriebswirtschaft, 3. Aufl., hrsg. von Hans Seischab und Karl Schwantag, Bd. III, Stuttgart 1960, Sp. 3994 ff.

— Artikel „Sparkassen", in: Handwörterbuch der Sozialwissenschaften, zugleich Neuauflage des Handwörterbuch der Staatswissenschaften, Stuttgart—Tübingen—Göttingen, Bd. 9, 1956, S. 665 ff.

Eucken, Walter: Die Ursachen der potenzierten Wirkung des vermehrten Geldumlaufs auf das Preisniveau, in: Jahrbücher für Nationalökonomie und Statistik, Bd. 125, Jg. 1926, S. 293.

Falter, Manuel: Artikel „Girozentralen", in: Handwörterbuch der Betriebswirtschaft, 3. Aufl., hrsg. von Hans Seischab und Karl Schwantag, Bd. II, Stuttgart 1958, Sp. 2381 ff.

Ferronnière, Jacques: Artikel „Banksysteme, nationale, (V) Frankreich", in: Handwörterbuch der Sozialwissenschaften, zugleich Neuauflage des Handwörterbuch der Staatswissenschaften, Bd. 1, Stuttgart—Tübingen—Göttingen 1956, S. 612 ff.

Floss, Eberhard: Nochmals: Mißverstandene Mindestreserven, in: Zeitschrift für das gesamte Kreditwesen, 7. Jg., Heft 9 vom 1. Mai 1954, S. 293.

— Theorie der Sparkassen-Liquidität, in: Beiträge zur Theorie des Sparens und der wirtschaftlichen Entwicklung, Bd. 1 der Untersuchungen über das Spar-, Giro- und Kreditwesen, hrsg. von Fritz Voigt, Berlin 1958, S. 153 ff.

Furth, J. Herbert: Artikel „Banksysteme, nationale, (VI) Vereinigte Staaten von Amerika", in: Handwörterbuch der Sozialwissenschaften, zugleich Neuauflage des Handwörterbuch der Staatswissenschaften, Bd. 1, Stuttgart—Tübingen—Göttingen 1956, S. 621 ff.

Gädeke, Ph.: Liquiditätsfragen der Sparkassen- und Giroorganisation, in: Sparkasse, 55. Jg., Heft 3 vom 1. Febr. 1935, S. 45 ff.

Gleske, Leonhard: Kreditaktivität, in: Zeitschrift für das gesamte Kreditwesen, 8. Jg., Heft 22 vom 15. Nov. 1955, S. 814 ff.

— Mißverstandene Mindestreserven, in: Zeitschrift für das gesamte Kreditwesen, 7. Jg., Heft 4 vom 15. Febr. 1954, S. 118 f.

— Artikel „Notenbankpolitik", in: Enzyklopädisches Lexikon für das Geld-, Bank- und Börsenwesen, 2. Aufl. vom Handwörterbuch des Bankwesens von M. Palyi und P. Quittner, Bd. II, Frankfurt/M. 1957, S. 1215 ff.

Gros, Erwin: Das Geldvolumen im Konjunkturzyklus, in: Zeitschrift für das gesamte Kreditwesen, 8. Jg., 1955, S. 119 f.

Grunewald, Adolph E.: Die Wiedergeburt der deutschen Filialgroßbanken, in: Zeitschrift für Betriebswirtschaft, 31. Jg., Nr. 4 vom April 1961, S. 193 ff.

Hagenmüller, Karl Fr.: Die Bedeutung von Krediteinweisungen und Kontoüberziehungen für Geldschöpfung und Gelddisposition, in: Zeitschrift für handelswissenschaftliche Forschung, N. F., 8. Jg., 1956, S. 509 ff.

Harden, Josef: Bilanzbesprechungen „Chase Manhattan Bank wuchs schneller" und „First National City Bank", in: Der Volkswirt, 15. Jg., 1961, Nr. 10, S. 410 ff.

Hawtrey, Ralph George: Artikel „Banksysteme, nationale, (IV) Großbritannien", in: Handwörterbuch der Sozialwissenschaften, zugleich Neuauflage des Handwörterbuch der Staatswissenschaften, Bd. 1, Stuttgart-Tübingen-Göttingen 1956, S. 604 ff.

Henze, Werner: Das Sparkassensystem als Faktor einer Kredit- und Geldschöpfung, in: Sparkasse, 80. Jg., Heft 4 vom 15. Febr. 1963, S. 51 ff.

Herlt, Rudolf: Gironetz ohne die Post, in: Die Welt, Nr. 299 vom 22. Dez. 1960, S. 9.

— Wendige Bankdirektoren, in: Die Welt, Nr. 94 vom 22. April 1961, S. 11.

Hoffmann, Josef: Das Girosystem als Verbandsdienst, in: Sparkasse, 76. Jg., Heft 1 vom 1. Jan. 1959, S. 17 f.

— Artikel „Sparkassen und Girozentralen", in: Die Bank, hrsg. von Karl Theisinger und Josef Löffelholz, Wiesbaden 1952, Bd. 1, S. 209 ff.

— Die Stellung der Girozentralen im deutschen Bankwesen, in: Sparkasse, 45. Jg., 1925, Heft 1, S. 3 ff.

Hohlfeld, Hans H.: Artikel „Banksysteme, ausländische", in: Handwörterbuch der Betriebswirtschaft, 3. Aufl., hrsg. von Hans Seischab und Karl Schwantag, Bd. 1, Stuttgart 1956, Sp. 500 ff.

— Grenzen der Notenbankpolitik, in: Festgabe für Georg Jahn, hrsg. von Karl Muhs, Berlin 1955, S. 107 ff.

— Mindestreservenhaltung als Mittel der Kreditpolitik, in: Schmollers Jahrbuch für Gesetzgebung, Verwaltung und Volkswirtschaft, 74. Jg., 1954, I. Halbband, S. 443 f.

Huhle, Fritz: Mindestreserve als Mittel der Währungspolitik, in: Sparkasse, 6. Jg., Heft 24 vom 15. Dez. 1952, S. 371 f.

Karsten, C. F.: Die Banken in den Niederlanden, in: Auburn, H. W., Das internationale Bankwesen, Frankfurt/M. 1960, S. 86 ff.

Kerschagl, Richard: Artikel „Banksysteme, nationale, (II) Österreich", in: Handwörterbuch der Sozialwissenschaften, zugleich Neuauflage des Handwörterbuch der Staatswissenschaften, Bd. 1, Stuttgart—Tübingen—Göttingen 1956, S. 593 ff.

Kleiner, Ernst: Die Sparkassen und Girozentralen, in: Die Deutsche Bankwirtschaft, 2. Bd., Berlin 1935—38, S. 157 ff.

Lang, Johann: Artikel „Die Kreditgenossenschaften", in: Die Bank, hrsg. von Karl Theisinger und Josef Löffelholz, Wiesbaden 1952, Bd. 1, S. 225 ff.

Lautenbach, Wilhelm: Kreditvolumen und Bankenliquidität, in: Bank-Archiv, Jg. 1939, Heft 5 vom 1. März 1939, S. 115 ff.

Linhardt, Hanns: Artikel „Bankgeschäfte", in: Handwörterbuch der Sozialwissenschaften, zugleich Neuauflage des Handwörterbuch der Staatswissenschaften, Bd. 1, Stuttgart—Tübingen—Göttingen 1956, S. 574 ff.

Löffelholz, Josef: Artikel „Das Bankwesen im Ausland", in: Die Bank, hrsg. von Karl Theisinger und Josef Löffelholz, Wiesbaden 1952, Bd. 1, S. 319 ff.

— Artikel „Gewerkschaftsbanken", in: Handwörterbuch der Betriebswirtschaft, 3. Aufl., hrsg. von Hans Seischab und Karl Schwantag, Bd. II, Stuttgart 1958, Sp. 2306 ff.

Macleod, Henry Dunning: Artikel „Credit", in: A Dictionary of Political Economy, Vol. I, London 1863, S. 567 ff.

Mayer, Helmut: Die „multiple" Geldschöpfung der Banken, in: Zeitschrift für das gesamte Kreditwesen, 9. Jg., Heft 6 vom 15. März 1956, S. 185 ff.

Mellerowicz, Konrad: Artikel „Der innerdeutsche Zahlungsverkehr", in: Die Bank, hrsg. von Karl Theisinger und Josef Löffelholz, Wiesbaden 1952, S. 297 ff.

— Artikel „Zahlungsverkehr", in: Die Handelshochschule, Die Wirtschaftshochschule, Wiesbaden 1952, Bd. 6.

— Zur Frage der Vereinheitlichung des deutschen Giroverkehrs, in: Bankwissenschaft, 4. Jg., 1927/28, Heft 1, S. 1 ff.

Mitzakis, M.: Die Banken in Frankreich, in: Auburn, H. W., Das internationale Bankwesen, Frankfurt/M. 1960, S. 62 ff.

Moeller, Hero: Gleichschritt der Banken, in: Weltwirtschaftliches Archiv, Bd. 70 (1953 I), S. 167 ff.

Mülhaupt, Ludwig: Der Prozeß der multiplen Giralgeldschöpfung in einem Zweibankensystem, in: Zeitschrift für handelswissenschaftliche Forschung, N. F., 9 Jg., 1957, S. 448 ff.

— Umsatz-, Kosten- und Gewinnplanung einer Kreditbank, in: Zeitschrift für handelswissenschaftliche Forschung, N. F., 8. Jg., 1956, S. 7 ff.

Muthesius, Peter: Die Bankiers und die Kredittheorie, in: Zeitschrift für das gesamte Kreditwesen, 13. Jg., Heft 13 vom 1. Juli 1960, S. 589 f.

Neuhauser, Gertrud: Kritische Untersuchungen zur Kreditschöpfungslehre, in: Zeitschrift für die gesamte Staatswissenschaft, 108 Bd., 1952, S. 646 ff.

— Versuch einer kreislauftheoretischen Analyse der bankmäßigen Geld- und „Kreditschöpfung", in: Schweizerische Zeitschrift für Volkswirtschaft und Statistik, 91. Jg., 1955, Heft 2, S. 198 ff.

Neumann, Erich: Die deutschen Sparkassen, Referat I/6 in: Untersuchung des Bankwesens 1933, I. Teil, 1. Bd., Berlin 1933, S. 333 ff.

Nöll von der Nahmer, Robert: Die Bedeutung der Zahlungssitten und des gleichmäßigen Vorgehens der Banken für die Technik der Giralgeldschöpfung, in: Finanzarchiv, N. F., 6. Bd., 1939, S. 137 ff.

O. V. (ohne Verfasserangabe): Interbankaktiva und -passiva sowie Bestände an öffentlichen Geldmarkttiteln bei den einzelnen Bankengruppen, in: Monatsberichte der Deutschen Bundesbank, 15. Jg., Nr. 12, Dez. 1963, S. 3 ff.

O. V.: Probleme des bargeldlosen Zahlungsverkehrs, in: Sparkasse, 55. Jg., Heft 15 vom 1. Aug. 1935, S. 293 ff.

Pfleiderer, Otto: Die Mechanik des Kreditvolumens, in: Bankwirtschaft, Jg. 1943, Heft 13 vom 1. Okt. 1943, S. 265 ff.

— Mindestreserven im Dienste der Kreditpolitik, in: Zeitschrift für das gesamte Kreditwesen, 1. Jg., Heft 3 vom 1. Febr. 1948, S. 58 f.

Preiser, Erich: Geldschöpfung oder Sparen? in: Jahrbücher für Nationalökonomie und Statistik, Bd. 162, 1950, S. 245 ff.; abgedruckt in: Preiser, Erich, Bildung und Verteilung des Volkseinkommens, Gesammelte Aufsätze zur Wirtschaftstheorie und Wirtschaftspolitik, Göttingen 1957, S. 65 ff.

Ringleb, Waldemar: Bargeldloser Zahlungsverkehr gehört zur Infrastruktur, in: Der Volkswirt, 17. Jg., Nr. 27 vom 5. Juli 1963, S. 1400 f.

Runge, Hans: Sicherheit der Bankeinlagen hat Vorrang, in: Die Welt, Nr. 76 vom 30. März 1963, S. 12.

Sauermann, Heinz: Geld und Kredit, in: Handbuch der Wirtschaftswissenschaften, hrsg. von Karl Hax und Theodor Wessels, Bd. II, Volkswirtschaft, Köln und Opladen 1959, S. 999 ff.

Schiller, Karl: Vollbeschäftigung und Kreditpolitik, in: Problematik der Vollbeschäftigung, Schriften des Vereins für Sozialpolitik, N. F., Bd. 3, Berlin 1951, S. 111 ff.

Schmedes, Hella: Zur Frage des Doppelcharakters der Mindestreserven, in: Sparkasse, 6. Jg., Heft 5 vom 1. März 1952, S. 71 ff. und Heft 6 vom 15. März 1952. S. 85 ff.

Schmidt, Willi: Artikel „Das westdeutsche Zentralbanksystem", in: Die Bank, hrsg. von Karl Theisinger und Josef Löffelholz, Wiesbaden 1952, Bd. 1, S. 170 ff.

Schoele, Otto: Artikel „Zahlungsverkehr", in: Handwörterbuch der Betriebswirtschaft, hrsg. von H. Nicklisch, 2. Aufl., Stuttgart 1939, Sp. 2513 ff.

— Grundsätzliches zur Frage des bargeldlosen Zahlungsverkehrs, in: Zahlungsverkehr und Bankbetrieb, 11. Jg., 1929, Nr. 1, S. 3 ff.

— Die Kontrolle des bargeldlosen Zahlungsverkehrs, in: Zahlungsverkehr und Bankbetrieb, 17. Jg., 1935, Nr. 5, S. 93 ff.

— Die Zukunft des unbaren Zahlungsverkehrs, Eine kritische Stellungnahme, in: Zahlungsverkehr und Bankbetrieb, 20. Jg., 1938, Nr. 3, S. 45 ff.

Seeliger, Walter: Zentralbanken der Sparkassen, in: Sparkassen gehen mit der Zeit, Beilage zu Der Volkswirt, Heft 23, 15. Jg., vom 10. Juni 1961, S. 34 ff.

Seischab, Hans: Artikel „Bargeldloser Zahlungsverkehr“, in: Handwörterbuch der Sozialwissenschaften, zugleich Neuauflage des Handwörterbuch der Staatswissenschaften, Bd. 1, Stuttgart — Tübingen — Göttingen 1956, S. 630 ff.

Sewering, Karl: Sicherung der Kreditpolitik durch Einschaltung des Zentralbanksystems in den Zahlungsverkehr in: Zeitschrift für Betriebswirtschaft, 21. Jg., 1951, I. Teil, S. 79 ff., II. Teil, S. 165 ff.

Stucken, Rudolf: Die deutschen Kreditbanken im Kriege, in: Jahrbücher für Nationalökonomie und Statistik, 157. Bd., 1943, S. 119 ff.

— Geldpolitik und Bankenliquidität in Westdeutschland seit der Währungsreform, in: Finanzarchiv, N. F., Bd. 13, Heft 2, S. 197 ff.

— Die Konzentrationsbewegung im deutschen Bankgewerbe und deren Gegenkräfte und die Tendenzen zur Dekonzentration und Spezialisierung, Referat II/1, in: Untersuchung des Bankwesens 1933, I. Teil, 2. Bd., Berlin 1933, S. 57 ff.

— Neue Liquiditätspolitik als Mittel der Kreditpolitik in: Bank-Archiv, 34. Jg., 1934/35, S. 152 ff.

— Veränderungen der Umlaufsgeschwindigkeit des Geldes und die Quantitätsgleichung, in: Neue Beiträge zur Wirtschaftstheorie, Festschrift für Hans Meyer, Wien 1949, S. 303 ff.

Stützel, Wolfgang: Artikel „Geldstrom-Analyse“, in: Enzyklopädisches Lexikon für das Geld-, Bank- und Börsenwesen, 2. Aufl. vom Handwörterbuch des Bankwesens von M. Palyi und P. Quittner, Frankfurt/M. 1957, S. 685 ff.

Voigt, Fritz: Aussagefähigkeit und Erkenntnisgrenzen der modernen Wirtschaftstheorie, in: Beiträge zur Theorie des Sparens und der wirtschaftlichen Entwicklung, Bd. 1 der Untersuchungen über das Spar-, Giro- und Kreditwesen, hrsg. von Fritz Voigt, Berlin 1958, S. 7 ff.

— Artikel „Sowjetunion. (III, 3) Geld und Finanzen“, in: Handwörterbuch der Sozialwissenschaften, zugleich Neuauflage des Handwörterbuch der Staatswissenschaften, Bd. 9, Stuttgart—Tübingen—Göttingen 1956, S. 346 ff.

— Artikel „UdSSR“, in: Evangelisches Soziallexikon, hrsg. von Friedrich Karrenberg, Stuttgart 1954, Sp. 6117 ff.

— Artikel „Währungspolitik“, in: Handwörterbuch der Betriebswirtschaft, 3. Aufl., hrsg. von Hans Seischab und Karl Schwantag, Bd. IV., Stuttgart 1962, Sp. 6117 ff.

— Artikel „Währungs- und Münzsysteme“, in: Handwörterbuch der Betriebswirtschaft, 3. Aufl., hrsg. von Hans Seischab und Karl Schwantag, Bd. IV, Stuttgart 1962, Sp. 6134 ff.

Walde, Gernot: Die Umlaufsgeschwindigkeit des Geldes als Begriff der Geldwerttheorie, in: Finanzarchiv, N. F., Bd. 6, Jg. 1938, S. 712 ff.

Walker, K.: Das Problem des bargeldlosen Zahlungsverkehrs, in: Das Archiv, Zeitschrift für eine natürliche Wirtschaftsordnung, 1948, Heft 17, S. 203 ff.

Weidner, Alfred: Rationalisierung des Zahlungsverkehrs, in: Zeitnahe Sparkassenarbeit, Sonderdruck des Handelsblatts, 21. März 1961, S. 2 f.

Wrede, Victor: Die Geldschöpfung des Kreditwesens und ihre Kontrolle durch die Notenbank, in: Zahlungsverkehr und Bankbetrieb, 18. Jg., 1936, Nr. 1, S. 1 ff.

— Die Umlaufsgeschwindigkeit des Geldes, in: Zahlungsverkehr und Bankbetrieb, 17. Jg., 1935, Nr. 8, S. 159 ff.

Personenregister

Sachregister

FSC
www.fsc.org
MIX
Papier | Fördert gute Waldnutzung
FSC® C083411

Kolibri 360 GmbH
Ferdinand-Jühlke-Straße 7
99095 Erfurt, Deutschland
produktsicherheit@kolibri360.de

Druck:
CPI Druckdienstleistungen GmbH
im Auftrag der
Kolibri 360 GmbH
Ferdinand-Jühlke-Str. 7
99095 Erfurt